Collection Essais et Documents
Dirigée par Chedly Belkhodja

Acadie multipiste

ROMANS ACADIENS

Tome 1

Du même auteur

Les fous de papiers : l'image de la folie dans le roman québécois (1837-1988), préface du Dr Yves Lamontagne, Montréal, Éditions du Méridien, 1989, 373 p.

L'Ouest littéraire : visions d'ici et d'ailleurs, préface d'Annette Saint-Pierre, Montréal, Éditions du Méridien, 1992, 163 p.

Les Grands Dérangements : la déportation des Acadiens en littératures acadienne, québécoise et française, Beauport, Publications MNH, 1997, 381 p.
Prix France-Acadie 1998

Les visages d'Évangéline : du poème au mythe, préface de Barbara LeBlanc, Beauport, Publications MNH, 1998, 190 p.
Mention honorable : Prix Champlain 2001

(dir.), *La création littéraire dans le contexte de l'exiguïté*, Beauport, Publications MNH, coll. « Écrits de la Francité », 2000, 520 p.

« Le mal d'Europe » : la littérature québécoise et la Seconde Guerre mondiale, Beauport, Publications MNH, 2002, 191 p.

Grand-Pré : lieu de mémoire, lieu d'appartenance, Montréal, Publications MNH, 2005, 252 p.

Antonine Maillet : 50 ans d'écriture, Ottawa, Éditions David, 2008, 354 p.

Paris, capitale de la culture. Guide pour touristes curieux, Beauport, Muséologie In Situ, 2010, 390 p.

Poitiers et le Poitou acadien, Beauport, Muséologie In Situ, 2013, 182 p.

avec Cécilia W. Francis (dir.), *Trajectoires et dérives de la littérature-monde. Poétiques de la relation et du divers dans les espaces francophones*, Amsterdam/New York, Rodopi, coll. « Francopolyphonies », 2013, 607 p.

avec Cécilia W. Francis (dir.), *La littérature acadienne du 21e siècle*, Moncton, Perce-Neige, coll. « Archipel-Aplaqa », à paraître.

Robert Viau

Acadie multipiste

ROMANS ACADIENS

Tome 1

LES ÉDITIONS PERCE-NEIGE

Œuvre en page couverture : Paul André Babin, Ève-volution, époxy, collage et acrylique sur toile, 2015.
Maquette de couverture : Jovette Cyr
Mise en pages : In Situ

Catalogage avant publication de Bibliothèque et Archives Canada

Viau, Robert, 1953-, auteur

    Acadie multipiste : romans acadiens / Robert Viau.

Comprend des références bibliographiques.

ISBN 978-2-89691-155-4 (v. 1 : couverture souple)

    1. Roman acadien--Histoire et critique. I. Titre.

PS8199.5.A23V53 2015   C843.009'9715   C2015-904920-2

DISTRIBUTION EN LIBRAIRIE AU QUÉBEC
Diffusion Prologue
1650, boulevard Lionel-Bertrand
Boisbriand (Qc) J7E 4H4

AILLEURS AU CANADA ET EN EUROPE
Les Éditions Perce-Neige   editionsperceneige.ca
22-140, rue Botsford   perceneige@nb@ainb.com
Moncton, (N.-B.)   Tél. (506) 383-4446
Canada E1C 4X4   Tél. (506) 380-0740

La production des Éditions Perce-Neige est rendue possible grâce
à la contribution financière du Conseil des Arts du Canada
et de la Direction des arts et des industries culturelles du
Nouveau-Brunswick.

Conseil des Arts Canada Council
du Canada for the Arts   New Nouveau **Brunswick**   MONCTON

À mes étudiants

Préface

Dans cet ouvrage, il ne s'agit pas de dresser une liste des meilleurs romans acadiens (liste qui serait basée sur quels critères ?) ni de faire une recension de ce qui s'est publié dans le pays. Marguerite Maillet, dans *Histoire de la littérature acadienne*, et les auteurs du *Dictionnaire des œuvres littéraires de l'Acadie des Maritimes* ont admirablement fait ce travail[1]. J'ai voulu tout simplement relire des romans acadiens et écrire quelques pages sur des œuvres qui m'ont accompagné pendant mes années d'enseignement à l'Université du Nouveau-Brunswick.

J'intègre dans ces études de romans des extraits d'articles que j'ai publiés, des critiques nouvelles, des remarques de mes étudiants qui ont décortiqué les œuvres en classe et des commentaires des auteurs qui nous ont rendu visite dans le cadre du Programme des écrivains invités du Conseil des Arts du Canada. Les anciens articles ont été revus et corrigés, et les articles critiques récemment publiés pris en compte. Il s'agit avant tout d'offrir une lecture exhaustive de quelques romans acadiens tout en étant conscient qu'une telle lecture sera contestée à son tour lors d'un prochain colloque, lors d'une prochaine publication.

Dans les études que j'ai entreprises, j'ai toujours cherché à extraire la « quinte essence » de ces œuvres afin de déterminer ce qui constitue l'identité et la culture acadiennes. Le choix des romans relève d'une sélection subjective et ce qui n'est pas étudié ici, le sera

---

1. Marguerite Maillet, *Histoire de la littérature acadienne. De rêve en rêve*, Moncton, Éditions d'Acadie, 1983, 262 p. Janine Gallant et Maurice Raymond (dir.), *Dictionnaire des œuvres littéraires de l'Acadie des Maritimes. XXᵉ siècle*, Sudbury, Prise de parole, 2012, 342 p.

ailleurs, car j'espère pouvoir suivre pendant encore de nombreuses années l'évolution de cette littérature qui n'a pas fini de nous émouvoir et de nous étonner.

Le roman acadien contemporain est « multipiste ». En musique, multipiste signifie ce qui « permet d'enregistrer plusieurs pistes simultanément afin de les mixer par la suite[2] ». Cette définition d'un site « français de France » faisant un usage involontaire du chiac n'aurait pas déplu à Gérald Leblanc qui évoquait dans ses poèmes un « Moncton multipiste[3] ». Le roman acadien contemporain est effectivement multipiste, ouvert à toutes les influences, à tous les thèmes, à toutes les formes d'expression issues de la société acadienne. Dans cette perspective, les romans historiques et les romans de la contre-culture, les romans épiques et les *bildungsroman*, les romans en français « standard » et les romans en chiac se succèdent dans une tentative de définir ce que cela veut dire, venir de l'Acadie.

Enfin, afin de prévenir toute contestation, nous définissons comme faisant partie du corpus littéraire acadien les œuvres publiées par un auteur qui est né en Acadie (même s'il a quitté le pays acadien, comme Jacques Savoie et Daniel LeBlanc-Poirier) ou qui réside en Acadie (même s'il est né ailleurs, comme Martine Jacquot et Emmanuelle Tremblay). À la rigueur, nous pourrions même considérer des œuvres publiées en français qui ont pour sujet ou pour cadre l'Acadie, quels que soient les lieux de naissance et de résidence de leurs auteurs (ex. *Au cap Blomidon* de Lionel Groulx ou *Les chemins de la liberté* de Jean Mohsen Famy) ou qui ont été publiées en Acadie[4]. Mais nous verrons où nous mènent nos études et quelles sont les œuvres qui suscitent l'intérêt, en particulier celui de nos étudiants. Pour cette première mouture, nous nous attarderons à des romans connus (ou qui méritent de l'être) en s'excusant auprès des collègues dont l'œuvre a été, dans ce premier tome, laissée de côté.

---

2.   Audiofanzine, « Définition de multipiste », en ligne : http://fr.audiofanzine.com/glossaire/a.play,word.Multipiste.html (consulté le 2 juin 2015).

3.   Gérald Leblanc, *L'extrême frontière*, Moncton, Éditions d'Acadie, 1988, p. 106 et 161.

4.   Cette définition du corpus littéraire acadien s'inspire de celle de René Dionne pour le corpus littéraire franco-ontarien. Voir René Dionne, *Anthologie de la littérature franco-ontarienne*, tome 1, Sudbury, Prise de parole, 1997, p. 10.

Agir, raconter, écrire

Pélagie-la-Charrette d'Antonine Maillet

Les œuvres d'Antonine Maillet s'inspirent d'un lieu et d'une époque donnés et le lecteur qui ouvre les pages d'un des romans de l'auteure ou le spectateur qui assiste à une de ses pièces s'attend à retrouver comme décor un village côtier acadien pendant la « glorieuse » période de la Prohibition, comme dans *Mariaagélas* ou *Gapi et Sullivan*. À la fin des années soixante-dix, Maillet, dans sa quête constante de faire connaître l'Acadie, entame un nouveau cycle d'œuvres qui racontent l'époque de la Déportation et de la Survivance[1]. Ce cycle historique, qui comprend les romans *Pélagie-la-Charrette* (1979) et *Cent ans dans les bois* (1981), remet en question la vision traditionnelle du passé acadien, celle où des victimes larmoyantes et résignées sont condamnées à l'exil, afin de créer une nouvelle version de l'histoire, plus optimiste et combative.

L'anti-évangélisme de Maillet

Depuis ses débuts en littérature, Antonine Maillet cherche à corriger l'image d'une Acadie martyre telle que propagée par le poème *Evangeline* (1847) de l'Américain Henry Wadsworth Longfellow[2]. Ce

---

1. La Déportation a été l'événement déterminant dans l'histoire du peuple acadien et le mot s'écrit intentionnellement avec un « D » majuscule dans la majorité des ouvrages sur le sujet. Les Acadiens emploient aussi l'expression « Grand Dérangement » pour qualifier la Déportation. La Survivance se définit comme la période difficile qui a suivi la Déportation alors que les Acadiens devenus minoritaires dans les provinces maritimes tentent de survivre et d'affirmer leurs droits.
2. Henri Wadsworth Longfellow, *Evangeline : A Tale of Acadie*, Boston, William D. Ticknor, 1847, 163 p.

poème a connu un succès international remarquable et a donné une forme particulière au mythe fondateur de l'Acadie, comme je l'ai démontré dans *Les visages d'Évangéline : du poème au mythe*[3]. Pourtant, après avoir été statufiée, chantée, célébrée pendant un siècle, Évangéline a été remise en question et «déboulonnée». À la suite du «réveil acadien» des années soixante-dix, Évangéline Bellefontaine est devenue le symbole non pas d'une race fidèle jusqu'à la mort, mais d'une Acadie muette et résignée à sa condition de minorité bafouée. Le poète acadien Léonard Forest écrit à son sujet : «on ne veut plus entendre les soupirs de celle qui fut, pendant un siècle, à la fois l'héroïne et la sainte, à la fois souvenir et symbole d'espoir, à la fois fierté et honte. Évangéline est l'image même de la fidélité, mais la jeune Acadie veut descendre de son socle la fidélité[4]». La «nouvelle génération» d'écrivains rejette les valeurs clérico-nationalistes traditionnelles qu'incarne Évangéline. C'est l'époque où Angèle Arsenault, dans sa chanson «Évangéline Acadian Queen», se moque de la vierge de Grand-Pré qui «était ben ben fine» et qui au décès de Gabriel est revenue «investir dans les compagnies de l'avenir / Afin que l'nom d'Évangéline soit connu en câline[5]».

Cette hargne contre Évangéline s'explique facilement : aux yeux de nombreux Acadiens, l'héroïne de Longfellow résume et illustre l'aliénation de l'Acadie. Le personnage a été créé par un auteur américain, *yankee* de la Nouvelle-Angleterre de surcroît (d'où sont venues les troupes qui ont mis à exécution l'ordre de déportation). Longfellow n'a jamais mis le pied en Acadie et sa connaissance de l'Acadie se résume à l'information qu'il a pu glaner à la bibliothèque de l'Université Harvard. Le poème a été rédigé en anglais et évoque l'oppression des Acadiens par ceux qui parlent cette langue. L'héroïne est un symbole de piété catholique, selon la vision que peut en avoir un protestant, et c'est l'image de la femme idéale, selon un homme d'une stricte moralité victorienne.

Le poème raconte un épisode de l'histoire acadienne, tout en niant l'Acadie. La majeure partie de l'œuvre décrit la grandeur des

---

3.   Robert Viau, *Les visages d'*Évangéline : du poème au mythe, Montréal, Publications MNH, 1998, 190 p.

4.   Léonard Forest, «Évangéline, qui es-tu?», *Liberté*, vol. 11, n°5, août-septembre-octobre 1969, p. 136.

5.   Angèle Arsenault, «Évangéline Acadian Queen», *Libre*, 1977, SPPS 19903.

États-Unis et l'assimilation des réfugiés qui ne retournent pas en Acadie et se fondent dans le creuset américain. *Evangeline* souligne doublement le vide, le néant de l'Acadie, car c'est une épopée étrangère, américaine, et son sujet est la destruction de l'ancienne Acadie : « Il ne reste plus rien qu'une tradition du beau village de Grand-Pré[6] ». Pourtant, dans les provinces maritimes, Évangéline a été imposée comme héroïne nationale et archétype par une élite traditionnelle acadienne qui interprète autrement le poème et qui voit en ce personnage de jeune vierge une incarnation des valeurs exemplaires de piété, de soumission et de résignation ; en somme, un personnage bienpensant qui respecte l'Église et l'autorité civile. C'est aussi ce que pense la Sagouine, personnage emblématique de l'œuvre mailletienne, qui questionne cet endoctrinement :

> Ah ! c'est point aisé de te faire déporter coume ça, et de crouère que tu y laisseras pas queques plumes dans ta déportâtion. Ça se paye ces voyages-là. C'est vrai que tu fais parler de toi après : ils te dounont toute sorte de façon de beaux noms, coume Évangéline et les saints martyrs canadjens. Ils t'appelont un peuple héroïque et martyr et ils te jouquont quasiment dans la niche de l'Ecce Homo. Il était venu des genses de l'Assomption et du Monument de la Recounaissance[7] nous parler de ça, dans le soubassement de l'église. Ils nous avont tout conté : l'Évangéline pis l'Ave Marie-Stella. C'était une belle histouère, c't'elle-là à Marie-Stella pis Évangéline ; ben moi j'aimais encore mieux les contes de mon défunt pére. [...] Apparence que c'était des genses pas aisés, nos défunts aïeux, et tu pouvais pas leu faire des accroûères... Ben c'était pas ceuses-là, les héros pis les martyrs. Non, les héros pis les martyrs, c'était Évangéline pis Marie-Stella[8].

L'œuvre entier d'Antonine Maillet se veut en quelque sorte la mise à mort de cette héroïne « importée ». À maintes reprises, Maillet réagit contre le symbole de la chaste Évangéline soumise aux valeurs cléricales et traditionnelles. Dans *Les Cordes-de-Bois* (1977), la Bessoune agit comme la plupart des héroïnes féminines de Maillet

---

6. Henry Wadsworth Longfellow, *Évangéline*, traduction de Paul Morin, Montréal, Bibliothèque de l'Action française, 1924, p. 11.
7. La Sagouine fait référence à des représentants de la Société nationale l'Assomption (ancêtre de la Société nationale de l'Acadie) et de la cathédrale de Moncton, surnommée le Monument de la Reconnaissance, qui seraient venus « parler au peuple ».
8. Antonine Maillet, *La Sagouine*, Montréal, Leméac, [1971] 1990, p. 133.

qui font preuve d'un *carpe diem* enthousiaste. Au lieu de chercher toute sa vie un Gabriel égaré et de se laisser abattre par la misère, la «forlaque» se réinvente ses propres Gabriel avec des marins de passage. À la fin du roman, elle implique même le jeune vicaire, qui devra s'enfuir : «Manière de lancer la chiquenaude ultime, écrit René LeBlanc, à l'héroïne devenue religieuse à la fin du poème[9]» de Longfellow.

Dans «Fanie», nouvelle tirée du recueil *Par-derrière mon père* (1972), la narratrice s'en prend directement à Longfellow. Certes, son poème «n'était pas mauvais et s'est vendu comme de petits pains chauds», mais son Évangéline est «une belle jeune fille sage, pure et courageuse[10]», une Acadienne comme on n'en trouve pas en Acadie, ou si peu. Les Évangéline qu'a connues la narratrice n'avaient pas l'allure «de celle qui a sa statue à Grand-Pré[11]» (*PD*, 106). D'ailleurs, comme elle l'indique, «je crois que la plupart d'entre elles auraient brisé leur socle depuis longtemps et seraient redescendues au ras du peuple. [...] Si vous pensez qu'on fabriquait des vierges-à-faire-des-statues au pays des vaches marines et des aboiteaux!» (*PD*, 106-107). Si «les Évangéline de chez nous» devaient ressembler à quelque héroïne légendaire d'après la narratrice, «c'est du côté de la Mère Courage qu'il faudrait chercher» (*PD*, 106).

Dans *Évangéline Deusse* (1975), une Acadienne âgée qui porte le même nom que le personnage du poème de Longfellow réagit en contrepoint à chaque élément du poème pour souligner les différences entre cette «manière de patronne, de Sainte Vierge, queque chouse coume le soldat inconnu» et l'Évangéline concrète que «tout le monde [...] counaît[12]». Plutôt que pleurer, le visage dans son tablier, Évangéline Deusse aurait réagi vivement, comme elle l'avait fait lors

---

9. René LeBlanc, «D'Évangéline à Pélagie : avatars d'un mythe de l'identité dans la littérature acadienne», *La Licorne*, n°27, 1993, p. 244.

10. Antonine Maillet, *Par-derrière chez mon père*, Montréal, Leméac, [1972] 1987, p. 105. Désormais, les références à cet ouvrage seront indiquées par le sigle *PD*, suivi du folio, et placées entre parenthèses dans le texte.

11. Au sujet de la statue d'Évangéline de Louis-Philippe et Henri Hébert et du lieu historique national de Grand-Pré, voir Robert Viau, *Grand-Pré : lieu de mémoire, lieu d'appartenance*, Montréal, Publications MNH, 2005, 252 p.

12. Antonine Maillet, *Évangéline Deusse*, Montréal, Leméac, 1975, p. 42. Désormais, les références à cet ouvrage seront indiquées par le sigle *ED*, suivi du folio, et placées entre parenthèses dans le texte.

d'un naufrage au Fond de la Baie. Elle aurait organisé une chaîne d'eau pour empêcher l'église de brûler, se serait démenée pour combattre l'incendie, etc. Outre ces éléments, il y a une différence majeure entre les deux femmes : « Évangéline, la première, ils l'avont déportée dans le sû. Pis elle y est restée. Ben nous autres, je sons revenus... Je sons revenus par les bois, à pieds, durant dix ans[13] » (*ED*, 48-49). Les « défricheteuses de parenté » ont rétabli les généalogies, les Acadiens ont redéboisé et replanté les terres, jeté leurs « trappes » à l'eau et créé un nouveau pays, à leur mesure, alors que l'Évangéline de Longfellow est morte et enterrée à Philadelphie.

Bref, les protestations de la vieille Acadienne dénoncent l'ancienne figure mythique de la survivance et annoncent un nouveau type d'héroïne acadienne. D'un côté, le mutisme, la passivité, la résignation, l'acceptation de l'exil ; de l'autre, la parole, l'action, la résistance, le choix du retour. Devant les larmes et la soumission de la première Évangéline se dressent l'énergie et la volonté de vivre d'Évangéline Deusse qui s'exprime en acadien, avec des mots et un accent difficiles à oublier, et qui ne se reconnaît pas dans l'Évangéline américaine. Somme toute, pour faire une épopée avec une véritable Évangéline acadienne, « il aurait fallu, comment dire, quasiment raconter l'histoire comme elle s'est déroulée, montrer la vie telle quelle, sans embellir, ni rajeunir, ni agrandir, ni virginiser l'héroïne d'un drame que tout le monde connaît » (*PD*, 106). Sachant qu'on n'est jamais aussi bien servi que par soi-même, Maillet prend sa revanche sur cette Évangéline « plutôt mièvre[14] » dans un roman qui pourrait être considéré comme « l'Évangéline selon Antonine » : *Pélagie-la-Charrette* (1979).

L'odyssée acadienne

Dans *Pélagie-la-Charrette*[15], Antonine Maillet crée une nouvelle mythologie acadienne où la notion de perte et d'absence est remplacée

---

13. Ces propos annoncent en quelque sorte le personnage de Pélagie-la-Charrette qui reviendra en Acadie après dix ans de marche.
14. Antonine Maillet citée par Donald Smith, « L'Acadie, pays de la ruse et du conte. Entrevue avec Antonine Maillet », *Lettres québécoises*, n° 19, automne 1980, p. 50.
15. Antonine Maillet, *Pélagie-la-Charrette*, Montréal, Bibliothèque québécoise, [1979] 1990, 334 p. Désormais, les références à cet ouvrage seront indiquées par

par celle de régénération et d'espoir. D'après l'auteure, ce n'est pas la Déportation qui est le fait essentiel de l'histoire acadienne, mais le retour des Acadiens dans leur terre ancestrale. D'ailleurs, dans toute son œuvre, elle refuse de désespérer et de se plaindre du sort tragique des Acadiens, car l'être humain, quelle que soit sa condition, peut transcender sa destinée, pourvu qu'il le veuille. Dans son roman, Maillet admet avoir eu conscience de refaire Évangéline : «une nouvelle Évangéline, ma vision à moi d'Évangéline[16]», plus dynamique, plus combative, qui refusera de «plant[er] aucun des [s]iens en terre étrangère» (*PLC*, 19), à la différence de l'héroïne de Longfellow. Ce roman récrit l'histoire des Acadiens exilés qui ont remonté l'Amérique, du sud au nord, afin de revenir dans leur coin de pays. S'inspirant à la fois de la tradition orale et de l'histoire écrite, l'auteure reprend à son compte les hauts faits de cette odyssée acadienne, les colorant à sa manière, leur insufflant une vie nouvelle par son art de conter.

Dans *Pélagie-la-Charrette*, on assiste à la création d'un passé à la fois vrai et imaginaire, forgé de faits historiques et de gestes légendaires tirés des traditions populaires acadiennes, qui ont peu à voir avec les récits larmoyants traditionnels de la Déportation. Après quinze ans d'exil, Pélagie Bourg dite LeBlanc, originaire de la Grand'Prée, «grée» une charrette et, avec trois paires de bœufs de halage, quitte les champs de coton de la Géorgie pour retourner chez elle, en Acadie. La charrette, symbole central du roman, devient une véritable arche de Noé dans laquelle se pressent les déportés qui souhaitent revenir en Acadie. Dans cette première charrette s'entassent, en plus de ses quatre enfants, la Catoune, une orpheline qu'elle a recueillie, Célina, la guérisseuse et sage-femme, et le vieux Bélonie, âgé de quatre-vingt-dix ans. Ce dernier incarne la mémoire vivante (ou ambulante) des Acadiens, car il est un «conteux et défricheteux» qui redira l'histoire de cette odyssée de dix ans à son petit-fils de sorte qu'elle sera conservée et transmise de génération en génération.

> On la lui raconterait encore, et encore, car sans ces conteux et défricheteux de Bélonie, fils de Bélonie, fils de Bélonie, l'Histoire aurait trépassé à chaque tournant de siècle. Combien de fois elle s'est arrêtée,

---

le sigle *PLC*, suivi du folio, et placées entre parenthèses dans le texte.

16. Maillet citée par Le Blanc, *op. cit.*, p. 244.

butée, effondrée sur le bord de la route. Et sans l'un de ces Bélonie qui passe par là, un soir d'hiver... Il l'aperçoit à temps, la moribonde, et la ramasse, et la redresse, et la ramène pantelante mais encore chaude au logis. Et là, à coups de bûches dans la maçoune [l'âtre] et de gicles de salive, pcht! on la ravigote, la garce, et l'Histoire continue. (*PLC*, 15)

Les Bélonie sont garants de la tradition orale des Acadiens, bien que les descendantes de Pélagie remettent en question certaines variantes et interprétations de ces «radoteux-conteux-chroniqueurs» (*PLC*, 68).

À cause de son grand âge et de sa longue familiarité avec la mort, après tout «il l'avait vue de près tant de fois» (*PLC*, 17), Bélonie entend constamment la charrette de la Mort «dans les propres ornières de la charrette de Pélagie» (*PLC*, 21). Pendant tout le récit, «la charrette de la Vie» s'opposera à «la charrette de la Mort» (*PLC*, 18), le Hue! ou le Huhau! de Pélagie au Hi! de Bélonie. À la fin du roman, la charrette de la Vie gagnera la course, car elle atteindra l'Acadie la première : «Malgré les défections, malgré les morts, la vie avait le dessus» (*PLC*, 155). Pendant ce voyage, le mot «charrette» acquiert une grande importance, devient une métonymie pour les Acadiens en marche, et Pélagie elle-même se transforme en «Pélagie-la-Charrette».

En cours de route, d'autres exilés se joignent à cet embarquement collectif : Jeanne Aucoin Girouard qui a épousé successivement deux frères ; les Bourgeois avec leur coffre mystérieux ; les Bastarache et leur violon ; un esclave noir auquel Pélagie donne le nom de son père, Théotiste Bourg[17] ; les Thibodeau, forgerons de père en fils qui opteront pour la Louisiane plutôt que l'Acadie ; les Allain et le crucifix qu'ils ont conservé de l'église de la Grand'Prée ; la P'tite Goule, «ce géant de la race des Gargan et Gargantua» (*PLC*, 95) ; Pierre à Pitre dit le Fou qui improvise des histoires abracadabrantes, etc.

Au fil des ans, des enfants naissent, des liens se tissent entre les jeunes adultes et d'autres Acadiens exilés surgissent.

---

17. À la différence des Américains intolérants, les Acadiens libèrent et acceptent parmi eux un esclave noir (*PLC*, 127), accordent l'hospitalité à trois déserteurs de l'armée britannique (*PLC*, 196) et Jean, le fils de Pélagie, épouse une «jeune princesse iroquoise» (*PLC*, 209) devenant ainsi l'ancêtre de la branche américaine des LeBlanc.

> Car en cette année-là, même le départ du clan entier des Thibodeau n'avait pas réussi à soulager les charrettes. Aussitôt de nouvelles familles, surgies des foins et des roseaux, surgies des cailloux du chemin, ma grand-foi! enfourchaient les ridelles et sautaient au cou de leurs parents et compères qui remontaient le continent. (*PLC*, 144)

Le retour et la survie des Acadiens, malgré les multiples épreuves auxquels ils doivent faire face, sont repris de diverses manières dans le texte. À titre d'exemple, dans le dernier conte de Bélonie, Tit-Jean Quatorze entre dans le ventre de la Dame de la Nuit pour en tirer le trésor caché, mais il est coupé en deux lorsque la géante se réveille et ferme la bouche sur lui. La mort du héros déçoit les auditeurs, mais Bélonie les rassure : « Soyez tranquilles ; avec la moitié du corps et sa meilleure moitié, le Quatorze était encore assez en vie pour lui bailler du fil à retordre à son aïeule de Géante de la Nuit... du fil à retordre long comme une étarnité » (*PLC*, 287). Cette image décrit bien le sort des Acadiens qui refirent « souche avec une fraction des leurs en dépit des efforts des Anglais pour les déraciner[18] ». De même, bien que les déportés aient les « racines coupées au ras des genoux » (*PLC*, 58), ils marchent toujours, et jusqu'en Acadie.

Peu à peu, à mesure que les kilomètres sont parcourus, ces retailles de familles deviennent un peuple en marche : « Pélagie s'aperçut que sa famille sortie de Géorgie dans une charrette, rendue en Acadie était devenue un peuple » (*PLC*, 312). À cette remontée vers le nord se greffe l'idylle de Pélagie et de Beausoleil-Broussard, amour sacrifié par les « capitaines au sol et sur l'eau » (*PLC*, 87) à la tâche à accomplir : « il reste des restants de familles éparpillées en terre étrange et qu'il faut rentrer au pays » (*PLC*, 118). Après dix ans de pérégrinations, Pélagie, épuisée, rendra l'âme après être revenue au pays, tandis qu'une Nouvelle Acadie s'établit et commence à croître.

---

18. Kathryn J. Crecelius, « L'histoire et son double dans *Pélagie-la-Charrette* », *Studies in Canadian Literature/Études en littérature canadienne*, vol. 6, n°1, 1981, p. 216. Voir aussi Robert Mane, « La mer, la vie, "la perpétuelle re-mort recommencée" dans *Pélagie-la-Charrette* », Études canadiennes/Canadian Studies, n°13, 1982, p. 226.

Un récit historique ?

Comme nous l'avons indiqué, *Pélagie-la-Charrette* n'est pas un récit sur la Déportation et pourtant divers narrateurs y font allusion, au détour d'une conversation, de sorte que le récit de la Déportation est revu et expliqué aux lecteurs. Il y a tout un fond historique qui sous-tend le roman, toute une série de références historiques et géographiques de sorte qu'il faut prendre avec un grain de sel l'affirmation de Maillet selon laquelle elle n'a fait « aucune recherche » dans la préparation du roman, du moins des « recherches » au sens traditionnel du terme.

> — Quelle sorte de recherches avez-vous faite dans la préparation du roman ?
>
> — Aucune recherche. Je ne fais jamais de recherches en vue d'écrire un roman. C'est-à-dire que je ne fais pas un roman parce que mes recherches sont faites. Mais toute ma vie, sans m'en apercevoir, est une expérience de recherches chaque fois que je vais en Acadie, je vais parler avec des vieux, avec des cousins, je fouille, et j'enregistre dans ma mémoire[19].

Comme nous le verrons, *Pélagie-la-Charrette* fourmille d'anecdotes historiques sur « l'Événement » (*PLC*, 19). Toutefois, il va de soi que la relecture de la Déportation par l'auteure est toute « mailletienne » et présentée de manière souvent libre et facétieuse.

D'après Maillet, les Acadiens de l'*empremier*, c'est-à-dire d'avant la Déportation, connaissaient la prospérité et une certaine forme d'« indépendance » (*PLC*, 19). Passant constamment d'une monarchie à une autre, ne participant pas aux conflits européens, ils avaient acquis une liberté d'action et, avec une sagesse toute voltairienne, se contentaient de planter leurs choux en toute quiétude.

> Car l'Acadie, à force d'être ballottée d'un maître à l'autre, avait fini par se faufiler entre les deux, par les leurrer tous et par mener ses affaires toute seule, juste sous le nez des Louis et des George des vieux pays qui reniflaient encore du côté des épices. Et sans souffler mot, la petite colonie d'Atlantique laissait les rois de France et d'Angleterre se renvoyer des cartes revues et corrigées d'Acadie et de la Nova Scotia, pendant qu'elle continuait allègrement à planter ses choux. (*PLC*, 19)

---

19. Maillet citée par Smith, *op. cit.*, p. 52.

L'Acadie, quasiment oubliée, se perpétua « sans souffler mot », car il ne fallait pas éveiller l'ours qui dort, « surtout pas l'ours qui dort sur le marchepied de ton logis » (*PLC*, 13), c'est-à-dire l'occupant anglais. Malheureusement, les soldats anglais qui rêvaient d'un coin de terre se mirent à lorgner les champs acadiens et leurs « choux gras » (*PLC*, 19). De plus, en ces années-là, l'abbé Le Loutre et ses « rebelles de Sauvages », par leurs « prouesses intempestives » (*PLC*, 93), étaient justement en train de réveiller l'ours qui dormait et qui « aurait pu dormir encore longtemps, aussi bien à Londres qu'à Chibouctou qu'on commençait petit à petit à nommer Halifax » (*PLC*, 94). Enfin, les Bostonnais voulaient se venger des Français qui, de temps en temps, lançaient « des expéditions surprises sur les côtes de la Nouvelle-Angleterre » (*PLC*, 94). Puisqu'ils ne distinguaient pas les Français et les Canadiens des Acadiens, ce furent ces derniers qui payèrent pour les expéditions des autres. Par ces images d' « ours » et de « choux gras », par ces évocations d'événements historiques, Maillet rappelle que la Déportation a été avant tout un épisode d' « épuration ethnique » (le terme est anachronique, mais rend compte de ce qu'ont vécu les Acadiens), la conséquence d'une décision politique de remplacer des Acadiens catholiques par des Anglo-américains protestants sur des terres qui sont parmi les plus fertiles d'Amérique du Nord.

Cherchant un prétexte, le roi d'Angleterre, « sur une clause controversée d'un serment d'allégeance » (*PLC*, 91), expédia les Acadiens à la mer sans plus de cérémonie. Mais est-ce vraiment le roi George « qui avait fait mander tous les hommes de la Grand'Prée, un dimanche matin de septembre, puis qui avait commandé le massacre, et l'incendie du village, et la déportation des survivants ? » (*PLC*, 197). D'après Pacifique à Jacques Bourgeois, il n'est pas certain que l'Angleterre ait connu les agissements du lieutenant-gouverneur Charles Lawrence en Acadie : « Il a peut-être bien tout décidé de son cru, le vaurien, sans consulter ni les ministres ni le roi » (*PLC*, 198). Ce à quoi répond Pélagie : « Faut quand même pas prendre le gouverneur Lawrence pour un brave, Pacifique, ni prendre le roi d'Angleterre pour un enfant martyr. Ce qu'ils avont fait, ils l'avont fait. Asteur que personne s'en vienne me demander à moi d'y fournir un bassin d'eau pour s'y laver les mains » (*PLC*, 198).

En quelques lignes, Maillet soulève une question à laquelle les historiens n'ont toujours pas répondu : qui a décidé de la Déportation ? Il est douteux que le lieutenant-colonel Charles Lawrence, ce militaire qui n'était que lieutenant-gouverneur de la province, ait agi par lui-même et ordonné la déportation des Acadiens sans avoir l'approbation de ses supérieurs à Londres. Mais les documents historiques ont « disparu » et il est impossible de déterminer « sur qui retombe la responsabilité de l'expulsion des Acadiens », pour reprendre le titre d'un ouvrage de Placide Gaudet[20]. Pourtant, cette question ne cesse de hanter les historiens et de resurgir lors des commémorations et d'incidents ponctuels, telle la querelle des « excuses de la reine[21] ».

Dans son roman, Maillet évoque diverses anecdotes et récits de la Déportation. Que la P'tite Goule, prisonnier des Anglais, ait creusé de ses propres mains « un tunnel qui s'en allait déboucher de l'autre côté de la rivière, en terre libre » (*PLC*, 98) n'est pas sans rappeler l'évasion de quatre-vingt-six Acadiens du fort Lawrence dans la nuit du 30 septembre au 1er octobre 1755. Ayant creusé un tunnel sous la prison, ces derniers s'évadent pendant une nuit de tempête et rejoignent leurs épouses et enfants cachés dans les bois[22]. Les narrateurs font allusion au notaire René LeBlanc (qui serait à l'origine du personnage du notaire LeBlanc dans le poème de Longfellow) « qui s'en fut à Halifax plaider auprès du gouverneur la cause de son peuple », à Pierre Therrio, « riche propriétaire de la moitié de la vallée de Chignectou », à Charles de la Tour, « premier seigneur débarqué au pays » et à ces Acadiens qui forment « la plus souche européenne en Amérique du Nord » (*PLC*, 103-104).

Pendant la Déportation, des familles entières ont été massacrées, d'autres ont disparu en mer, comme les naufragés du *Duke*

---

20. Placide Gaudet, *Le Grand Dérangement. Sur qui retombe la responsabilité de l'expulsion des Acadiens*, Ottawa, Imprimerie de l'Ottawa Printing Company Limited, 1922, 84 p.

21. Voir Robert Viau, « *Complices du silence ?* de Claude Le Bouthillier et les "excuses" de la reine », *Port Acadie, Revue interdisciplinaire en études acadiennes*, nos 8-9, automne 2005-printemps 2006, p. 75-98

22. Voir Paul Surette, *Mésagouèche. L'Évasion d'un peuple*, [s.l.], La Société historique de Memramcook, 1991, 145 p.

William (*PLC*, 105), ou ont été dispersées partout en Amérique et même en Europe.

> Or voilà qu'avec l'Événement, l'Acadie pour la première fois faisait face à un danger qui pouvait l'atteindre dans ses racines. On bousculait et chavirait les lignages, embrouillant les noms, dispersant les branches des familles aux quatre vents. Les guerres précédentes n'avaient fait qu'émonder l'arbre ; la déportation risquait de le déraciner. (*PLC*, 101)

Il n'est donc guère surprenant que les charretiers maudissent leurs ennemis : « comme j'ai dit, le beau Lawrence — que le diable ait son âme ! » (*PLC*, 146). Et la narration est constamment entrecoupée par le refrain-injure : « merde au roi d'Angleterre ». Bélonie invoque la charrette de la Mort qui va ramasser « le bourreau Lawrence avec ses chiens de Winslow, Murray, Monckton » (*PLC*, 57), les officiers militaires responsables des déportations. Louis à Bélonie rappelle l'incident du Cap-de-Sable où le major Prebble embarqua les femmes et les enfants tandis que les hommes étaient à la pêche, et la résolution des Acadiens de ne rien oublier ni pardonner :

> J'ai entendu dire que le massacre du Cap-de-Sable, c'est la dernière honte que les Anglais pourriont avaler, par rapport que six générations de conteux et de défricheteux avont fait serment de se passer cette histoire vraie d'aïeul en père en rejeton. Ça fait que les descendants du major Prebble avont besoin de se tiendre loin du Cap-de-Sable pour encore longtemps. (*PLC*, 147)

À la fin du roman, les « charretiers » apprennent que Lawrence, « le glouton », est mort « en engouffrant une volaille sans la plumer » (*PLC*, 299-300). On dit effectivement que Lawrence est décédé des suites d'une pneumonie en octobre 1760, après avoir fêté avec trop d'ardeur la capitulation de Montréal lors d'un banquet à Halifax.

Comme le démontre le roman, tous ceux qui « avaient cru, un soir de septembre 1755, qu'avec la dernière flambe de l'église Saint-Charles de Grand'Pré s'était éteint le souffle d'un peuple » (*PLC*, 57) s'étaient bien trompés. Comme l'explique François à Philippe Bastarache : « Ils couperont point le souffle à c'tuy-là qui garde son souffle en dedans, nenni, ils auront point la vie de c'tuy-là qui la tient à brasse-corps [... celui-là va] ersoudre la tête de l'eau pour faire un pied de nez aux barbares qui nous avont neyés et leur dire : cou-cou ! » (*PLC*, 63). Des lambeaux d'Acadie remontent du Sud, d'autres fuient vers « toutes les îles et toutes les anses capables de cacher un peuple disloqué » (*PLC*, 101-102), certains se retrouvent à Belle-Isle-en-Mer en Bretagne et dans les terres en Poitou, « par devers Poitiers et Archigny » (*PLC*, 146), des groupes se rendent en Louisiane (*PLC*, 106-107), tandis que d'autres sont restés en Acadie, « caché[s] et traqué[s] durant toutes ces années du Grand Dérangement » (*PLC*, 299).

Les États-Unis, à la différence du poème *Evangeline* où les Acadiens sont bien reçus et se fondent dans le creuset américain, représentent une terre d'oppression et de dangers. En Géorgie, Pélagie a travaillé pendant quinze ans dans les champs de coton, « sous la botte d'un planteur brutal qui fouettait avec le même mépris ses esclaves nègres et les pauvres Blancs » (*PLC*, 19)[23]. En Caroline du Sud, les Acadiens ont enterré le jeune Frédéric, mais ils doivent ensuite céder au planteur « botté jusqu'aux genoux » (*PLC*, 64) une cartouchière pour payer les six pieds de terre. À Charleston, la Catoune est mise en vente comme esclave et les Acadiens sont emprisonnés pour avoir voulu la sauver (*PLC*, 78). À Baltimore, ville « presque accueillante » (*PLC*, 165), les Acadiens retrouvent des catholiques et « leur premier relais franchement hospitalier en quatre ans » (*PLC*, 167) bien que Pierre à Pitre le Fou ait goûté à la prison pour avoir causé un charivari au marché. Dans les forêts de la Pennsylvanie, trois éclaireurs acadiens sont enrôlés de force dans l'armée britannique (*PLC*, 204). À Boston, une rixe éclate entre Américains et Acadiens et les charrettes sont incendiées (*PLC*, 246). Enfin, dans les marais de Salem, Beausoleil-Broussard risque sa vie (*PLC*, 269).

Une fois de retour en Acadie, les Acadiens devraient retrouver la paix, mais c'est sans compter sur les loyalistes qui les ont suivis. À la suite de la guerre d'Indépendance, les loyalistes (il est à noter que Maillet écrit toujours ce nom propre avec un « l » minuscule) en déroute devant l'insurrection triomphante se réfugient dans les provinces maritimes et cherchent à faire payer aux autres leur propre malheur : « L'esclave battu bat son chien ; et le loyaliste vaincu rosse

---

23. Pour une critique du roman en regard de l'histoire de la Géorgie, voir Jean-Jacques Thomas, « Texts versus Documents : The Case of *Pélagie-la-Charrette* », *L'esprit créateur*, vol. 49, n°4, p. 79-93.

le déporté. Dire que tous les deux allaient se retrouver bientôt face à face en terre d'ancienne Acadie, où la bastonnade allait se poursuivre tout le long du siècle suivant» (*PLC*, 243-244). Et un peu plus loin, la narratrice indique que cette lutte «entre le renard et le loup» (*PLC*, 244) ne se terminera jamais.

Dès leur arrivée dans les colonies du nord, les loyalistes, ces nouveaux maîtres du *New Brunswick* vont prohiber le port d'armes chez les Acadiens (*PLC*, 295) et ce pour mieux les terroriser et s'en débarrasser :

> Et le vieux leur raconta des histoires plus sombres que celles des Bélonie. Des histoires vraies... Comment les soldats anglais, pour rire, ouvraient les caves des familles en fuite pour laisser geler ou pourrir leurs réserves de vivres ; comment on leur avait confisqué leurs meubles, leurs outils, jusqu'à leurs livres de famille pour empêcher les descendants de se retrouver et se reconnaître ; comment on les avait pris pour cible durant l'exercice militaire des nouveaux soldats recrutés chez les loyalistes américains. (*PLC*, 301)

Face à une telle situation, Pélagie suggère de tourner la page et de faire grimper l'Acadie un peu plus vers le nord. De fait, les Acadiens qui reviennent trouvent leurs anciennes terres de même que les emplacements les plus avantageux entre les mains des colons anglophones ; ils doivent alors s'établir dans des régions beaucoup plus pauvres que celles qu'ils avaient connues. Qu'à cela ne tienne, comme l'explique Pélagie : «Tant pis pour les bourreaux qui les avaient dépouillés, on leur reprenait sans honte les miettes du butin» (*PLC*, 230).

Les Acadiens doivent refaire le pays, le «reprendre, acre par acre» (*PLC*, 279), «démêler les familles [...et] les rebâtir» (*PLC*, 301), car la revanche des berceaux s'impose :

> Plus que ça, un chef de famille ne saurait se contenter d'un héritier ou deux, dans les cent ans à venir ; car les morts criaient vengeance, et les foyers étaient vides. Les prochaines générations ne disposeraient que d'un siècle pour rattraper le siècle perdu et empêcher la race de s'éteindre. Seuls les berceaux vengeraient l'Acadie. (*PLC*, 220)

L'Acadie qui s'arrachait à l'exil est donc «rentrée au pays par la porte arrière et sur la pointe des pieds» (*PLC*, 13). Et quand les autres se sont aperçus de sa présence, il était trop tard, «elle avait déjà des ressorts aux jambes et le vent dans le nez» (*PLC*, 13). Après cent ans dans les bois (titre d'un roman de Maillet publié en 1981), l'Acadie viendra reprendre sa place au soleil. Et c'est effectivement une centaine d'années après la Déportation que les Acadiens se réunissent en conventions nationales, choisissent leurs symboles nationaux et entreprennent une longue lutte afin d'obtenir leur reconnaissance en tant que peuple distinct.

> Un nez comme celui de Pélagie-la-Gribouille, entre autres qui sort du bois un siècle plus tard pour renifler l'air une petite affaire, le temps de sentir le temps qu'il fait. Le temps est au beau, la vie peut recommencer. Et la gueuse huche aux autres de s'aveindre de leur trou et de venir prendre leur place au soleil. Elle a entendu le cri des oies sauvages qui rentrent du Sud, on peut commencer à remuer la terre et jeter ses seines à l'eau. (*PLC*, 13)

Ce résumé de faits historiques nous donne une fausse impression du roman. Le récit insoutenable des horreurs de la Déportation est raconté avec parcimonie dans *Pélagie-la-Charrette*, sans ordre apparent, car le but de l'auteur n'est pas de rédiger une œuvre de revendication, mais bien d'écrire un roman sur la grande résilience du peuple acadien, sur sa survie et son avenir. Tout le roman exprime cette volonté de revivre en Acadie.

Enfin, Maillet ne s'appuie pas uniquement sur l'histoire pour construire son roman, mais aussi sur le folklore et les chansons, le merveilleux et le fantastique. Bélonie raconte des contes, dont ceux de la baleine blanche (*PLC*, 73-75) et de Tit-Jean Quatorze (*PLC*, 282-287). Célina peut soigner les malades à partir d'herbes et de potions. La Catoune a des pouvoirs ésotériques et dialogue avec les puissances occultes. Le crucifix de l'église de la Grand'Prée guérit miraculeusement la petite Virginie (*PLC*, 298). La P'tite Goule est un géant et Pierre à Pitre dit le Fou connaît des tours de magie. Bélonie dialogue avec la Mort et l'empêche d'enlever trop d'enfants acadiens. La tête de Barbe-Noire flotte sur les eaux et le capitaine Kidd a enterré son trésor en Acadie. Dans les moments festifs, les Acadiens entonnent des chants populaires, tels *Alouette, gentille alouette* et *Le grain de mil*, et rentrent en Acadie en chantant. Ils jouent du violon ou, s'ils n'ont pas d'instruments, des cuillères et composent «le reel dit de la boiteuse» (*PLC*, 230) en l'honneur de Célina. Les personnages utilisent des mots et des expressions typiquement acadiens, etc. Le roman se présente comme une véritable somme encyclopédique de connaissances relatives à l'Acadie. Ces mots anciens, ces légendes et contes merveilleux, ces croyances et coutumes, Pélagie les recueille dans son mouchoir de col, puis l'enfouit «dans sa poche de devanteau [tablier]» (*PLC*, 311) afin que plus personne ne viennent les arracher et qu'ils restent au creux du ventre des Acadiens.

Une dernière question avant de poursuivre. Si le roman reprend des éléments «véridiques», qu'en est-il de la caravane de Pélagie? Les Acadiens déportés sont-ils revenus en Acadie? Sur quels récits historiques l'auteure se fonde-t-elle pour décrire ce chapelet de charrettes en route vers le nord? Dans *Une colonie féodale en Amérique* (1889), Rameau de Saint-Père est le premier historien à parler de cette «Grande Caravane» qui partit du Massachusetts pour revenir en Acadie:

> D'autres, formant une masse compacte de deux cents familles environ, résolurent de retourner vers leur Acadie perdue et regrettée. [...] Ce fut dans le printemps de 1766 que se forma l'héroïque caravane dont nous suivrons les pas. À pied et presque sans approvisionnements, les pèlerins acadiens affrontèrent les périls et la fatigue d'un retour par terre, en remontant les côtes de la baie de Fundy (l'ancienne baie Française) jusqu'à l'isthme de Shediak, à travers cent quatre-vingts lieues de forêts et de montagnes inhabitées: des femmes enceintes faisaient partie de ce misérable convoi, qui accouchèrent en route; nous avons connu quelques-uns des fils de ces enfants de la douleur, et c'est de leur bouche que nous tenons le récit que leur avaient transmis leurs pères, nés pendant cette douloureuse traversée[24].

À son tour, Émile Lauvrière, dans *La tragédie d'un peuple* (1924), décrit la «pitoyable anabase[25]» d'une caravane d'Acadiens qui, à partir du printemps 1766, auraient parcouru plus de mille kilomètres, de Boston à la baie Sainte-Marie[26]. Enfin, il y a cet article intéressant

---

24. François-Edme Rameau de Saint-Père, *Une colonie féodale en Amérique. L'Acadie (1604-1881)*, Paris, Librairie Plon, Montréal, Granger frères, 1889, t. 2, p. 186.

25. Émile Lauvrière, *La tragédie d'un peuple. Histoire du peuple acadien de ses origines à nos jours*, Paris, Librairie Henry Goulet, 1924, t. 2, p. 314. Voir aussi Henri-Raymond Casgrain, *Un pèlerinage au pays d'*Évangéline, Québec, Imprimerie de L.-J. Demers & frère, 1888, p. 479-481.

26. En fait, cette «caravane», bien qu'elle soit un thème littéraire fécond, n'aurait tout simplement jamais existé: «À vrai dire, autant cette histoire était touchante, autant elle laissait planer des doutes dans l'esprit de certains, surtout les généalogistes qui n'y voyaient là que pure chimère de la part de Rameau, puisque l'origine et le parcours des familles fondatrices des établissements acadiens de la

sur les frères Bastarache et leur odyssée quasi magique de la Caroline du Sud à l'Acadie paru en 1972 dans les *Cahiers* de la Société historique acadienne[27], soit quelques années avant la publication du roman de Maillet.

En littérature, ce thème de la caravane du retour avait déjà été exploité, et Maillet devait en avoir entendu parler. Jean-Baptiste Jégo dans *Le drame du peuple acadien* (1932), Albert Laurent dans *Les splendides têtus* (1939), Antoine-J. Léger dans *Elle et Lui* (1940) et Laurent Tremblay dans *Un matin tragique* (1955) évoquent cette pérégrination épique. Les Acadiens traversent les forêts pour aboutir sur la côte de la baie de Fundy. Comme l'explique le vieux Basile, le patriarche des Acadiens, dans *Un matin tragique* :

> J'ai été saisi par les envahisseurs, emprisonné sur les navires de Winslow. Je les ai vus incendier notre village, dévaster et ruiner ma maison et mon bien. On m'a séparé de ma femme et de mes enfants. Tout cela je l'ai enduré de bon cœur. J'ai pas même pleuré tant j'avais du courage [...] En Nouvelle-Angleterre, j'ai enduré le supplice de la faim et de nous voir réduits à l'état d'esclavage, traqués et maltraités comme des bêtes. J'ai cherché sept ans les débris de ma famille. Ma femme est morte sans que je la retrouve, et, de mes douze enfants, je n'ai pu retracer que ta défunte mère. Tout cela ne m'a pas abattu. J'étais fort. [...] J'ai suivi et guidé la caravane du retour. Avec 1,200 compatriotes malheureux j'ai traversé pieds nus les forêts vierges du Massachusetts et du Maine jusqu'à Memramcouk. J'ai mangé deux

---

Baie Sainte-Marie et du comté de Yarmouth étaient relativement bien connus. En réalité, peu de ces familles avaient été déportées dans les colonies anglo-américaines et celles qui l'avaient été étaient revenues en Nouvelle-Écosse par bateau». Ronnie-Gilles LeBlanc, «Transcription et édition critique des notes de voyage de François Edme Rameau de Saint-Père, en Acadie, en 1860», *Port Acadie*, n° 20-21, 2011-2012, p. 82.

27. Voir «L'Odyssée de Pierre et Michel Bastarache 1755-56», *Cahiers, Société historique acadienne*, vol. 4, n° 4, janvier-février-mars 1972, p. 163-164. Voyageant à travers bois, les frères Bastarache tombèrent aux mains des Iroquois, épisode que l'on retrouve dans *Pélagie-la-Charrette* (*PLC*, 205-210). Au sujet des retours des Acadiens des Carolines, voir Paul Delaney, «The Acadians deported from Chignectou to "Les Carolines" in 1755 : their origins, identities and subsequent movements», Ronnie-Gilles LeBlanc (dir.), *Du Grand Dérangement à la Déportation. Nouvelles perspectives historiques*, Moncton, Chaire d'études acadiennes, 2005, p. 247-389.

repas par semaine pendant 5 mois. Tout cela ça s'endure et ça ne tue pas un homme comme moi[28].

Si ce thème a déjà été traité, comment expliquer le succès de *Pélagie-la-Charrette* ? Pour un auteur expérimenté comme Maillet, il ne s'agit pas de répéter ce qui a été dit, mais de faire en sorte que son roman soit un sublime original par la manière de raconter, la diversité des anecdotes et la complexité des personnages.

Raconter pour survivre

Nous retrouvons dans *Pélagie-la-Charrette* une atmosphère particulière qui s'explique par la vision du monde des Acadiens, leur façon de parler, leur attachement au coin de pays où ils sont nés, où ils souhaitent mourir malgré les années d'exil et d'errance. L'un des éléments les plus typiques de l'œuvre de Maillet réside dans le constant glissement du français standard à la langue colorée, pittoresque et vivante des personnages, une langue avec « ses mots aveindus à cru de la goule de ses pères » (*PLC*, 311). Cet emploi de divers niveaux de langue est tout particulièrement évident dans *Pélagie-la-Charrette*, car le récit nous serait venu, dit-on, par voie orale à travers sept générations de conteurs.

[...] et l'Histoire continue.

... Elle continue encore dans la bouche de mon cousin Louis à Bélonie, qui la tient de son père Bélonie à Louis, qui la tenait de son grand-père Bélonie — contemporain et adversaire de la Gribouille — qui l'avait reçue de père en fils de ce propre Bélonie, fils de Thaddée, fils de Bélonie premier qui, en 1770, fêtait ses nonante ans, assis au fond de la charrette même de Pélagie, première du nom. (*PLC*, 15-16)

Dans le roman, les paliers essentiels de cette transmission sont les suivantes : Bélonie I transmet son savoir à son petit-fils, Bélonie II, et raconte ce qu'il a vécu peu avant de disparaître. Bélonie III, fils de Bélonie II, reprend le récit des événements et se querelle avec Pélagie-la-Gribouille au sujet de leur interprétation. Enfin, la narratrice

---

28. Laurent Tremblay, *Un matin tragique [chez les pionniers de la baie Sainte-Marie]. Drame acadien*, Montréal, Le Théâtre chrétien, [1955], p. 7. Au sujet des autres œuvres citées, voir Robert Viau, *Les Grands Dérangements : la Déportation des Acadiens en littératures acadienne, québécoise et française*, Beauport (Qc), Publications MNH, 1997, 381 p.

anonyme reconnaît fréquemment sa dette à son cousin Louis-le-Jeune, arrière-petit-fils de Bélonie III.

Pélagie-la-Charrette est un récit où s'impose la littérature orale, celle qui, de génération en génération, a transmis le savoir d'un peuple, ses rêves et ses hantises, ses victoires et ses défaites. Grâce à cette littérature orale, les personnages acadiens maintiennent leur hégémonie sur le récit de la Déportation, en font «leur chose», un récit qui justifie leur existence et qui démêle leurs pérégrinations de sorte que cette histoire, comme l'explique Maillet, «est beaucoup plus vraie que toutes celles qui sont enregistrées aux archives nationales d'Halifax ou d'Ottawa. Parce qu'il n'y a rien d'aussi vrai que le vivant. C'est pourquoi la littérature orale, qui se transmet de bouche en oreille, est peut-être plus vraie que l'autre[29]». *Pélagie-la-Charrette* célèbre la richesse et la diversité de la tradition orale qui a conservé le passé. Comme l'explique la narratrice au tout début du roman: «Après ça, venez me dire à moi, qui fourbis chaque matin mes seize quartiers de charrette, qu'un peuple qui ne sait pas lire ne saurait avoir d'Histoire» (*PLC*, 16).

Dans *Pélagie-la-Charrette*, la préservation du récit oral et son mode de transmission jouent un rôle essentiel. La narratrice, tout comme celle des *Cordes-de-Bois*, présente une grande diversité de faits narrés et d'interprétations. Toutefois, il n'y a pas comme dans les romans traditionnels (et dans les autres romans de Maillet) un seul narrateur qui prend en charge le récit. Certes, le récit premier est le retour des Acadiens exilés, de la Géorgie à l'Acadie de 1770 à 1780, mais le tout est raconté par une narratrice qui s'affirme par un «moi» (*PLC*, 13) dès la deuxième ligne du prologue. Cette narratrice intervient ici et là et mentionne assez fréquemment son cousin Louis-le-Jeune, de qui elle tient une large part de ce qu'elle raconte. À partir de ces quelques allusions, on peut situer la narratrice dans un espace-temps qui correspond à celui de la publication du roman en 1979.

Cependant, il y a des divergences d'opinions au sujet de certains événements et afin d'expliquer celles-ci un deuxième groupe de conteurs intervient, celui des ancêtres des narrateurs contemporains (en fait, leurs arrière-grands-parents), qui sont aussi les descendants

---

29. Antonine Maillet, *L'Acadie pour quasiment rien*, Montréal, Leméac, 1973, p. 31.

des premiers exilés. « Le cercle des gicleux assis en demi-lune devant la maçoune » (*PLC*, 14) en Nouvelle Acadie se remémore l'épopée de Pélagie un siècle après les événements, donc vers 1880. Ils reprennent des mots et des phrases dites par les déportés pour faire prévaloir leur point de vue : « Pélagie-la-Gribouille, un siècle plus tard, devait servir toute la phrase au descendant de Bélonie » (*PLC*, 59) et « C'est le Bélonie contemporain de la Gribouille qui devait le répéter un siècle plus tard » (*PLC*, 80). Toutefois, les querelles entre Pélagie-la-Gribouille et Bélonie III démontrent que l'interprétation des uns n'est pas toujours conforme à celle des autres et que les descendants de la charrette se passent et repassent les événements du retour en les refaisant selon leurs vanités individuelles et familiales. Ainsi, à titre d'exemple :

> Et Pélagie-la-Gribouille, sa descendante du siècle suivant, remit encore un coup tous les traîneux de la maçoune à leur place en jurant qu'elle écrirait elle-même l'histoire du pays, s'il fallait, l'histoire vraie, celle de sa famille et lignée déportées dans le Sud et qui, sans la charrette de Pélagie, son aïeule, y seraient restées. Voilà. (*PLC*, 29)

> Un siècle plus tard, assis devant la maçoune de Pélagie-la-Gribouille, un Bélonie devait dire sans y prendre garde, que la lignée des Pélagie avait dû produire de bien ragoûtants échantillons, dans le temps, mais que le temps finit toujours par ternir et cobir le moule, hélas ! La Gribouille n'aurait point laissé achever le Bélonie, apparence, restant sur ce chapitre encore chatouilleuse après quatre générations. Et c'est elle-même qui se serait chargée, au dire de mon cousin le vieux Louis dit le jeune, de décrire les splendeurs de ses aïeules. (*PLC*, 112)

À plusieurs reprises, nous retrouvons des variantes de « Mais ici la Gribouille s'interposa ! » (*PLC*, 180) et de « Si vous vous figurez que vous me ferez des accroires à moi ! » (*PLC*, 15) qui remettent en question ce qui est raconté.

L'histoire orale joue un rôle de premier plan dans *Pélagie-la-Charrette*. Règle générale, parce que le laps de temps qui s'est écoulé entre un événement et le récit qui le fait revivre peut être très long, l'histoire orale, de par sa nature, n'est pas fixe, n'est pas figée et connaît des variantes. Elle est recréée chaque fois qu'un narrateur veut la transmettre. Cela contribue à la rendre vivante et, en même temps, donne l'occasion non seulement au narrateur, mais aussi à son auditoire, d'ajouter quelque chose à l'information transmise, à un point tel qu'il est impossible de savoir quels détails sont authentiques puisqu'ils sont souvent accompagnés d'éléments faux, exagérés ou embellis par l'imaginaire, surtout celui de Pierre à Pitre, « le fou du peuple » (*PLC*, 97).

> Malgré leur propre répertoire d'aventures qui devait constituer un patrimoine oral dont les générations à venir feraient leurs beaux dimanches, les déportés qui rentraient au pays, en cette fin de siècle, buvaient à grandes lampées les récits merveilleux des autres. [... Pierre à Pitre] allait verser dans ce répertoire des versions, variantes, improvisations, élucubrations de son cru qu'il est bien malaisé aujourd'hui de distinguer de l'authentique ancien. (*PLC*, 96-97)

Dans le roman de Maillet, certains de ces éléments ajoutés sont facilement repérés, d'autres sont plus difficiles à déceler, car ils tiennent à des réalités intérieures : à la volonté, au désir, au rêve ou à la fantaisie des personnages. Tous ces éléments sont en quelque sorte des « déformations » ou des « excroissances » face au récit premier. Les narrateurs altèrent les faits historiques pour les transformer en légendes, en mythes, en mensonges, c'est-à-dire en de la fiction. À cela, il faudrait ajouter le merveilleux et le fantastique (les pouvoirs ésotériques de la Catoune, la présence tangible de la Mort, la magie de Pierre à Pitre, etc.), et les aspects rabelaisiens du conte (le géant P'tite Goule, l'épisode des paroles gelées qui tombent sur le pont de la *Grand'Goule*, le respectable marché de Baltimore transformé en carnaval, etc.) qui amplifient le récit et lui donnent une dimension inattendue.

À cause des nombreuses sources orales du récit et de leur importance dans la transmission du récit, nous pourrions dire qu'à la narration traditionnelle d'une histoire se greffe dans *Pélagie-la-Charrette* l'histoire d'une narration qui revêt une importance capitale. Nous remarquons trois niveaux de narration dans le roman, à trois paliers historiques différents. Chaque narration se fait à un siècle de distance : de 1770 à 1780, à mesure que se déroule le récit des charrettes, vers 1880, lors du réveil de l'Acadie, alors que les « gicleux » rassemblés devant la « maçoune » se racontent les événements entourant le retour de leurs ancêtres, et en 1979, lors de la publication du roman, en pleine floraison littéraire acadienne. Les « charrettes » lancent le récit, les « gicleux » le retravaillent (le nom Gribouille renvoie à cette première écriture hâtive, confuse), les « contemporains » le peaufinent et rendent le roman possible. Nous passons de l'anecdote à la littérature orale à l'écriture, ce qui explique le titre que nous avons choisi pour ce chapitre du livre : agir, raconter, écrire

Ces narrations en abyme interviennent fréquemment dans le récit, apportent leur éclairage particulier et finissent par se mêler l'une à l'autre dans un tissage inextricable qui ne facilite pas la lecture du roman (ce dont se plaignent de nombreux lecteurs non avertis). Non seulement il y a trois niveaux de narration, mais tous ces narrateurs peuvent se parler, se contredire, se quereller, enjambant allègrement les barrières temporelles afin de faire part de leur point de vue. Le lecteur passe continuellement d'un registre à l'autre, et les événements du retour se mêlent aux discussions des « gicleux » et aux commentaires des narrateurs contemporains de sorte que le lecteur doit être attentif aux changements de narrateurs et de style afin de bien comprendre le « qui dit quoi, quand et pourquoi ».

Dans l'extrait qui suit, la narratrice contemporaine (et non la Gribouille, car il serait surprenant qu'elle connaisse la Bible) place l'expérience de Charles et de Jacques dans un contexte plus large en évoquant une analogie biblique inconnue des personnages :

> S'ils avaient su, Charles et Jacques, la surprise qui les attendait derrière la colline, et s'ils avaient mieux connu l'histoire, ils se seraient pris eux-mêmes pour de petits Pharaons. Mais les Acadiens de l'ancienne Acadie ne connaissaient de l'Histoire que les chapitres qu'on se passait de bouche à oreille au pied de la cheminée, et où n'entraient point les rois d'Égypte. Derrière la colline les attendait un fleuve qui venait de s'ouvrir, comme pour les faire passer à gué. (*PLC*, 35)

Ailleurs, la narratrice contemporaine compare un geste de Pierre à Pitre à celui de personnages anachroniques, des cowboys : « Personne n'a jamais vu faire ça. Pas encore. Ç'allait prendre un siècle avant que les *cowboys* d'Amérique inventent le lasso » (*PLC*, 260).

En plus de ces commentaires et explications, rien n'empêche les divers narrateurs de communiquer entre eux et de s'apostropher malgré les distances spatio-temporelles. Dans l'extrait suivant, la narratrice ou Bélonie III (comment savoir ?) contredit Bélonie I :

> ... et lui, le nonagénaire, qui avait vu sombrer quasiment sous ses yeux...
>
> ... Non, Bélonie, vous ne l'avez point vu...

... il avait vu la tempête séparer les goélettes et la sorcière de vent en emporter une dans son tourbillon, le *Duke Wellington*[30] qui entraînait toute sa descendance au fond des eaux.

Non, Bélonie! (*PLC*, 30)

Ailleurs, on corrige certaines affirmations :

... De toute manière, devait dire un siècle plus tard Pélagie III dite la Gribouille, la seule histoire qui compte, dans tout ça, c'est celle de la charrette qui ramenait un peuple à son pays.

Pas encore un peuple, non, la Gribouille, pas tout à fait. (*PLC*, 97)

Bélonie l'avait prédit, d'ailleurs : trop de sept en cette année-là. À elle seule, 1777 condensait les sept années de vaches maigres et les sept plaies d'Égypte.

... Dix plaies d'Égypte.

Dix, comme vous voulez, mais les Acadiens, laissez-moi vous dire, en eurent plein les bras de sept et pouvaient sans rechigner se passer des trois autres. (*PLC*, 242)

Ici, Célina remet en question un commentaire d'une ou d'un descendant(e) de la charrette :

Île d'Espoir! le seul bon augure de ce nom avait gardé en vie cette femme, veuve d'Acadie, et ses quatre orphelins. L'espoir, c'était le pays, le retour au paradis perdu.

— Un paradis qu'avont pourtant pardu les Richard et les Roy, que s'empressa d'ajouter Célina en levant le nez. (*PLC*, 21)

Ailleurs, les charrettes du dix-huitième siècle remettent en question une affirmation de la narratrice du vingtième siècle :

[...] sans l'intervention de l'abbé Robin en personne, le pauvre [Pierre à Pitre] aurait pu passer le restant de ses jours à tresser de la paille dans les prisons de Baltimore par fidélité à ses maîtres Beausoleil et Pélagie et pour les beaux yeux de Célina.

— Les beaux yeux de Céline! Outch!

---

30. Il est intéressant de noter que le titre de duc de Wellington a été créé seulement en 1814 pour Arthur Wellesley, le vainqueur de la bataille de Waterloo. Comme nous l'apprendrons plus tard, le petit-fils de Bélonie n'a pas fait naufrage sur ce navire au nom fictif, mais a été «sauvé des eaux» (*PLC*, 259) (ou de son water/l'eau).

Et les charrettes s'esclaffèrent.

— Pourquoi pas ses belles jambes, tant qu'à faire? (*PLC*, 169-170)

Dans la conversation suivante, François à Pierre s'adresse à Pélagie en 1770, mais la réponse vient de la narratrice de 1979 et Pélagie à son tour réagit à l'opinion de cette narratrice, comme si elle savait ce que le narrateur de 1979 allait lui dire longtemps après sa mort:

— Il vous reste un continent à franchir, Pélagie, je sais pas si tu le sais.

— Elle le savait, François à Pierre, fils de Pierre à Pierre à Pierrot, héros de Beauséjour et du Grand Dérangement. Mais elle le saurait un jour à la fois.

— Rien dit que je devions boire toute la coupe d'un coup. (*PLC*, 39)

Enfin, dans ce dernier extrait, la narratrice ou Bélonie III s'adresse à Pélagie-la-Charrette qui entend cette voix de l'avenir qui tente de la calmer et lui répond.

— Quoi c'est que les cris?

... Les vents, Pélagie, les vents de marais. Le cœur de la bise, là où le nordet s'entortille dans le suroît. Les marais se lamentent sous les vents d'avril, tu le sais, Pélagie.

— Les vents? Alors pourquoi la Catoune s'agite-t-elle comme ça, la face au ciel? (*PLC*, 256)

Tantôt auditeurs, tantôt observateurs, tantôt participants, les narrateurs racontent quantité de récits secondaires à l'intérieur du récit principal du retour d'exil des Acadiens et s'adressent à divers narrataires. Malgré les différences de temps et d'espace, ils peuvent s'interpeller, se contredire et se corriger, et grâce à ce va-et-vient qui abolit les barrières narratives et les distances de temps et d'espace œuvrer tous ensemble à l'élaboration d'un récit d'une très grande vivacité, épique et démesuré, d'un style oral, rabelaisien. Ruptures de temps et d'espace, brusques interventions de la narratrice et des intervenants, répétitions des mêmes formules et façon de faire des personnages de même lignée à des siècles de distance, le récit de l'Acadie se recrée à partir des lambeaux de familles et de fragments d'histoire. À la suite d'interminables veillées devant la «maçoune», les récits sont repris et repolis, relancés d'un conteur à l'autre, et finissent par reconstituer une mémoire collective.

Pélagie-la-Charrette est le plus complexe et le plus « construit » des romans de Maillet. Si nous voulions reprendre une image tirée du folklore acadien, nous pourrions dire que c'est un tissage savant de voix en un « tapis hooké » coloré. Les Acadiens connaissent bien ces tapis fabriqués de retailles de tissu, à première vue inutiles et abandonnées, que des groupes de femmes recueillent, tissent et transforment en de véritables œuvres d'art. De ces rebuts naissent au fil du temps, des rencontres et des échanges, un ensemble recherché et de toute beauté.

De façon plus savante, *Pélagie-la-Charrette*, écrit Magessa O'Reilly : « c'est la somme de tous les discours individuels. Des témoignages de charretiers, bruts ou modifiés, accompagnés de commentaires et d'exégèses et juxtaposés à des reconstructions ultérieures[31] ». Il y a dans ce roman une multiplicité de voix qui peuvent se contester et se contredire, mais qui cherchent toutes à atteindre le même but : transmettre l'histoire du retour d'un peuple. Ce qui en résulte est un récit auquel toutes et tous ont contribué, le reflet de cette odyssée collective d'un peuple en marche, « une polyphonie, d'après Kathryn Crecelius, qui joue sur plusieurs gammes l'histoire d'un peuple pour prouver que l'Histoire est toujours la somme des voix de plusieurs siècles[32] ». Il ne s'agit plus ici de l'histoire enregistrée aux archives nationales d'Halifax ou d'Ottawa et rédigée par les vainqueurs, mais de l'histoire orale de ceux qui se souviennent et pour qui l'histoire est toujours vivante.

La volonté de se réenraciner

De génération en génération, les Acadiens vont se transmettre ces récits du retour et de l'espoir naissant. Ce qu'ils racontent, c'est le réenracinement des Acadiens dans les provinces maritimes. Si les

---

31. Magessa O'Reilly, « Une écriture qui célèbre la tradition orale : *Pélagie-la-Charrette d'Antonine Maillet* », *Studies in Canadian Literature/Études en littérature canadienne*, vol. 18, n° 1, 1993, p. 122. Voir aussi Ylang Nguyen Phi, « Complexité narrative dans *Pélagie-la-Charrette* : une analyse narratologique », *Revue de l'Université de Moncton*, vol. 27, n° 1, 1994, p. 51-72. Il est à noter que Ylang Nguyen Phi a soutenu une thèse de maîtrise intitulée « La complexité dans les structures narratives du roman *Pélagie-la-Charrette* d'Antonine Maillet » à l'Université de Moncton en 1984.
32. Crecelius, *op. cit.*, p. 218.

Acadiens peuvent revenir en Acadie sans cartes ni boussoles, c'est que ce peuple «se souvenait de sa frayère comme les saumons; et comme les saumons, il entreprit de remonter le courant» (*PLC*, 108-109). Ils reviennent instinctivement en Acadie, guidés vers le nord par l'appel du pays. La Sagouine, dans un de ses monologues, a déjà abordé ce thème acadien de l'appartenance au pays: «C'est pus fort que toi. C'est par rapport à l'eau, pis le soleil, pis la senteur du bois qui te rentront sous la peau [...] Pourquoi c'est que les soumons remontont les riviéres à contre-courant? et pourquoi c'est que les outardes revenont vent devant au pays? Ça fait jongler, ça. C'est dire qu'i' y a de quoi, dans la terre qui t'a mis au monde, qui te r'semble ou ben qui te tchent amarré[33]». Pélagie meurt comme meurent les saumons lorsque, après des années de voyage en mer, ils retrouvent leur frayère[34]. De même, elle meurt dans les marais de Tintamarre qui sont nommés ainsi à cause du bruit que fait le grand nombre d'oiseaux migrateurs qui reviennent chaque année se reposer et se nourrir dans les marais.

Tel «les saumons», les «oiseaux migrateurs qui rentraient un peu tard au pays» (*PLC*, 304) ou les «oies sauvages qui rentrent du Sud» (*PLC*, 13), l'Acadie s'arrache à l'exil et rentre «au pays par la porte arrière et sur la pointe des pieds» (*PLC*, 13). Comme le rappelle Pélagie:

> Surtout n'éveillez pas l'ours qui dort.
>
> Rentrez chacun à votre chacunière sur la pointe des pieds et attendez le temps qu'il faut. On a bien attendu en Géorgie, dans les Caroline, en Marilande, et tout le long de la Nouvelle-Angleterre, attendu que passe la première charrette pour y accrocher la sienne. On pourra de même attendre sur le marchepied de son logis que la porte s'ouvre et que la maison se vide. Attendre que la terre se réchauffe, que la mer se calme, que les mémoires s'émoussent. Attendre que les plantes regerment dans les champs et les potagers saccagés. (*PLC*, 312)

---

33. Maillet, *La Sagouine, op. cit.*, p. 116.
34. Voir Kathryn Gannon, «Mapping the Margins: Representations of Place and Space in Antonine Maillet's *Pélagie-la-Charrette*», Emma Gilby et Katja Haustein (dir.), *Space: New Dimensions in French Studies*, Oxford, Peter Lang, 2005, p. 116.

Et quand les nouveaux maîtres du pays se sont enfin aperçus de la présence des Acadiens, il était trop tard, cette race « avait déjà des ressorts aux jambes et le vent dans le nez » (*PLC*, 13). L'Acadie venait de nouveau prendre sa place au soleil.

> Comme une roue de charrette, comme le timon d'un bâtiment, l'Acadie nouvelle avait lancé aux quatre coins du pays les rayons de sa rose des vents, sans s'en douter. Elle avait joué à colin-maillard avec le destin et avait fini par labourer tous ses champs et replanter ses racines partout. (*PLC*, 320)

Les charretiers cherchent à ancrer leurs « racines flottantes » (*PLC*, 20) en s'installant sur la terre ferme acadienne. De même, ce qui les inquiète le plus, c'est de perdre leurs liens avec leur communauté et leur passé, d'être déracinés par des gens qui veulent s'emparer de leurs terres. *Pélagie-la-Charrette* raconte l'histoire des déportés acadiens, mais, par la même occasion, celle de tous les peuples opprimés. C'est pour cette raison que l'esclave noir est adopté par les Acadiens, que le fils de Pélagie épouse une Iroquoise et que les Acadiens éprouvent de la sympathie pour les Américains qui livrent leur guerre d'indépendance.

Cependant, *Pélagie-la-Charrette* n'est pas un livre à thèse ou un pamphlet politique. Le but de l'auteure n'est pas de rédiger une œuvre de revendication, « par le feu et par le fer » comme ont pu le faire de nombreux auteurs motivés par le désir de se venger des Anglais et de l'Histoire[35], mais bien d'écrire un roman sur la grande résilience du peuple acadien, sur sa survie et son avenir : « Je remonte au pays pour ceux qui restent, pour nos enfants et pour ceux qui sortiront des enfants de nos enfants » (*PLC*, 59). Il ne s'agit pas ici de s'apitoyer sur le sort des Acadiens, mais de réagir avec vigueur et de préparer l'avenir. Le roman s'inscrit dans les préoccupations communes aux romans et pièces de Maillet et qui sont la mémoire du pays et l'espoir en l'avenir. Tout le roman exprime cette volonté de revivre en Acadie, que redira l'épilogue du livre : « Grouillez-vous, bande de flancs mous ! Personne viendra vous nourrir à la louche ni vous border au lit. Aveindrez-vous de vos trous et venez prendre votre place au soleil. Les outardes rentrent du sû, on peut commencer à remuer la terre

---

35. *Par le feu et par le fer* est le titre d'un roman de vengeance sanglante écrit par Léon Ville (Paris, Tolra, 1927, 155 p.).

et jeter nos seines à l'eau» (*PLC*, 321). Comme la plupart des œuvres d'Antonine Maillet, *Pélagie-la-Charrette* est un cri du cœur, un appel d'amour à un peuple qui n'a pas fini de croître et d'étonner le monde.

Le personnage de Pélagie incarne cette volonté de vivre, cette fidélité à la race et au pays. Pourtant, ce personnage existe déjà en littérature acadienne, grâce à Mgr Félix-Antoine Savard. Dans *Le barachois* (1959), la veuve Pélagie, vieille et abandonnée (ses filles sont mariées à Montréal), attend le retour de son fils, parti tout jeune «gaboter d'un bord et de l'autre», et elle prie: «c'est pour son âme que je prie, tout le temps, partout. Une mère doit sauver ses enfants[36]». Les deux Pélagie se sacrifient pour leurs enfants. Mais à la Pélagie de la dispersion, de la prière et des larmes, Maillet oppose une Pélagie du rassemblement, de l'action et de la détermination.

Le choix du nom Pélagie pour une héroïne acadienne est peut-être «fortuit», comme le suggère l'auteure[37], mais fort révélateur. Pélagie est un nom féminin qui évoque la mer, «pélagique» vient du radical du grec *pelagos* qui signifie «haute mer». Malgré son nom, Pélagie exerce sur terre une fonction parallèle à celle qu'exerce sur mer Broussard, dont le nom évoque la végétation. Les «capitaines au sol et sur l'eau» (*PLC*, 87) devront unir leurs forces pour ramener les déportés et recréer le pays. De plus, Pélagie est effectivement la «haute mère» des charretiers et de l'Acadie. Ne s'est-elle pas comportée en pourvoyeuse de son peuple en marche et n'a-t-elle pas été au début de la Déportation jusqu'à partager son lait «entre tous les nouveau-nés garrochés sur la côte géorgienne» (*PLC*, 24), mettant ainsi en péril la vie de sa propre fille? Enfin, c'est aussi le nom d'une doctrine hérétique. Le pélagianisme affirme l'importance de la volonté humaine et du libre arbitre aux dépens du péché originel, de la transmission des péchés et du messianisme. C'est une doctrine qui convient bien au personnage opiniâtre qu'incarne Pélagie: elle n'accepte pas le destin, mais choisit au contraire de le rebâtir, à sa manière, sans attendre d'intervention divine.

À la fois mère de famille, meneuse de peuple et amoureuse, Pélagie nous apparaît comme une Mère Courage qui, comme le nom l'indique, est «capable de fouetter le courage de ses gens autant que

---

36. Félix-Antoine Savard, *Le barachois*, Montréal, Fides, coll. «Nénuphar», 1959, p. 74-75.
37. Voir Maillet citée par Smith, *op. cit.*, p. 53.

les bœufs de sa charrette[38] ». Certes, Pélagie est déchirée entre son amour pour Beausoleil-Broussard et son devoir, mais elle agit de la même façon que les autres héroïnes épiques en se sacrifiant pour son peuple. Pélagie se refuse à son capitaine, l'exhortant même à s'en aller au loin (*PLC*, 118) afin qu'elle puisse se dévouer à sa tâche et ramener les familles de déportés au pays. L'avenir de l'Acadie a plus d'importance que l'histoire d'amour de Pélagie et de Beausoleil. Comme toutes les héroïnes d'Antonine Maillet, enfin, Pélagie est une femme qu'aucune misère ne saurait abattre : c'est une batailleuse qui, jamais, ne rend les armes. Sûre d'elle-même et de sa mission, la « veuve d'Acadie » (*PLC*, 26) à la « crine de lionne » (*PLC*, 42) a une foi totale en l'avenir de sa race, de sorte qu'elle impose sa volonté à tous les « affamés-affalés-effarés » (*PLC*, 47).

Les femmes jouent un rôle capital dans toutes les œuvres de Maillet, mais ce rôle est encore plus important dans cette société acadienne bouleversée par les événements de 1755 et qui a vu disparaître quantité d'hommes. Elles représentent les forces de vie. Les femmes veulent revenir à tout prix chez elles et repeupler le pays. Elles expriment les espoirs et les craintes du convoi, mais surtout elles agissent, faisant avancer les charrettes par leurs paroles et leurs gestes : « Toutes les têtes, hommes ou femmes, se tournèrent vers Pélagie. Si l'Acadie n'avait pas péri corps et biens dans le Grand Dérangement, c'était grâce aux femmes. Et elle cracha par terre, Célina, pour montrer aux hommes ce que sa race savait faire » (*PLC*, 152). Pélagie a institué la caravane et la dirige. C'est elle qui décide de l'itinéraire et de la durée des temps de repos, et qui prend les décisions importantes. Elle est secondée par Célina, la vieille fille « sage-femme-guérisseuse-rabouteuse-et-désormais-brûleuse-de-dents » (*PLC*, 136). Une troisième femme forte, Jeanne Aucoin, seconde elle aussi Pélagie, tandis que la Catoune agit à titre d'intermédiaire entre les déportés et les forces mystérieuses de la nature. Après avoir ramené son peuple en terre promise, Pélagie meurt, mais Madeleine prend « les rênes des mains de sa mère » (*PLC*, 307). La mort de Pélagie, qui a sauvé l'Acadie, a pour but de mettre fin à la vie

---

38. Carmen Gaudet, « Le personnage de Pélagie : la femme, la Mère Courage, l'amoureuse », René LeBlanc (dir.), *Derrière la charrette de Pélagie. Lecture analytique du roman d'Antonine Maillet, « Pélagie-la-Charrette »*, Pointe-de-l'Église (N.-É.), Presses de l'Université Sainte-Anne, 1984, p. 51.

passée, celle de l'esclavage et de la traversée du désert. Madeleine à son tour va parachever l'ultime projet de renaissance du peuple acadien dans le pays de ses origines ancestrales. La lignée de Pélagie se perpétue ainsi par les filles[39], car Madeleine, bien que mariée, n'a que faire de l'autorité du mâle.

> Tu prends pour épouse et mère de tes enfants une vierge à l'image de la Mère de Dieu qui t'aimera, te respectera et t'obéira, toi le chef qui a reçu au paradis terrestre le bâton de l'autorité sur toute la famille.

> Pélagie leva un sourcil sur cette autorité et, ramassant le fouet destiné aux bœufs, elle en donna un coup sec sur le tronc d'un peuplier qui levait la tête au ciel. Puis elle sourit tout bas. Sa fille Madeleine n'avait point connu les mœurs anciennes d'avant le Dérangement. La plupart des chefs de famille avaient péri dans la tourmente, emportant au fond des bois ou des mers leur bâton d'autorité reçu au paradis terrestre. Les femmes avaient dû par la suite se dresser seules face à l'ennemi et à l'adversité, et ramasser elles-mêmes le sceptre de chef de famille. Madeleine en avait été témoin, enfant posthume de son père et de ses aïeux. Pélagie pouvait compter sur sa fille pour continuer sa lignée. (*PLC*, 224-225)

De plus, une fois les Acadiens arrivés dans la vallée de Memramcook, c'est Madeleine qui donne le signal de la reconstruction (comme l'avait fait le personnage de Madeleine dans le roman d'Antoine-J. Léger, *Elle et Lui, Tragique Idylle du peuple acadien*, et dans la pièce *Un matin tragique [chez les pionniers de la baie Sainte-Marie]* de Laurent Tremblay).

> C'est tout près, dans la vallée de Memramcook, qu'elle abattrait son premier arbre, Madeleine LeBlanc, sous le regard ahuri de son homme et de ses frères qui n'en croient point leurs yeux... Allez, flancs mous, c'est icitte que je nous creusons une cave et que je nous bâtissons un abri! Madeleine, digne rejeton de la charrette par la voie des femmes. (*PLC*, 316)

La présence de personnages féminins est si forte et si persistante dans l'œuvre de Maillet que certains critiques en viennent à remettre en question le terme même de « héroïnes », la forme féminine d'un

---

39. C'est ce qui explique aussi pourquoi le narrateur anonyme de 1979 serait davantage une narratrice. Cela perpétue cette succession de couples antagonistes : Pélagie-la-Charrette/Bélonie I, Pélagie-la-Gribouille/Bélonie III, la narratrice anonyme/Louis à Bélonie, dit Louis-le-Jeune.

mot masculin. Majorie A. Fitzpatrick propose le terme de *she-roes*[40], que l'on pourrait traduire par «féroïnes», pour décrire ces person-nages mémorables. Dans les œuvres antérieures de Maillet, La Sagouine occupe le devant de la scène, prend la parole et fait taire son époux. Dans *Les Cordes-de-Bois*, le titre du roman renvoie au village du même nom peuplé par le clan des Mercenaire et dominé par la Piroune et la Bessoune. La quête de liberté personnelle, le refus de se plier aux conventions et la volonté de vaincre les obstacles sont incarnés par des femmes dans ce roman et dans plusieurs œuvres de Maillet, en particulier dans *Mariaagélas*. L'auteure valorise les femmes qui refusent le confort, la respectabilité et l'approbation générale, et qui vont même s'opposer à la loi afin d'être libres et afin d'éprouver un sentiment de contentement. Les hommes réunis autour du feu de la forge en sont réduits à commenter les faits d'armes de ces guerrières.

Pélagie entreprendra de réunir les retailles de son peuple parce qu'elle est «veuve d'Acadie» (*PLC*, 86) et elle refusera l'amour d'un homme afin de mener à bien sa mission. Dans sa course vers le nord, Pélagie devra affronter la Mort elle-même, surnommée dans le roman la Faucheuse, la garce, la vaurienne ou la vieille chipie (*PLC*, 273), dont la charrette suit les sillons creusés par les charrettes des Acadiens. Mère de son peuple, Pélagie ramènera dans sa charrette, qui est une véritable maison ambulante avec coffres, ustensiles et instruments de musique, les vieux et les pauvres, les orphelins et les veuves, les déshérités d'Acadie. Ces débris de nation quittent des pays d'esclavage où la loi est imposée par le fouet du planteur pour un pays de plus grande liberté où ils pourront se réenraciner. Comme nous l'avons indiqué, à la suite de la mort de Pélagie, ce ne sont pas ses fils, mais sa fille Madeleine qui continuera l'œuvre de sa mère, car, dans l'œuvre de Maillet, c'est par «la voie des femmes» (*PLC*, 316) que l'Acadie se refait. Cette «voie» des femmes est aussi la «voix» des femmes, car presque tous les narrateurs de ces récits sont des narratrices. Même le loquace et radoteux Bélonie démontre des qualités étonnamment féminines lorsqu'il retrouve son petit-fils, deuxième du nom: «Si jamais un homme depuis le début des temps,

---

40. Marjorie A. Fitzpatrick, «Antonine Maillet and the Epic Heroine», Paula Gilbert Lewis (dir.), *Traditionalism, Nationalism, and Feminism: Women Writers of Quebec*, Westport (Connecticut), Greenwood Press, 1985, p. 141.

a éprouvé l'ombre d'une douleur de l'enfantement, c'est le Bélonie de la charrette. À cent ans, ou presque, il venait de mettre au monde sa lignée » (*PLC*, 259). Enfin, faut-il rappeler que Bélonie est le petit-fils « d'Antoine Maillet » (*PLC*, 289) ou plutôt d'Antonine Maillet[41] ?

Un seul homme est peut-être à la hauteur de Pélagie : Beausoleil-Broussard, « son capitaine, son chevalier, son héros, l'homme qui avait par trois fois risqué sa vie pour elle » (*PLC*, 278). À la différence des autres personnages du roman, le capitaine du navire la *Grand'Goule* a véritablement existé. Comme le souligne Maillet : « Le seul personnage que j'ai vraiment pris dans l'histoire, c'est celui de Beausoleil-Broussard[42] ». Joseph Brossard (Broussard), dit Beausoleil (1702-1765), participa à la défense du fort Beauséjour, arma un petit corsaire, réussit à faire quelques prises dans la baie Française et organisa la résistance acadienne du côté de la rivière Petitcodiac. En novembre 1761, réduit à la famine, Brossard avec un groupe de réfugiés se rendit aux Anglais au fort Cumberland, l'ancien fort Beauséjour. Libéré, emprisonné de nouveau, libéré encore une fois, Brossard, en 1764, nolisa une goélette pour se rendre avec d'autres Acadiens à Saint-Domingue, puis, l'année suivante, en Louisiane où il est décédé quelques mois après son arrivée. Joseph Brossard est devenu une figure légendaire de la résistance acadienne, le symbole du patriote rusé et intransigeant qui voue une haine éternelle à l'oppresseur. Sa vie demeure toutefois entourée de mystère. Comme l'écrit Clarence J. d'Entremont dans le *Dictionnaire biographique du Canada* : « Il faut noter cependant que ses exploits ne sont pas tous consignés dans les archives[43] » de sorte que Maillet n'hésitera pas à broder autour des prouesses de ce héros acadien.

Dans un épisode en particulier, Maillet fait un amalgame des exploits de Beausoleil Broussard et de Charles Belliveau. Le 8 décembre 1755, le *Pembroke* est parti d'Annapolis Royal avec sa cargaison de prisonniers à destination de la Caroline du Nord. Les

---

41. L'auteure se livre à un véritable jeu entre fiction et réalité historique. Le Parisien Antoine Maillet est l'ancêtre d'Antonine Maillet. De même, *Pélagie-la-Charrette* est dédicacé à la mémoire de Virginie Cormier, la mère de l'auteure, mais c'est aussi le nom d'un jeune personnage du roman (*PLC*, 152).

42. Maillet citée par Smith, *op. cit.*, p. 52.

43. Clarence J. d'Entremont, « Brossard (Broussard), dit Beausoleil, Joseph », *Dictionnaire biographique du Canada*, vol. 3, *de 1741 à 1770*, Presses de l'Université Laval, 1974, p. 93.

Acadiens, sous la direction de Charles Belliveau et du capitaine Beaulieu, s'emparèrent du navire pendant une tempête et le menèrent au port de Saint-Jean (Nouveau-Brunswick) où ils débarquèrent le 8 février 1756. Plusieurs d'entre eux remontèrent la rivière Saint-Jean et se réfugièrent dans la ville de Québec[44].

Dans *Pélagie-la-Charrette*, Beausoleil-Broussard commence par s'emparer du *Pembroke* (*PLC*, 90-91) qu'il rebaptise la *Grand'Goule*. Après s'être fait «Robin des Mers, attaquant les navires anglais, délivrant les prisonniers et les rendant à leur patrie» (*PLC*, 101), Beausoleil participe à la guerre d'Indépendance américaine et entre «debout par la grande porte dans la légende de son pays» (*PLC*, 316). Grâce à l'intervention de Bélonie qui retarde la progression de la Mort lors du «combat des charrettes» (*PLC*, 267) dans les marais de Salem et à Pélagie qui offre sa vie à la Mort en échange de celle de Beausoleil, celui-ci devient immortel. Bélonie dit triomphalement à la Mort : «Hi! hi! T'as trop perdu de temps à placoter avec moi, vieille garce. Durant ce temps-là, le Beausoleil t'a filé entre les roues. [...] j'ai réussi à te distraire une seconde, une petite seconde, c'est tout ce que ça prend pour se glisser entre le temps et l'éternité... hi, hi!» (*PLC*, 271).

Comme dans toutes les grandes histoires d'amour de la légende et de la littérature, Pélagie et Beausoleil forment le couple parfaitement adapté, mais impossible. Tout comme Évangéline et Gabriel, Pélagie et Beausoleil auront été séparés pendant toute leur vie, mais «plus rien n'effacerait ça dans le ciel» (*PLC*, 278). Pélagie meurt lorsque sa charrette s'embourbe dans les marais de Tintamarre. Elle doit disparaître dans ces marais parce que Beausoleil a survécu à ceux de Salem. Ces marais, mi-terre, mi-eau, sont aussi symbole de son alliance avec le capitaine Beausoleil qui, arrivé trop tard, reprendra à nouveau la mer, passant son éternité à voguer loin au large.

> Et il reprit la mer, le capitaine, avec son géant et son Fou, dans un quatre-mâts sans pavillon ni port d'attache, absurde, intrépide, héroïque, planant comme les alcatras sur le faîte des lames, filant vers un horizon impossible, vers des terres perdues, entrant debout par la grande porte dans la légende de son pays. (*PLC*, 316)

---

44. Voir Casgrain, *op. cit.*, p. 193 ; Rameau de Saint-Père, *op. cit.*, t. 2, p. 173 ; Lauvrière, *op. cit.*, t. 1, p. 486-487. Voir aussi le roman de Léon Ville, *En Acadie, Le Martyre d'un peuple*, Paris, Tolra, 1927, 157 p.

Tel Moïse après avoir « traversé le désert » (*PLC*, 25), guidé son peuple et passé avec lui la Mer Rouge (« la Savannah presque à sec », *PLC*, 35), Pélagie meurt aux portes de la Terre Promise (ou plutôt du « paradis perdu » *PLC*, 21). Elle meurt en s'acquittant de sa mission de ramener son peuple en Acadie et elle est ensevelie dans ce sol rêvé, comme pour fonder avec sa chair l'alliance nouvelle. Pélagie trouve son repos éternel dans les marais de Tintamarre, tout près du fort Beauséjour où eurent lieu les premières déportations, à la frontière de la nouvelle et de l'ancienne Acadie[45]. Elle est enterrée avec sa charrette qui la représente métaphoriquement et elle mérite dès lors véritablement son surnom de Pélagie-la-Charrette.

> On enterra Pélagie le jour même dans les restes de sa charrette. [...] Ma charrette, qu'elle avait dit, je la laisserai timber en morceaux le jour où il me faudra des planches pour dresser ma croix sur ma tombe. Une croix unique dans les marais de Tintamarre, berceau du pays, là où étaient tombées ensemble Pélagie et sa charrette. (*PLC*, 315)

Même morte, Pélagie ne quitte pas sa charrette dont les planches forment une croix et indiquent le lieu où elle repose. Paradoxalement, cette croix qui marque une tombe indique aussi le lieu où naquit la Nouvelle Acadie. La charrette devient un berceau, « le berceau du pays » (*PLC*, 315), de sorte que si la Mort a vaincu le corps de Pélagie, elle est impuissante face à l'Acadie qui refait souche.

Cette mort pour les Acadiens bien qu'elle soit cruelle n'est pas si tragique puisque dans ce roman les morts poursuivent un commerce continu avec les vivants. Comme le rappelle Bélonie : « la place des morts est dans la mémoire des vivants » (*PLC*, 59) et les morts ne quittent pas vraiment les leurs. Jeanne Aucoin continue chaque soir à rendre des comptes à son défunt beau-père, le chef moral du clan, et attend qu'il lui fasse signe, « d'ordinaire en lui tirant le gros orteil » (*PLC*, 235). Mais les morts interviennent aussi dans l'existence des vivants. Même après sa mort, Bélonie s'oppose à la Mort, et ce serait lui qui aurait gardé en vie des enfants chétifs en dépit d'un hiver extrêmement rigoureux (*PLC*, 290). Pélagie elle-même fait le vœu qu'une fois qu'elle aura grimpé dans la charrette

---

45. Les marais de Tintamarre (*Tantramar marshes*) et le fort Beauséjour sont situés à la frontière de la Nouvelle-Écosse et du Nouveau-Brunswick. Le lieu de sépulture de Pélagie illustre le rôle de cette femme en tant que personnage-charnière.

de la Mort, elle saura parler à la Faucheuse afin d' «y retenir le bras si elle ose le lever trop tôt au-dessus des enfants du pays... au-dessus des familles écartelées et qui cherchont à se rejoindre... au-dessus des naviqueux en haute mer emportés par le reflux» (*PLC*, 315). Pélagie continue de veiller sur cette Acadie que l'on croyait disparue, mais qui a su elle aussi « se glisser entre le temps et l'éternité» (*PLC*, 271) et tel le Phénix resurgir des flammes de la Grand'Prée.

Mais Pélagie n'a pas fini ses pérégrinations. En 1980, un long métrage de dix millions de dollars sur *Pélagie-la-Charrette*, le plus impressionnant projet cinématographique encore jamais produit au Canada, devait être réalisé par René Bonnière avec la participation de la maison de production torontoise Nielson and Ferns International. Le film devait être tourné sur les lieux décrits dans le roman et réunir «l'un des plus grands noms d'Hollywood et l'une des plus grandes vedettes de la France[46]». Le film ne fut jamais produit. En revanche, le 5 avril 2004, le drame musical *Pélagie : An Acadian Odyssey*, inspiré du roman d'Antonine Maillet, a été monté à Toronto, en anglais[47]. Vincent de Tourdonnet est l'auteur du livret et des paroles des chansons, tandis que la musique est d'Allen Cole. Antonine Maillet en a ensuite fait la traduction française et la chanteuse Marie-Denise Pelletier a accepté de tenir le rôle-titre de Pélagie. La première de ce nouveau texte eut lieu à Wolfville (Nouvelle-Écosse), le 5 septembre 2005, soit exactement 250 ans jour pour jour après l'annonce de la Déportation dans la petite église de Grand-Pré (située à quelques kilomètres de Wolfville). La pièce, dans ses versions française et anglaise, a ensuite effectué une tournée au Canada et connut un grand succès.

Une statue ?

Antonine Maillet propose dans *Pélagie-la-Charrette* une nouvelle figure mythique qui a peu à voir avec la pâle figure d'Évangéline. Le roman met l'accent sur le sacrifice d'une mère pour la survie de tout

---

46. [s.a.], «*Pélagie-la-Charrette* à l'écran», *Le Devoir*, 31 mai 1980, p. 18.
47. Voir Ray Conlogue, «Acadian Odyssey an Epic Trip», *The Globe and Mail*, 10 avril 2004, p. R8. Au Bluma Appel Theatre à Toronto, Susan Gilmour interprétait le rôle de Pélagie et Réjean J. Cournoyer, celui de Beausoleil. M. Cournoyer interprétera le même rôle dans la version française du drame musical.

son peuple et non sur l'héroïsme personnel d'une vierge. D'ailleurs, la Déportation en soi n'est pas un sujet qui intéresse Maillet. Les Acadiens l'ont subie, on les a déportés contre leur gré, tandis que le retour au pays révèle leur volonté, leur courage, leur témérité. Évangéline, comme le souligne Évangéline Deusse, ressemble un peu trop à la statue de Grand-Pré, figée, les yeux fixés sur le village abandonné, résignée, triste et implorant Dieu. Mais que représente Pélagie pour les jeunes romanciers qui écrivent au sujet de l'Acadie urbaine contemporaine si ce n'est l'image, un peu statufiée tout de même, d'une femme du passé attelée à sa charrette ?

D'après Hans R. Runte, Maillet ne s'attaque pas aux vrais problèmes de l'Acadie contemporaine et ne comprend pas le rôle de l'écriture acadienne qui consiste à définir ces problèmes et à les résoudre. Comme il l'écrit : « Pélagie a conduit son peuple dans les années 1780 : l'Acadie doit maintenant choisir qui la conduira dans les années 1980[48] ». Pierre-André Arcand reprend cet argument lorsqu'il écrit : « n'y a-t-il pas danger d'enfermer la rêverie acadienne dans la nostalgie du passé ?[49] ». André Vanasse qualifie Antonine Maillet de « monument national[50] » d'autant plus que l'auteure acadienne est devenue elle-même quelque peu statufiée par le succès. Jusqu'à quel point ces critiques ont-elles été motivées par la réussite extraordinaire de Maillet ?

À la suite du succès phénoménal de *Pélagie-la-Charrette* et de l'attribution du prix Goncourt à Antonine Maillet, certains critiques se sont montrés particulièrement sévères. Certes, *Pélagie-la-Charrette* est un excellent roman, mais méritait-il « le prix des prix » ? L'histoire de l'attribution de ce prix est intimement liée au succès de l'œuvre et à la renommée internationale d'Antonine Maillet, et mérite d'être connue.

---

48. « Pelagie led her people into the 1780's ; Acadia must now choose who will lead it into the 1980's ». Hans R. Runte, «*Pélagie-la-Charrette*», *Dalhousie Review*, vol. 59, n° 4, hiver 1979-1980, p. 764-765. C'est moi qui traduis.

49. Pierre-André Arcand, «*La Sagouine*, de Moncton à Montréal», *Études françaises*, vol. 10, n° 2, mai 1974, p. 199.

50. André Vanasse, «Un jupon dans les ridelles. Antonine Maillet : *Pélagie-la-Charrette*», *Lettres québécoises*, n° 16, hiver 1979-1980, p. 13.

Querelles, trahisons et gloire

Les chemins du Goncourt

Pélagie-la-Charrette est considéré comme le meilleur livre d'Antonine Maillet, bien que ce titre soit contesté par *La Sagouine*, *Mariaagélas*, *Les Cordes-de-Bois* ou encore *Le chemin Saint-Jacques*. C'est certainement le roman le plus connu et le plus lu de Maillet... parce qu'il a remporté le prix Goncourt[1]. Mais pourquoi les jurés de l'Académie Goncourt ont-ils jeté leur dévolu sur ce roman acadien ? Certes, c'est un excellent roman, mais ce choix a alimenté la polémique, comme le font la plupart des choix des Goncourt. S'agit-il du meilleur roman de l'année ? Les décisions des Goncourt ont souvent été contestées, et ce dès l'attribution des premiers prix au début du vingtième siècle, comme l'affirmait Lucien Descaves, un des premiers jurés : « Il est absolument impossible de décerner le prix Goncourt au meilleur roman de l'année. Les Dix sont contraints de choisir seulement un bon roman. Qui le désignera à leur attention ? Le hasard ? Peut-être. L'intrigue ? Sans doute[2] ».

L'Académie Goncourt est un cénacle littéraire, fondé en 1900, suivant les dernières recommandations formulées par Edmond de Goncourt dans son testament afin « de constituer [...] à perpétuité, une société littéraire dont la fondation a été, tout le temps de notre vie d'hommes de lettres, la pensée de mon frère [Jules de Goncourt] et la mienne, et qui a pour objet la création d'un prix [...] destiné à

---

1. Une première version de ce chapitre a été présentée lors du 21e colloque de l'Aplaqa à Québec le 22 octobre 2011.
2. Lucien Descaves cité par Véronique Anglard, *25 Prix Goncourt. Résumés, analyses, commentaires*, Alleur (Belgique), Marabout, 1993, p. 8-9.

un ouvrage d'imagination en prose paru dans l'année[3] ». La Société littéraire des Goncourt a été officiellement fondée en 1902 et le premier prix Goncourt proclamé en 1903. Ce prix annuel est décerné au début du mois de novembre par les membres de l'Académie (surnommés les « Dix », car il n'y a que dix membres), après des présélections en automne parmi les romans publiés dans l'année en cours. C'est chez Drouant, le célèbre restaurant de la place Gaillon, à Paris, que se réunissent les membres de l'Académie Goncourt et c'est là qu'est dévoilé chaque année depuis 1914 le nom du lauréat.

En 1994, Michel Caffier avançait le chiffre de plus de cinq mille prix littéraires en France[4]. Parmi tous ces prix, le prix Goncourt, malgré les controverses, demeure le plus médiatisé, celui qui a l'effet le plus déterminant tant sur les ventes que sur la reconnaissance du grand public. Le prix Goncourt est le prix littéraire français le plus ancien et le plus prestigieux. Le montant du prix se limite à 10 euros, mais l'attribution de ce prix peut changer radicalement la carrière d'un livre en assurant un tirage très important. La réputation de l'auteur primé se voit automatiquement consolidée d'autant plus qu'il fait maintenant partie d'un groupe sélect d'auteurs distingués et peu nombreux.

Au Québec, et à plus forte raison en Acadie, le prix Goncourt était perçu comme un prix prestigieux, mais sur lequel les auteurs ne devaient pas compter. L'attribution du prix Goncourt relevait d'une stratégie littéraire et, disons-le, d'une politique dont la Francophonie semblait exclue. Comment faire pour décrocher le prix des prix ? Le récit de l'attribution du prix Goncourt à Antonine Maillet relève d'une « intrigue » (pour reprendre le mot de Descaves) qui s'étend sur plusieurs décennies et plusieurs pays, et qui est loin d'être une simple affaire de reconnaissance littéraire. Dans les pages qui suivent, nous avons tenté de démêler, à travers des anecdotes croustillantes et de savoureuses querelles, les fils de l'affaire sans toutefois avoir la conviction d'être parvenu à mettre à jour les entreprises les plus cachées et les plus sourdes machinations. Il faut donc considérer ce qui suit comme une ébauche en attendant la publication des

---

3. « Académie Goncourt », en ligne : http://www.academie-goncourt.fr/ ?article=1229173897 (consulté le 2 juin 2015).
4. Michel Caffier, *L'Académie Goncourt*, Paris, PUF, coll. « Que sais-je ? », 1994, p. 24.

mémoires de ceux qui ont participé à cette histoire pour pénétrer encore le mystère dont nous avons levé quelques voiles. Voici donc quelques bribes de cette histoire que nous avons pu glaner.

Premières tentatives

Pendant longtemps, le prix Goncourt a été un prix français remis à un auteur français. Un auteur canadien-français n'y avait pas droit. Certes, il faudrait nuancer ce jugement en rappelant que Maurice Constantin-Weyer, qui avait obtenu sa naturalisation et vécu au Manitoba de 1904 à 1914, a obtenu le prix Goncourt en 1928 pour son roman de l'Ouest canadien : *Un homme se penche sur son passé*. Mais Constantin-Weyer n'est jamais retourné au Manitoba et il est décédé à Vichy en 1964.

En 1958, tout a été fait pour présenter *Agaguk* d'Yves Thériault comme une œuvre qui pourrait remporter le Goncourt. Paul Michaud, éditeur de l'Institut littéraire du Québec, travaille systématiquement au succès de l'entreprise. Lui qui avait déjà publié *Les vendeurs du temple* (1951) et *Aaron* (1954) soutient Thériault financièrement durant toute la rédaction du roman qui devait lui assurer sa renommée : *Agaguk*. Il prépare avec soin le lancement de l'édition française chez Grasset (qui avait publié *Aaron* en France l'année précédente) et se présente à Paris avec confiance : « J'apportais un manuscrit de poids, d'un auteur qui venait de prouver qu'il pouvait produire pourvu qu'on l'aidât[5] ». En ces « années d'engouement pour tout ce qui était "canadien"[6] » (*TI*, 194), le « roman eskimo » de Thériault ne pouvait que séduire les lecteurs de France.

Michaud met à contribution Roger Lemelin, dont il vient de publier les plus récents romans, l'ami de ce dernier Hervé Bazin, l'auteur de *Vipère au poing* qui est élu membre de l'Académie Goncourt en octobre 1958, et Yves Berger de chez Grasset qui lui facilite la tâche pour les journalistes et critiques littéraires (ces trois person-nages joueront un rôle de premier plan dans les pages qui suivent).

---

5. Paul Michaud, *Au temps de l'index. Mémoires d'un éditeur 1949-1961*, Montréal, Libre Expression, 1996, p. 192. Désormais, les références à cet ouvrage seront indiquées par le sigle *TI*, suivi du folio, et placées entre parenthèses dans le texte.
6. En 1958, Félix Leclerc remporte le grand prix de l'Académie Charles-Cros pour son second album *Le train du nord*.

À Paris, Thériault est reçu lors d'une grande réception à l'ambassade du Canada où est invité tout le gratin littéraire. Il rencontre les journalistes parisiens, participe à des séances de dédicaces, donne des entrevues à la radio et à la télévision, et fréquente les jurés du prix Goncourt. Bien que le roman obtienne du succès, Thériault ne sera pas en lice pour le Prix. D'après l'éditeur échaudé, il semblerait que le «côté phallocrate» (*TI*, 219) et «l'attitude grossière de l'auteur envers le personnel féminin de Grasset[7]» aient miné toutes les chances de Thériault de faire une carrière parisienne. Michaud, victime de cette mésaventure, est presque ruiné et Thériault poursuit sa carrière au Québec, sans le Goncourt.

En 1965, Marie-Claire Blais obtient le prix Médicis pour *Une saison dans la vie d'Emmanuel* (alors que *Prochain épisode* d'Hubert Aquin passe presque totalement inaperçu en France). L'année suivante, le roman *L'avalée des avalés* de Réjean Ducharme, paru à Paris chez Gallimard, est pressenti pour le Goncourt. Mais l'auteur est inconnu, insaisissable, et souhaite garder l'anonymat de sorte qu'une rumeur court que «Réjean Ducharme» serait un pseudonyme que les journalistes attribuent à Raymond Queneau ou à Naïm Kattan. Comme l'annonce l'auteur anonyme d'un article paru dans *Le Devoir* : «il [Ducharme] existe peut-être même deux fois[8]». De son côté, confronté à cette affaire qui prend des proportions inattendues, André Bertrand, dans *Le Nouveau Cahier* du *Quartier Latin*, fait une critique très sévère de Ducharme :

> on a prétendu que [...] *L'avalée des avalés*, version Gallimard, avalerait pour ainsi dire le Goncourt. Il se peut. Hier, quand on a ramené du Nouveau Monde une demi-douzaine de sauvages, toute l'Europe n'a-t-elle pas fait la révérence et baisez-moi? A-t-il seulement des plumes, Réjean Ducharme? Est-ce qu'il parle iroquois? Est-ce que le lecteur doit s'agenouiller devant lui et dire avec d'autres pour la millième fois : «Mon Dieu, mon Dieu, quelle merveille! Vive la littérature! Vive le Québec![9]»

---

7. Jacques Michon (dir.), *Histoire de l'édition littéraire au Québec au XXe siècle*, vol. 2, *Le temps des éditeurs 1940-1959*, Montréal, Fides, 2004, p. 332.

8. [s.a.], «L'affaire Ducharme. Paris s'en mêle met en cause Kattan qui nie», *Le Devoir*, 20 janvier 1967, p. 8.

9. André Bertrand, «Au fil du couteau. Le temps perdu», *Le Nouveau Cahier* du *Quartier Latin*, 3 novembre 1966, p. 8.

L'identité de l'auteur, la question de la paternité de son œuvre, voire même la querelle autour de la réécriture du texte, font en sorte que les jurés du Goncourt sont réticents à accorder leur voix à un « auteur fantôme[10] » et à provoquer un scandale littéraire. Ducharme ne recueille finalement que deux voix[11].

Un membre correspondant canadien

Au début des années 1970, aucun Québécois n'avait remporté le Goncourt et cette situation semblait devoir se perpétuer. Pourtant, les mentalités évoluaient et ce qui était impensable devenait envisageable. Alors que cherche à s'imposer « l'esprit planétaire[12] », comme le qualifie l'académicien Armand Lanoux, les membres de l'Académie Goncourt se rendent compte qu'ils doivent adopter une attitude nouvelle de déparisianisation et que des liens doivent se tisser entre la France et les pays de la francophonie. Cette ouverture sur la francophonie peut être perçue comme la reconnaissance d'un appel d'air nécessaire, une tentative de ressourcement hors des limites de l'immobilisme hexagonal alors que les littératures émergentes de la francophonie sont de plus en plus reconnues. En 1973, le prix Goncourt est attribué au Suisse Jacques Chessex pour son roman *L'Ogre*[13]. Par ce geste, écrit Lanoux, les jurés du Goncourt veulent mettre fin à l'hégémonie de l'Hexagone :

> C'était bien cela que nous voulions, *réparer*. Réparer quoi ? Réparer l'orgueilleuse erreur d'avoir voulu assumer la langue française tout entière pour la seule raison que nous étions la communauté la plus

---

10. Jacqueline Gerols, *Le roman québécois en France*, Montréal, Hurtubise HMH, 1984, p. 116.
11. Voir Myrianne Pavlovic, « L'affaire Ducharme », *Voix et Images*, vol. 6, n° 1, automne 1980, p. 75-95 ; Élisabeth Nardout-Lafarge, « *L'Avalée des avalés*, non Goncourt 1966 », Claudia Bouliane et Pierre Popovic (dir.), *La Ve République des Goncourt*, Discours social, vol. 30, 2008, p. 57-70. D'après Nardout-Lafarge, les deux voix seraient celles de Queneau et de Salacrou (p. 58).
12. Armand Lanoux, « Une expérience de francophonie "sauvage" », *Éthiopiques*, n° 23, juillet 1980, p. 58.
13. Pourtant, d'après Jacques Robichon, ce Goncourt « francophone » n'est que le fruit du hasard : « le choix par les Dix d'un romancier suisse d'expression française n'aura, finalement, été parmi six ou sept autres écrivains aux chances sensiblement équivalentes, que le fruit d'une remarquable coïncidence ». Jacques Robichon, *Le défi des Goncourt*, Paris, Denoël, 1975, p. 299.

nombreuse. Nous souhaitions affirmer solennellement qu'une langue appartient à la totalité des peuples qui la pratiquent, quelle que soit leur importance géographique[14].

Cette orientation francophone est confirmée par la décision d'inviter des écrivains de l'extérieur de la France à devenir membres étrangers de l'Académie Goncourt. En 1974, Léopold Sédar Senghor, poète et président de la République du Sénégal, Georges Sion, secrétaire perpétuel, section française de l'Académie royale de Belgique, Jean Starobinski, essayiste et professeur à l'Université de Genève et Roger Lemelin du Canada sont nommés « membres correspondants de l'Académie Goncourt » (tel était leur titre). Ces membres correspondants sont chargés « de faire connaître à leur collectivité d'origine le point de vue universaliste de l'Académie Goncourt, et en contrepartie de faire connaître à celle-ci les besoins spécifiques de leurs collectivités et de collaborer ainsi avec les Dix pour l'extension de la langue française et de ses créations[15] ». Les membres correspondants ne peuvent participer au choix du Jury Goncourt lors de l'attribution du Prix, mais ils peuvent faire des recommandations et des suggestions aux membres votants, et ainsi favoriser la candidature d'un auteur au prix Goncourt.

Le romancier Roger Lemelin était connu des milieux littéraires français. Ses romans étaient publiés en France chez Flammarion (cette maison d'édition avait aussi publié *Bonheur d'occasion* de Gabrielle Roy en 1947, lauréate du prix Femina). Il avait reçu à deux reprises la médaille de l'Académie française et il venait d'être nommé président-directeur général et éditeur du journal *La Presse* en 1972. Armand Lanoux le présente comme un « romancier canadien et auteur d'une série radio puis télévisuelle au Canada, *Les Plouff* [sic], série très populaire qui avait modifié les médias de masse dans son pays, directeur du plus puissant journal de langue française sur le continent américain, *La Presse* de Montréal[16] ». Et dans le communiqué de l'Académie Goncourt, daté du 6 février 1974, à Paris, il est écrit :

> En ce qui concerne particulièrement Mr [sic] Roger Lemelin, membre canadien, la Compagnie rappelle qu'il est l'auteur, entre autres, de *Au*

---

14. Lanoux, *op. cit.*, p. 57-58.
15. Lanoux, *op. cit.*, p. 58.
16. Lanoux, *op. cit.*, p. 59.

pied de la Pente douce, de *Pierre le magnifique*, des *Plouffe*, ouvrages importants, bien connus au Québec comme en France. Elle se réjouit de lire prochainement le nouveau roman qu'il va sortir [*Le crime d'Ovide Plouffe* ne paraîtra qu'en 1982]. Sa vision balzacienne de la société canadienne, exprimée avec amour et fraîcheur, son dynamisme en différents domaines, son refus de la facilité nous assurent d'une aide [...] à la défense de notre patrimoine et à l'originalité de la création[17].

Cette image d'un Lemelin balzacien reviendra sous la plume de Jacqueline Piatier, directrice des pages culturelles du journal *Le Monde*, qui écrira: «Depuis, il [Lemelin] a quelque peu délaissé la littérature pour les affaires. Imaginez Balzac réussissant dans les spéculations![18]».

Mais tous n'approuvent pas le choix de l'Académie Goncourt. «Pourquoi Lemelin?», comme le souligne le titre d'un article de Victor-Lévy Beaulieu paru dans *Le Devoir*[19], pourquoi a-t-il été invité à siéger au sein de cette académie? Comment, se demande Beaulieu, les académiciens ont-ils pu nommer à ce poste prestigieux un homme d'affaires, président et éditeur du journal *La Presse*, et qui de surcroît n'a pas publié de romans depuis plus de vingt ans? Certes, *Au pied de la Pente douce* (1944) et *Les Plouffe* (1948) sont des classiques, mais ne véhiculent-ils pas des valeurs passéistes qui ne peuvent que confirmer les Français dans leurs préjugés sur la culture québécoise? Le choix d'Hubert Aquin ou d'Anne Hébert (qui vivait à Paris et qui y était publiée) aurait été plus logique. Quels sont les motifs qui expliquent ou justifient l'élection de Lemelin? Pour répondre à cette question, il faut connaître les coulisses de la politique de l'Académie.

En 1973, le romancier Hervé Bazin, qui était comme nous l'avons indiqué membre de l'Académie Goncourt depuis 1958, avait été élu président de l'Académie (il restera à cette fonction jusqu'à sa mort en 1996). Lemelin le connaissait depuis le printemps 1948, alors que Flammarion publiait à Paris son premier roman, *Au pied de*

---

17. Fonds Roger-Lemelin, LMS-0068, boîte 42, ch. 19.
18. Jacqueline Piatier, «Un happening passionné. Les Goncourt au Québec», *Le Devoir*, 1er novembre 1974, p. 10.
19. Victor-Lévy Beaulieu, «Pourquoi Lemelin?», *Le Devoir*, 2 février 1974, p. 13.

la Pente douce[20]. Des liens amicaux et professionnels liaient ces deux hommes depuis des décennies. En 1972, le roman *Cri de la chouette* de Bazin avait été réédité aux Éditions *La Presse*[21], l'année même où Lemelin avait été nommé président et éditeur du journal. Ceci explique-t-il cela? Lemelin écrira plus tard: « C'est par les chemins de l'amitié et d'une mystérieuse complicité dans le paradis de la création littéraire, que Hervé Bazin m'a entraîné à l'Académie Goncourt[22] ». D'ailleurs, c'est Bazin qui signera le télégramme annonçant à Lemelin qu'il était officiellement élu membre canadien de l'Académie Goncourt[23].

Victor-Lévy Beaulieu, encore lui, nous donne une tout autre explication. D'après Beaulieu, l'élection de Roger Lemelin à l'Académie Goncourt serait « un geste politique ». Lemelin aurait été élu « en tant que membre... canadien ».

> Mais est-ce que vous commencez à comprendre l'astuce? Un grand Canadien à l'Académie Goncourt pour activer l'épanouissement de la culture québécoise, ça ressemble étrangement au fédéralisme de Papa Trudeau et, ce qui est vraiment l'astuce de la chose, ça colle comme une sangsue à la souveraineté culturelle de Robert Bourassa. Il a le nez fin, ce Monsieur Bazin. Il a bien compris qu'au Québec souverainement culturel, c'est le Canada qui apporte les sous[24].

D'une « efficacité vraiment fédérale » (d'après Beaulieu[25]), Lemelin, qui n'a jamais caché ses affinités libérales, affirme qu'il a l'intention d'aider et de favoriser les jeunes auteurs, et de « parler au nom de son pays, pour y faire valoir son pays[26] ». Mais de quels auteurs et de quel pays s'agit-il? Quelle œuvre, Lemelin, grand pourfendeur du syndicalisme et fédéraliste avoué et convaincu, va-t-il chercher à promouvoir? En ces années où l'antagonisme politique est à son paroxysme, Beaulieu ne partage aucunement les idées de Lemelin

---

20. Voir Roger Lemelin, « Les chemins de l'Académie Goncourt », *La Culotte en or*, Montréal, Éditions *La Presse*, 1980, p. 175-182.
21. Les Éditions *La Presse* ont été créées en 1971. Alain Stanké a été leur premier directeur littéraire, suivi par Hubert Aquin en 1975-1976.
22. Lemelin, *La Culotte en or, op. cit.*, p. 182.
23. Jean-Claude Trait, « L'Académie Goncourt élit Lemelin », *La Presse*, 25 janvier 1974, p. A1.
24. Beaulieu, *op. cit.*, p. 13.
25. Beaulieu, *op. cit.*, p. 13.
26. Trait, *op. cit.*, p. A6.

qui affirme dans un discours au colloque du Parti libéral du Canada, à Toronto : « L'agitation sociale, le socialisme et toutes ses variantes, le droit des peuples à l'autodétermination, le terrorisme politique, la poussée de la contre-culture sont autant de phénomènes qui ont cours chez nous, sans qu'on sente qu'ils nous soient naturels et nécessaires[27] ». Si de tels discours illustrent le clivage politique québécois, ces querelles idéologiques n'ont à Paris aucun écho, du moins pour le moment.

Malgré ce qu'écrit Beaulieu, Lemelin a l'intention de jouer pleinement son rôle. Comme il l'écrit dans son journal :

> Je suis le premier Canadien à recevoir cet honneur. Mon entrée à l'Académie me rapproche des écrivains qui m'ont tant fait rêver durant ma jeunesse. En devenant membre de l'Académie Goncourt, j'accepte aussi une belle et grande mission : celle de protéger et de faire rayonner la langue et la culture françaises dans le monde. Je suis tellement heureux que mon cœur brûle. Une nouvelle bataille s'offre à moi. Je suis prêt. J'ai foi en l'avenir[28].

Le nouvel académicien assume ses nouvelles fonctions lors d'un séjour à Paris d'une semaine pendant lequel tout est fait pour assurer le succès du voyage et la visibilité de la délégation canadienne. Lorsque Lemelin fait son entrée officielle à l'Académie Goncourt le 5 février 1974, il est accompagné d'un entourage comprenant, entre autres, monsieur et madame Paul Desmarais, président de la Power Corporation et propriétaire de *La Presse*, l'avocat Brian Mulroney (qui avait réglé la grève récente à *La Presse* et préparé l'arrivée de Lemelin), le directeur des Éditions *La Presse* Alain Stanké, Jean Sisto de *La Presse* et Luc Beauregard de *Montréal-Matin* (journal qui venait d'être acheté par la Power Corporation)[29].

---

27. Discours au colloque du Parti libéral du Canada, à Toronto, le 25 mars 1977, cité par Roger Lemelin, *Un Québécois errant*, Montréal, Éditions *La Presse*, 1977, p. 10. Publié en anglais sous le titre *The Wandering Quebecer*.
28. Julie Royer, *Roger Lemelin. Des bonds vers les étoiles*, Montréal, XYZ, 2002, p. 99-100.
29. Voir Alain Stanké, *Occasions de bonheur*, Montréal, Stanké, 1993, p. 22. Désormais, les références à cet ouvrage seront indiquées par le sigle *OB*, suivi du folio, et placées entre parenthèses dans le texte. Voir aussi Daniel Bertrand, *Roger Lemelin, l'enchanteur*, Montréal, Stanké, 2000, p. 207-211.

Dans ses mémoires, Alain Stanké raconte que Lemelin l'avait conscrit à titre «d'assistant et d'agent de presse personnel». Après tout, son arrivée était «un événement très important pour la France (!)» (*OB*, 23). Dès le premier soir, Lemelin s'offusque que le président Georges Pompidou ne soit pas venu l'accueillir à sa descente d'avion. Pour calmer son patron, Stanké organise une rencontre avec Maurice Druon, le ministre de la Culture de la France que Lemelin apostrophe d'un : «Tu sais Maurice, dit-il avec une inimitable convivialité, dans le fond, toi et moi nous sommes pareils. Au Canada, je fais exactement comme toi, j'écris des sagas...» (*OB*, 27). Il faut lire ces pages pour une description d'un Lemelin flamboyant, déroutant et imprévisible, par quelqu'un qui l'a côtoyé pendant sa visite à Paris.

Lemelin séjourne dans la suite royale du Ritz Paris, se déplace en limousine et prononce un discours à l'ambassade du Canada qui sera ensuite publié aux éditions *La Presse*[30]. En compagnie de Stanké, il rencontre ses confrères académiciens au restaurant Drouant et les invite à visiter le Québec, quitte à ce qu'ils traversent l'Atlantique dans le jet privé des Desmarais. Enfin, une soirée exclusive a lieu au Ritz où sont invitées des célébrités triées sur le volet, dont Eugène Ionesco, Jean Amadou et Tino Rossi. Il n'est pas question de lésiner sur les dépenses et tout est fait pour s'assurer que les déplacements de la délégation canadienne ne passent pas inaperçus. À la suite de cette rencontre des académiciens, on aurait cru que la délégation la plus prestigieuse, et la plus riche, était celle du Canada. De retour à Montréal, Stanké écrit :

> Roger revint au Québec auréolé de gloire. Pendant un moment, son nouveau titre de membre de l'Académie Goncourt (même s'il évitait de dire membre-correspondant) sembla l'impressionner davantage que celui de président de *La Presse*. Désormais, son centre d'intérêt se fixait sur la Ville Lumière et la littérature vraie et pure. Nous n'avions pas fini de l'entendre parler des projets grandioses qu'il nous réservait pour l'avenir (*OB*, 22).

À noter que sur la couverture de ses livres, Lemelin signera désormais «Roger Lemelin, de l'Académie Goncourt».

---

30. Roger Lemelin, *Le Québec et la francophonie*, Montréal, La Presse, 8 p.

Le Goncourt d'André Langevin

Et le prix Goncourt? Chez les académiciens, on envisageait depuis quelque temps d'accorder le prix à un auteur québécois. En 1972, Hervé Bazin et Alain Stanké auraient déjà discuté de cette possibilité, même s'il fallait pour qu'elle aboutisse recourir à une supercherie. Bazin avait suggéré d'écrire, sous un pseudonyme québécois, un roman que Stanké aurait publié et pour lequel il aurait entrepris une campagne importante de publicité. Membre du jury, Bazin aurait influencé la décision de ses collègues en faveur du «jeune prodige québécois» et assuré leurs votes. Après avoir remporté le prix, Bazin (qui personnellement n'a jamais remporté le Goncourt) aurait révélé publiquement la supercherie et versé les redevances du roman à la création d'un fonds destiné à encourager de jeunes auteurs québécois. Projet fantaisiste? Pourtant, en 1975, Romain Gary remportera un deuxième prix Goncourt sous le pseudonyme d'Émile Ajar. Le plan secret de Bazin et Stanké, baptisé «Opération Fleur de lys», ne verra pas le jour[31]. Mais tout semblait concourir pour qu'un auteur québécois puisse enfin remporter le Goncourt. Quel auteur sera parrainé par le membre correspondant canadien, Roger Lemelin, qui tenait à «faire pencher la balance en faveur d'un romancier québécois» (*OB*, 22)?

À la rentrée littéraire de 1974, la critique québécoise est très impressionnée par le dernier roman d'André Langevin, *Une chaîne dans le parc*. Dans un bref éditorial intitulé «Quand un beau livre paraît», signé «Roger Lemelin, de l'Académie Goncourt», et paru dans *La Presse*, Lemelin souligne sans retenue les aspects positifs du roman et la reconnaissance et le respect que mérite l'auteur: «On referme ce livre et on est bouleversé. [...] Ce romancier [...] connaîtra enfin par son livre le difficile hommage qu'il a espéré au long d'une carrière aux exigences farouchement protégées[32]». Lemelin prévoit-il la remise du prix Goncourt à Langevin? Quoi qu'il en soit, il se débat afin que le livre de Langevin soit reconnu, propose la candidature de Langevin, son «bon ami» (*OB*, 35), et insiste auprès des autres

---

31. Voir Stanké, *op. cit.*, p. 77-78; Daniel Bertrand, *op. cit.*, p. 264.
32. Roger Lemelin, «Quand un beau livre paraît», *La Presse*, 21 septembre 1974, p. A4.

académiciens pour qu'*Une chaîne dans le parc* soit considérée pour le Goncourt.

Langevin, qui est perçu comme l'auteur québécois ayant le plus de chance de remporter le prix, admet lui-même qu'il ne refuserait pas le Goncourt, bien qu'il ait été « fondé par deux bourgeois et qu'il fa[sse] évidemment encore partie des mœurs de la bourgeoisie française ». « J'accepterais, dit-il, d'autant plus volontiers ce prix qu'il devient aujourd'hui difficile de vendre un roman ; notre époque est plutôt à l'astrologie, aux livres de recettes, aux récits vécus et au sexe[33] ».

Puisque Langevin accepterait le prix (malgré ses réticences), Lemelin décide de mettre en œuvre les moyens financier et politique dont il dispose. Pour acclimater les académiciens à la réalité québécoise, Lemelin les invite à visiter le Canada aux frais de *La Presse* et de la Power Corporation pendant une semaine, du samedi 19 au samedi 26 octobre 1974. Françoise Mallet-Joris (vice-présidente de l'Académie Goncourt), Armand Lanoux (secrétaire de l'Académie Goncourt), Michel Tournier, Emmanuel Roblès, Jean Cayrol, Robert Sabatier et Georges Sion (membre correspondant de la Belgique) répondent à l'invitation (Bernard Clavel, Armand Salacrou et Raymond Queneau ne viendront pas au Canada, de même que Bazin, le président de l'Académie Goncourt, retenu à Paris par la maladie). Jacqueline Piatier du *Monde* et Jean Prasteau du *Figaro* accompagnent la délégation à titre d'envoyés spéciaux de leur journal respectif, de même que Georges Laffon, chef cuisinier au Drouant.

Le lendemain de leur arrivée, lors d'un déjeuner offert par la Ville de Montréal, les membres de l'Académie Goncourt sont accueillis par le maire Jean Drapeau qui les salue comme les « Casques bleus de la langue française » de sorte que les académiciens se demandent s'il n'y a pas « erreur d'académie[34] » dans l'esprit du maire qui confond Académie française et Académie Goncourt. De fait, Drapeau considérait les académiciens comme des gardiens de la langue qui venaient combattre « la grande tristesse et la grande menace de notre temps,

---

33. Langevin cité par Jacques Thériault, « André Langevin : un maillon de la chaîne reliée au Goncourt », *Le Devoir*, 17 octobre 1974, p. 17.
34. Lanoux, *op. cit.*, p. 61. Voir aussi André Langevin, « Les Goncourt, les Casques bleus et nous », *Le Devoir*, 23 octobre 1974, p. 5.

le joual. [...] Dans l'histoire du français en Amérique du Nord, le moment décisif me paraît arrivé. La bataille décisive est en train de se livrer. C'est la bataille de la qualité[35] ». Les académiciens sont à la fois amusés et inquiets à la suite des paroles du maire, car ils ne veulent pas paraître comme des préfets de discipline de la langue. Malgré ce premier faux pas, les cérémonies officielles se succèdent. En après-midi, les académiciens sont reçus par Paul Desmarais et son épouse à leur résidence du Mont-Gabriel, dans les Laurentides. Les visiteurs sont ensuite reçus à Québec par le premier ministre Robert Bourassa et les membres du cabinet québécois, puis à Ottawa par le gouverneur général Jules Léger et les ministres fédéraux Jean Marchand et Marc Lalonde qui profitent de l'occasion pour parler contre le mouvement souverainiste québécois.

De leur côté, les jeunes auteurs québécois nationalistes s'insurgent contre ce qu'ils considèrent comme une entreprise « colonisatrice » de sorte que le voyage des académiciens sera tout sauf paisible. Des manifestations sont organisées ; les membres de l'Académie sont injuriés et accusés de tous les maux : « On les accusait successivement de venir faire du tourisme gastronomique[36] [...] de l'impérialisme, du colonialisme, du paternalisme et de "se laisser flatter la bedaine" par les ministres fédéraux[37] ». Comme le rappelle Jacques Robichon (qui a écrit l'histoire de l'Académie Goncourt à la demande de celle-ci) :

> les incidents se multiplient, les invectives crépitent, accusations et mises en demeure fusent, déferlent, des contestations s'élèvent. Les six Parisiens sont abasourdis : assez vite traités de *touristes*, pris à partie comme de *maudits Français* par leurs interlocuteurs autochtones, si ce n'est même assimilés à des *colonialistes* par ceux auxquels ils étaient venus apporter la bonne parole, le séjour canadien des Goncourt ne se déroule donc pas exactement sous les couleurs ni les auspices d'un voyage de noces[38].

---

35. Cyrille Felteau, «Accueillant les Goncourt, Drapeau y va d'une charge contre le joual», *La Presse*, 21 octobre 1974, p. A3.

36. Les académiciens sont accompagnés par Georges Laffon, chef cuisinier au Drouant, afin qu'ils se retrouvent «dans un climat familier». C'est Laffon qui préparera le banquet du 24 octobre au Ritz-Carlton. Il recevra un cachet de 3 000 francs de la société de publication *La Presse*. Fonds Roger-Lemelin, LMS-0068, boîte 43, ch. 2.

37. Piatier, *op. cit.*, p. 10.

38. Robichon, *op. cit.*, p. 311.

Le lundi 21 octobre, dans le nouveau «salon Goncourt» de l'hôtel Ritz-Carlton de Montréal, l'Académie Goncourt se réunit et délibère hors de France pour la première fois de son histoire. Lors du déjeuner officiel, Armand Lanoux défend la position de l'Académie Goncourt devant la presse : «Nous sommes à l'époque des communications, mais pas toujours à celle de la compréhension [...] Nous souhaitons changer l'image des Goncourt [...] nous voulons ouvrir nos horizons dans la mesure de nos possibilités». Et Robert Sabatier d'ajouter : «N'est-il pas significatif que le Goncourt 1973 ait été remis au Suisse Jacques Chessex et que nous nous soyons rendus en Suisse pour décerner ce prix ? Le fait que nous venions au Québec cette année ne démontre-t-il pas que nous souhaitons une fois de plus nous ouvrir au monde ?[39]» Faut-il comprendre qu'un auteur québécois va remporter le prix Goncourt ? C'est alors qu'est rendu public le palmarès des dix romans retenus pour la course au prix Goncourt, dont trois romans québécois : *Une chaîne dans le parc* d'André Langevin, *Une aurore boréale* de Jacques Folch-Ribas (qui remportera le prix France-Canada 1974) et *Moi, mon corps, mon âme, Montréal, etc.* de Roger Fournier (publié aux éditions *La Presse*). Mais l'annonce de ces trois noms ne calme pas l'ardeur des écrivains québécois.

Le point culminant de cette «crise d'octobre» littéraire est atteint le jeudi 24 octobre (après les visites aux gouvernements libéraux de Québec et d'Ottawa), lors du déjeuner organisé à 13h00 par Roger Lemelin au Ritz-Carlton en l'honneur des académiciens et auquel sont invités journalistes, écrivains et éditeurs. La majorité des écrivains québécois indépendantistes refusent d'y participer. Dans un article paru dans *Le Devoir*, Gaston Miron résume l'état d'esprit de nombreux nationalistes lorsqu'il explique qu' «en tant qu'écrivain québécois, on ne peut pas s'associer à des réceptions ou à des cérémonies au cours desquelles des gens en place, des Canadiens français de service, se servent du langage pour camoufler le mensonge et les sophismes[40]». Dans cet article, d'autres écrivains québécois, dont Jacques Ferron, Jacques Godbout et Gilles Archambault tiennent des propos similaires. La caricature qui accompagne l'article du

---

39. J. T. [Jacques Thériault], «Les Goncourt... à table», *Le Devoir*, 22 octobre 1974, p. 12.
40. Jacques Thériault, «Les Québécois sur les Goncourt», *Le Devoir*, 26 octobre 1974, p. 13.

Devoir montre un Lemelin buvant du Coke (lui qui apprécie tant les millésimés) et remettant des billets de banque à Bazin.

D'autres écrivains acceptent pourtant de participer au déjeuner, dont Hubert Aquin, Jacques Poulin, Anne Hébert, Robert Choquette, Claude Jasmin, Jacques Godbout et Antonine Maillet. Aquin et Poulin se présentent afin de recevoir le prix littéraire *La Presse* (dont nous reparlerons plus loin) ; d'autres écrivains viennent afin de perturber le banquet. Effectivement, le repas tourne en un véritable *happening*, selon l'expression des journalistes. Les écrivains se mettent à s'engueuler devant la soixantaine de commensaux. Aquin annonce aux académiciens éberlués : « Il faudrait que les Français arrivent enfin à nous percevoir comme des étrangers qui, par une aberration de l'histoire, parlent aussi français. Et il faudrait que notre littérature soit comprise en France comme le produit culturel d'une nation étrangère », et ceci afin qu'elle soit mieux respectée et appréciée. Godbout félicite Lemelin de l'opération publicitaire qu'il a réussie sur le dos des Goncourt pour ses affaires et pour sa politique. Jasmin s'attaque à Maillet, condamne le chiac au nom du joual et déclare que « d'ailleurs le Nouveau-Brunswick constituait pour nous, Québécois, l'exemple du sort qui attend les peuples colonisés bilingues ». Éberlué, tâchant en vain de placer une phrase complète, Lanoux conclut : « C'est pas d'la tarte, comme on dit en France ». Ce à quoi répond Jasmin : « Icitte, on dit : c'pas d'la m...! » Ce fut, comme on l'écrivit dans *La Presse*, une querelle de famille se déroulant « devant la visite[41] ».

C'est alors que Lemelin est alerté qu'on vient de recevoir la livraison d'un colis suspect de la part de Victor-Lévy Beaulieu et de Léandre Bergeron. Craignant que ce colis ne contienne une bombe, Lemelin fait appeler la police. En déballant le paquet, la police y découvre un réveille-matin, une citrouille (nous sommes à quelques jours de l'Halloween) et une lettre dans laquelle Beaulieu et Bergeron déclinent l'invitation à se joindre aux Goncourt. « C'est qu'ils ne désirent pas, disent-ils, manger avec des gens pour qui la littérature

---

41. Cyrille Felteau, « Happening au Ritz !!! », *La Presse*, 25 octobre 1974, p. A1 et A6.

n'est qu'une affaire de gros sous et de fédéralisme. D'ailleurs, ajoutent-ils, ils ont un pays à faire, eux[42] ».

Deux jours plus tard, les académiciens quittent le Québec sans avoir levé les malentendus, sans avoir tout à fait convaincu les jeunes écrivains québécois qu'ils n'avaient pas « fait preuve d'ingérence dans leur politique linguistique[43] ». Bazin écrira : « Quelle curieuse chose que la mentalité de certains gens de lettres au Canada ! On va les saluer. Ils répondent par des injures. Aucune importance, à vrai dire » (*OB*, 37). Et Armand Lanoux encouragera ses « amis écrivains québécois » à songer davantage au problème de l'universalité de la langue française et à remplacer par des dialogues leurs « monologues d'écorchés vifs ». Et d'ajouter, en fin connaisseur de l'histoire : « On a parfois l'impression que les flèches des Iroquois et des Hurons se croisent au-dessus de nos têtes[44] ». Cette « équipée parfois bouffonne, et où il fut si peu parlé de littérature » aura été, comme l'a écrit Lanoux, un « bruyant dialogue de sourds[45] ». Chose certaine : on n'aura jamais autant parlé de l'Académie Goncourt au Québec.

Et le principal candidat québécois au prix Goncourt dans tout cela ? Malgré le succès populaire et critique du roman de Langevin, il y a un léger problème : *Une chaîne dans le parc* n'a pas fait l'objet d'une publication en France, ce qui va à l'encontre des règlements de l'Académie. Dans une série d'articles parus dans *La Presse* et *Le Devoir*, alors même que les académiciens sont à Montréal, Langevin somme

---

42. Royer, *op. cit.*, p. 101-102. Voir aussi Daniel Bertrand, *op. cit.*, p. 216 ; Victor-Lévy Beaulieu et Léandre Bergeron, « Les Goncourt chez nous, une certaine imposture », *La Presse*, 24 octobre 1974, p. A2. Bien qu'il ne partage pas l'idéologie (ou les façons d'agir) de Beaulieu et Bergeron, André Langevin n'est pas insensible à un tel projet et écrit dans un article paru dans *Le Devoir* qu'il faut « rappeler avec force que l'unique remède ne peut être qu'un nouveau projet de société, habitable par tous dans la dignité et la décence, au sein duquel chacun trouvera tout naturellement des raisons de vivre en français ». André Langevin, « Les Goncourt, les Casques bleus et nous », *Le Devoir*, 23 octobre 1974, p. 5. Enfin, il faut rappeler que Beaulieu et Lemelin se sont réconciliés et que Beaulieu publiera *Pour faire une longue histoire courte* (entretien avec Roger Lemelin), Montréal, Alain Stanké, 1991, 199 p.

43. Lanoux, *op. cit.*, p. 62.

44. Gilbert Tarrab, « Les séquelles d'une visite agitée. Le "mal québécois", vu par Armand Lanoux », *Le Devoir*, 9 novembre 1974, p. 5.

45. Armand Lanoux, « Le mot de la fin après un voyage au Québec : "La tarte au sirop d'érable..." », *Le Figaro*, 6 novembre 1974, p. 28.

Armand Lanoux d' « affirmer catégoriquement et de façon claire qu'il n'est plus exclu pour des raisons politiques d'accorder le prix à un écrivain québécois de naissance ou de toute autre nationalité [et que] l'Académie Goncourt considérera comme admissible tout livre imprimé dans un pays de la francophonie[46] ». L'intention est certes louable, mais de façon pratique le prix Goncourt ne peut être attribué à un livre qui ne répond pas aux règlements de l'Académie et qui est introuvable en France[47].

Langevin accuse aussi Lanoux d'avoir déclaré à son éditeur Pierre Tisseyre que « pour des raisons politiques les académiciens devaient cette année couronner un Français », parce que le prix avait été accordé à un Suisse l'an dernier. Il déclare qu'un autre académicien, Jean Cayrol, lui a demandé « de mutiler [s]on roman pour le mieux accorder "à la sensibilité française" », ce qu'on n'oserait jamais, rappelle Langevin, demander à un auteur américain ou russe[48]. Enfin, il soutient qu'à l'exception de Cayrol et de Roblès, aucun des membres de l'Académie Goncourt n'avait lu son roman avant de débarquer en terre québécoise. Langevin est conscient que ces interventions publiques le disqualifient, mais il persiste et signe. Tout en remerciant Lemelin de son initiative, Langevin termine en soulignant que « dans la longue histoire du prix Goncourt [...] on savait que tous les coups y étaient permis. Mais nous, nous n'en avions pas toujours l'habitude[49] ».

---

46. Jacques Thériault, « De nouveau en lice. André Langevin se déchaîne contre l'Académie Goncourt », *Le Devoir*, 23 octobre 1974, p. 12

47. Ce règlement a été modifié. Afin de participer au Prix Goncourt, il faut désormais écrire en français et être publié par un éditeur francophone. L'éditeur enverra les livres aux membres du jury.

48. En réponse à cette pratique, Hubert Aquin réplique dans un article qu'il « faudra demander à Hervé Bazin d'adapter son livre au Québec la prochaine fois qu'il sera réédité chez nous ». Hubert Aquin cité par Jacques Thériault, « Les Québécois sur les Goncourt », *op. cit.*, p. 13.

49. André Langevin, « Nouvelle mise au point d'André Langevin », *La Presse*, 26 octobre 1974, p. A4. Voir aussi Jean-Claude Trait, « "Le prix Goncourt n'ira pas à un Québécois", André Langevin », *La Presse*, 22 octobre 1974, p. C14. Et dans *Le Devoir* : [s.a.], « André Langevin dénonce l'attitude méprisante des éditeurs français », *Le Devoir*, 22 octobre 1974, p. 13 ; Jacques Thériault, « De nouveau en lice. André Langevin se déchaîne contre l'Académie Goncourt », *Le Devoir*, 23 octobre 1974, p. 12 ; [s.a.] « À verser au dossier Langevin/Goncourt », *Le Devoir*, 25 octobre 1974, p. 6.

Toujours par la voie des journaux, Lemelin répond à Langevin. Il précise que c'est lui qui avait parrainé l'œuvre auprès de ses collègues de l'Académie, que « l'accord de M. Langevin s'est traduit ensuite par une certaine insistance de sa part », que c'est lui-même (Lemelin) qui avait fait parvenir les exemplaires du roman par avion à Paris, que la majorité des académiciens l'avaient lu une semaine plus tard et que, « sans dévoiler de secret », Langevin et Folch-Ribas avaient obtenu le 21 octobre « un nombre de voix enthousiastes qui devraient inquiéter les plus sérieux candidats français[50] ».

Le 18 novembre, place Gaillon à Paris, au restaurant Drouant où se réunissent les membres de l'Académie Goncourt, le lauréat du prix Goncourt 1974 est annoncé. Bien qu'il y ait trois candidats québécois sur dix, le roman d'un Français sera choisi au sixième tour, par six voix. Ce sera *La dentellière* de Pascal Lainé. Aux tours précédents, le seul roman québécois à avoir obtenu une voix était celui de Jacques Folch-Ribas. Un an plus tard, un André Langevin ulcéré par toute cette histoire écrira dans *La Presse*

> Nous comprenons mal la déflagration entendue hier [Émile Ajar venait de refuser le Goncourt] à l'annonce du prix d'une certaine académie, plus passionnée par le menu de son maître queux que par les centaines de romans de menus maîtres, prix [de quelques francs] qui ne permet même pas de dîner au restaurant [Drouant] où elle fait bombance, et qui ne vaut certes pas le prix d'une bombe. Il est vrai que, l'an passé, en cet endroit, nous avons offert à la même académie une joyeuse curée, mais cela s'était terminé dans une embrassade générale[51].

Plusieurs années plus tard, M.-G. Faget, dans *La farce littéraire*, allait résumer les faits ainsi :

> C'était en l'année 1974 : ils [les membres de l'Académie Goncourt] emportaient dans leurs valises, outre la culture à qui en manquait, le chef de Drouant et ses casseroles ; on a la grand-messe que l'on peut. Venus donner la leçon, les « instituteurs français » trouvèrent en face d'eux des élèves peu disposés à la recevoir, et ils durent s'en retourner après avoir été copieusement chahutés ; du coup, le prix prévu pour

---

50. Roger Lemelin, « Lemelin répond à André Langevin », *La Presse*, 24 octobre 1974, p. A2.
51. André Langevin, « La littérature en question », *La Presse*, 22 novembre 1975, p. D3.

un Canadien s'en fut ailleurs. Cette série d'ouvertures vers le monde extérieur était destinée à faire oublier l'ostracisme des débuts [...][52]

Et tout récemment Edmonde Charles-Roux confiait :

> Ils ont eu l'idée idiote d'emmener leur chef. C'est très curieux. C'est une faute de goût. Je ne sais pas quel était le «twist» qui fait que... Je crois savoir que le chef a été invité lui personnellement par la puissance invitante canadienne et que, naturellement, les Goncourt n'allaient pas dire «on l'emmène pas». Et ç'a été un désastre. Ils se sont fait injurier. Caffier raconte qu'on leur a jeté des pommes pourries, enfin... Mais peut-être qu'ils sont revenus enchantés. Ils adorent la bagarre[53].

Somme toute, la visite des académiciens au Québec en 1974 est en passe de devenir un événement mythique dans l'histoire des Goncourt. La suite des événements est moins glorieuse : André Langevin ne reçut pas le prix Goncourt, ne publia plus jamais de roman et décéda une trentaine d'années après cette querelle, en 2009.

Le prix littéraire de *La Presse*

Roger Lemelin avait échoué à faire élire un Goncourt québécois. Peut-être fallait-il miser sur un candidat moins intransigeant et qui se prêterait mieux au jeu des académiciens. Mais qui ? Hubert Aquin mis à la porte des Éditions *La Presse* se suicide en 1977. Réjean Ducharme refuse de se plier aux exigences des médias et les académiciens hésiteraient à couronner un auteur qui ne serait, peut-être, qu'un autre Émile Ajar[54]. Qui d'autre ? Marie-Claire Blais ? Anne Hébert[55] ?

---

52. M.-G. Faget, *La farce littéraire*, Paris, Société des éditions régionales, 1991, p. 111.

53. Edmonde Charles-Roux citée par Katherine Ashley (dir.), *Prix Goncourt, 1903-2003 : essais critiques*, Bern, Peter Lang, coll. «Modern French Identities», 2004, p. 37.

54. Dans les années 1970, Romain Gary signa plusieurs romans sous le nom d'emprunt d'Émile Ajar et réussit à mystifier les membres de l'Académie Goncourt. Il est le seul romancier à avoir reçu le prix Goncourt à deux reprises : en 1956, pour *Les racines du ciel*, et en 1975, sous l'identité d'Émile Ajar, pour *La Vie devant soi*.

55. Lemelin avait fait imprimer à ses frais en 1953 le premier recueil d'Anne Hébert, *Le Tombeau des rois*. Tel que convenu, il sera ensuite remboursé par Hébert avec les revenus des ventes. Michon, *op. cit.,* p. 329.

Roger Lemelin ne s'avoue pas vaincu. Il décide d'aider de jeunes auteurs à connaître le succès et de reproduire au Québec, à une moindre échelle, ce que représente le prix Goncourt. En 1974, le prix littéraire de *La Presse* est institué par Lemelin à l'occasion du 90ᵉ anniversaire de *La Presse*. Grâce à son initiative, *La Presse* accorde de 1974 à 1981 (date à laquelle Lemelin quitte le journal) un prix, une bourse de 5 000 dollars et une importante couverture médiatique au lauréat. Un deuxième prix « au jeune auteur qui promet » est aussi accordé et accompagné d'une somme de 2 500 dollars. Toutefois, les lauréats sont choisis non par un jury, mais par l'éditeur de *La Presse*, Roger Lemelin. En 1974, les premiers lauréats sont Hubert Aquin, dont le roman *Neige noire* venait de paraître aux Éditions *La Presse*, et Jacques Poulin pour son roman *Faites de beaux rêves*. Le prix, comme nous l'avons mentionné, a été remis devant les membres de l'Académie Goncourt en visite à Montréal. L'année suivante, les lauréats sont André Langevin (est-ce un prix de consolation ?) et Michèle Mailhot. Lemelin considérait-il le prix littéraire de *La Presse* comme une présélection canadienne des prix Goncourt ?

Le 9 décembre 1976, Roger Lemelin remet à Antonine Maillet le prix littéraire de *La Presse* et le deuxième prix à Viola Léger pour souligner l'interprétation de l'actrice dans le rôle de *La Sagouine*. Le jury était formé exceptionnellement de Roger Lemelin, de Victor Barbeau de l'Académie canadienne-française et d'Hervé Bazin. Lors de la remise du prix en présence d'une cinquantaine d'invités, Roger Lemelin, Hervé Bazin (invité à Montréal pour l'occasion) et Paul Desmarais prennent tour à tour la parole, félicitent la lauréate et soulignent l'importance de son œuvre[56]. Bazin n'hésitera pas à écrire à Lemelin au sujet de Maillet : « c'est un auteur qui a au Canada comme en France le vent en poupe. Elle mérite qu'on la serve » et « Je suis venu m'associer à la consécration qu'elle obtient ici aujourd'hui. Elle en obtiendra d'autres, s'il ne tient qu'à moi...[57] ».

Bazin est toujours président de l'Académie Goncourt et Lemelin, membre correspondant. Après avoir été échaudé par ce qu'on avait appelé « l'affaire Langevin-Goncourt », Lemelin était-il en train de

---

56. Voir Conrad Bernier, « Antonine Maillet, Prix littéraire de *La Presse* », *La Presse*, 10 décembre 1976, p. B10.
57. Lettre de Hervé Bazin à Roger Lemelin, daté le 12 décembre 1976, Fonds Roger-Lemelin, LMS-0068, boîte 55, ch. 8.

mettre en place un mécanisme qui verrait l'élection d'un Goncourt canadien ? Une Acadienne aurait-elle de meilleures chances qu'un Québécois ? Après tout, Maillet elle-même croyait que le temps était venu d'attribuer le prix à un Canadien et elle n'avait pas hésité à écrire en 1973 :

> Bien, je n'ai qu'à comparer ce qui sort comme prix Goncourt en France avec ce que nous faisons : nos romans, nos bons romans, sont de qualité supérieure. Et ce sont des romans écrits en canadien, dans une langue à nous qui est intelligible aux autres. Prenez *Le Survenant* : voilà un grand roman en canadien, en québécois. Mais je pense que le moment est propice pour nous, plus que du temps de Ringuet ou même Gabrielle Roy[58].

Se faire connaître

> — Ce que j'aimerais l'avoir votre prix !
>
> — Mais pour cela, il faut écrire !
>
> — Ah bon ! Et à qui ?[59]

Pour avoir une chance d'obtenir le prix Goncourt, il faut commencer par se faire connaître en France, ce qui ne peut qu'être au désavantage d'un Réjean Ducharme qui mène une vie d'anachorète ou d'un André Langevin qui ne se laisse pas circonscrire facilement et qui ne discute pas volontiers de ses romans. Ce dernier ira même jusqu'à dire dans une entrevue : « Je n'aime pas parler de mes livres. Ils existent, cela me suffit[60] ». Tel n'est pas le cas d'Antonine Maillet qui saura s'imposer en France, comme elle l'a fait en Acadie et au Québec.

Bien que *La Sagouine* ait été présentée au Centre culturel canadien de Paris en 1973, c'est vraiment à partir de 1975 que l'œuvre d'Antonine Maillet est diffusée en France. En 1975, un premier roman, *Mariaagélas* (paru deux ans plus tôt chez Leméac), est publié chez Grasset. Les œuvres de Maillet seront ensuite publiées les unes

---

58. Maillet citée par Robert Guy Scully, « Le monde d'Antonine Maillet », *Le Devoir*, 29 septembre 1973, p. 13.
59. Hervé Bazin cité par Stanké, *op. cit.*, p. 75.
60. Langevin cité par Jacques Thériault, « André Langevin : un maillon de la chaîne reliée au Goncourt », *op. cit.*, p. 17.

après les autres chez le même éditeur français : *La Sagouine* en 1976, *Les Cordes-de-Bois* en 1977, *Pélagie-la-Charrette* en 1979, *La Gribouille* (titre français de *Cent ans dans les bois*) en 1982... Entre 1975 et 1998, Antonine Maillet sera l'auteure « québécoise » ayant publié le plus de romans en France[61].

En automne 1976, la pièce *La Sagouine*, « cet extraordinaire monologue d'une laveuse de parquet[62] », comme la définissaient les Français, est présentée dans vingt-sept villes, en France, en Belgique et en Suisse, grâce à une subvention du ministère des Affaires extérieures du Canada. Lors des représentations, les spectateurs reconnaissent avec ravissement des expressions encore utilisées dans les régions rurales et s'approprient cette femme venue de loin. Le style de Maillet est comparé à celui de Rabelais et les critiques établissent des liens entre *La Sagouine* et des œuvres issues de la vieille France. « Sûrement Bernanos aurait aimé la simplicité de cette petite vieille en fichu aux couleurs de son effacement, peut-on lire dans *Le Quotidien* de Paris. [...] On songe à la lumière des frères Le Nain, qui tombe drue sur les rides de leurs demi-vivants attablés, bien au-delà de toute douleur[63] ». L'œuvre est véritablement perçue comme « un cri qui vient de nos ancêtres du nouveau pays[64] ».

À Paris, la pièce est présentée au théâtre d'Orsay (qui était situé dans ce qui allait devenir le musée d'Orsay), dirigé par Jean-Louis Barrault et Madeleine Renaud. Le célèbre comédien et metteur en scène ne tarit pas d'éloges sur la pièce : « un pur chef-d'œuvre [...] une remarquable comédienne [Viola Léger] qui ne fait pas une seule faute de ton, et fait toujours preuve d'une étonnante justesse, sans la

---

61. Entre 1975 et 1998, Antonine Maillet aura publié neuf titres chez Grasset. Elle est suivie de Chrystine Brouillet, Louis Caron, Jacques Folch-Ribas, Anne Hébert, Robert Lalonde et Michel Tremblay, avec sept titres pour chacun d'entre eux, et Marie-Claire Blais avec six titres. Voir Sylvie Michelon, *Le roman québécois contemporain dans l'édition française (1975-1998)*, thèse de maîtrise, Université de Sherbrooke, 2001, p. 38. À partir de 2002, les œuvres de Maillet paraîtront chez Actes Sud.

62. Jacques Jaubert, « Antonine Maillet s'explique », *Lire*, n° 50, octobre 1979, p. 25.

63. [s.a.], « La Sagouine à Paris. "Du beau travail" titre *Le Figaro* », *Le Devoir*, 24 septembre 1976, p. 13.

64. [s.a.], « Paris comble Antonine Maillet. "Je suis née avec une bonne étoile au derrière" », *Le Devoir*, 30 septembre 1976, p. 17.

moindre faille[65]». La réception de l'œuvre est excellente. La presse parisienne fait à la pièce «un accueil chaleureux et enthousiaste, dépassant de loin certaines réserves polies habituelles[66]». Le livre *La Sagouine* connaît un tel succès que Grasset doit en tirer une deuxième édition. Pendant ce temps, Michel Fugain et le Big Bazar chantent *Les Acadiens*. Les «cousins d'Amérique» sont furieusement à la mode.

Antonine Maillet elle-même est surprise du succès de la pièce. Comme elle l'avouera plus tard: «Après *La Sagouine*, j'ai quand même passé, de la veille au lendemain, de l'obscurité à la célébrité[67]». Énergique et sympathique, Maillet occupe non seulement le devant de la scène critique avec continuité, mais elle touche aussi le public français et connaît un immense succès populaire. Maillet joue un rôle essentiel dans la promotion de son œuvre par son charme et par le magnétisme de sa personnalité. La radio, la télévision, la presse l'accaparent lors de ses fréquents séjours en France. Elle fait des passages remarqués aux émissions de télévision françaises et parle avec entrain de son pays et de son œuvre, mieux que n'aurait pu le faire le meilleur avocat ou le meilleur pédagogue. À Paris, on se met à évoquer le «phénomène Maillet». Dans *Les Nouvelles littéraires*, Jérôme Garcin explique que l'Acadienne suscite la curiosité et charme les téléspectateurs: «Sa frimousse enjouée, ses yeux pétillants d'énergie, sa langue colorée, et son inimitable accent chantonnant ont aussitôt séduit les téléspectateurs qui découvraient sur le petit écran un grand écrivain et un sacré personnage[68]». «Chaque lecteur, rappelle Jean Marmier, subit le rayonnement sympathique du visage et de la voix de l'auteur, qui collabore de sa personne à l'image dégagée par ses livres[69]». D'une verve infatigable, Maillet rappelle à ses interlocuteurs qu'elle vient de l'Acadie, et non du Québec, que l'Acadie

65. Louis-Bernard Robitaille, «*La Sagouine* à Paris. Plus qu'un succès d'estime», *La Presse*, 27 septembre 1976, p. A7.

66. Renée Maheu, «La rentrée à Paris aux accents de La Sagouine», *Le Devoir*, 9 octobre 1976, p.19.

67. Jean Royer, «Antonine Maillet, prix Goncourt», *Le Devoir*, 1er décembre 1979, p. 29.

68. Jérôme Garcin, «La Comédie humaine de l'Acadie selon Antonine Maillet», *Les Nouvelles littéraires*, du 20 au 27 septembre 1979, p. 15.

69. Jean Marmier, «Trois Étapes d'une découverte: *Bonheur d'occasion*, Marie-Claire Blais et Réjean Ducharme, Antonine Maillet», *Lectures européennes de la littérature québécoise*, Montréal, Leméac, 1982, p. 118.

était la première colonie française en Amérique (l'Acadie a été fondée en 1604, la Nouvelle-France en 1608) et qu'on y parle encore et toujours le français. Comme elle le déclare à un journaliste :

> Quand je suis venue à Paris, je me suis rendu compte qu'on ignorait tout de l'Acadie. Ça m'a fait drôle et j'ai compris que le pays était plus important que moi. Alors je me suis mise à en parler à gorge déployée, à raconter les Acadiens, ces minoritaires, ces déportés par les Anglais, ces gens qui mouraient s'ils ne riaient pas[70].

Les Français l'accueillent comme une « cousine » que l'on croyait perdue depuis longtemps et sa langue, qu'elle affiche comme étant celle de Rabelais, leur rappelle la gloire d'antan. Maillet est comparée par les critiques à Jean Giono ou à Frédéric Mistral. Elle incarne la mémoire de son pays qu'elle fait revivre auprès des lecteurs français séduits. Par son enthousiasme et son optimisme, elle permet d'entrevoir l'existence d'une vigoureuse minorité française[71]. Le combat pour l'Acadie d'Antonine Maillet s'étend à celui de la Francophonie, au sein duquel milite le Nouveau-Brunswick afin de faire partie de l'Organisation internationale de la Francophonie (OIF)[72]. Dès lors, Maillet devient une figure connue et reconnue de l'énergie française et d'une minorité renaissante qui revendique ses droits à travers le monde et présente un remède tonique à la morosité ambiante.

Le chemin du Goncourt

Le succès de Maillet n'est pas seulement populaire, mais critique. Le premier roman de Maillet qui est publié en France, *Mariaagélas,* est en lice pour le prix Goncourt 1975[73]. Maillet n'obtient

---

70. Christine Descateaux, «Antonine Maillet, premier auteur acadien : "Je suis parisienne depuis Louis XIII" », *Télé 7 jours*, 29 septembre 1981, p. 90.

71. Minorité qui survit malgré les prévisions défaitistes d'Yves Berger qui termine sa préface de l'édition française de *Mariaagélas* par ces mots : «Et si, pourtant, Antonine Maillet s'accomplissait vivante dans une langue vouée à la mort ? Oui, il était grand temps qu'on la lût». Yves Berger, «Préface», *Mariaagélas*, Paris, Bernard Grasset, 1975, p. XII.

72. Le Nouveau-Brunswick sera admis au sein de l'Organisation internationale de la Francophonie à titre de gouvernement participant en décembre 1977. Le treizième sommet de la Francophonie s'est déroulé à Moncton en septembre 1999.

73. Jean-Guy Hudon, «*Mariaagélas*», *Dictionnaire des œuvres littéraires du Québec*, tome 5, *1970-1975*, Montréal, Fides, 1987, p. 533.

pas le Goncourt, mais au quatrième tour, à 9 voix contre 5, le jury présidé par Edmonde Charles-Roux décerne le prix des Volcans à l'Acadienne. Malgré ce que prétendent les critiques, ce n'était pas la première fois qu'un prix français était décerné à une œuvre acadienne ou portant sur l'Acadie. L'Académie française avait déjà couronné *La tragédie d'un peuple* (1922) d'Émile Lauvrière, *Le drame du peuple acadien* (1932) du père Jean-Baptiste Jégo et les *Poèmes acadiens* (1955) de l'abbé Napoléon-P. Landry. En revanche, c'était la première fois qu'une œuvre acadienne connaissait un tel succès, à la fois populaire et critique. Au Québec, *Mariaagélas* mérite à son auteure le Grand Prix littéraire de la Ville de Montréal et le prix France-Canada.

Mariaagélas était parue à Paris avec une préface d'Yves Berger, directeur des éditions Grasset, qui avait tenté de faire remporter le prix Goncourt à Yves Thériault il y a une vingtaine d'années. Yves Berger, surnommé « monsieur Prix » chez Grasset, aurait, semble-t-il, manœuvré à diverses occasions afin que des auteurs de sa maison d'édition remportent des prix littéraires[74]. La célèbre maison d'édition parisienne, en publiant les œuvres de Maillet, entrevoyait-elle rééditer le succès de cet autre roman « canadien », *Maria Chapdelaine,* qui avait été « la clé de voûte financière[75] » de la maison Grasset dans les années vingt ? Quoi qu'il en soit, *Mariaagélas* ne représente que le début de la relation entre Maillet et les éditions Grasset.

En 1977 paraît le roman *Les Cordes-de-Bois,* « que beaucoup ici, comme le souligne André Vanasse, ont grignoté comme un plat réchauffé », mais qui fut « reçu en France comme une révélation[76] » par un public qui connaissait peu l'œuvre de Maillet (sauf pour *Mariaagélas* et *La Sagouine* qui venaient d'être publiées chez Grasset). L'auteure était devenue une figure médiatique connue en France, consacrée véritable vedette à la suite de sa participation à l'émission *Apostrophes* de Bernard Pivot en septembre 1977. De plus, elle venait de recevoir le prix littéraire de *La Presse* des mains de deux membres

---

74. Voir Sébastien Le Fol, « Prix littéraires. La Grande Magouille », *Le Figaro Magazine*, 28 octobre 2006, p. 75-78.
75. Raymonde Héroux citée par Nicole Deschamps, « *Maria Chapdelaine* », *Dictionnaire des œuvres littéraires du Québec*, tome 2, *1900-1939*, Montréal, Fides, 1980, p. 666.
76. André Vanasse, « Un jupon dans les ridelles. Antonine Maillet : *Pélagie-la-Charrette* », *Lettres québécoises*, n° 16, hiver 1979-1980, p. 14.

de l'Académie Goncourt : Bazin et Lemelin. Pouvait-elle remporter le prix Goncourt ?

Au quatrième tour de scrutin, Antonine Maillet mène par cinq voix à quatre. Au tour suivant, Armand Salacrou, qui jusque-là optait pour Patrick Modiano, rallie Didier Decoin[77]. Il y a égalité de voix. Dans un tel cas, il revient au président de l'Académie, qui est nul autre qu'Hervé Bazin, de départager les voix. Lors du Goncourt 1974, Bazin avait refusé d'exercer ce droit et s'était expliqué ainsi :

> J'ai toujours été contre l'exercice de cette voix double, si elle est facultative. Simplement parce qu'elle me semble profondément anti-démocratique... Par ailleurs, il est particulièrement délicat pour moi de mettre le « double » sur un livre paru chez mon propre éditeur [éditions du Seuil]. Remettons à la démocratie le soin de trancher. [...] Trop d'intérêts sont en jeu avec le Goncourt pour que, moi, le président, je ne donne pas une leçon d'indépendance totale...[78]

Alors que fait Bazin lors du Goncourt 1977 ? À l'encontre de ce à quoi on s'attendrait, celui-ci accorde sa double votation non pas au roman de Maillet, mais à *John L'Enfer* de Didier Decoin publié aux éditions du Seuil.

Après coup, Roger Lemelin justifie cette décision : « Le choix a finalement été fait selon la valeur du livre et ce n'était pas une comédie pour faire plaisir au Canada ». Et Hervé Bazin d'ajouter lors de la réception officielle offerte par la maison d'édition Le Seuil pour couronner l'événement : « Nous avions en notre présence deux livres d'une même valeur, quoique celui de Mme Maillet était peut-être plus difficile à lire pour un public européen, donc moins accessible[79] ». Bazin a donc fait pencher en dernier ressort la balance du côté de son compatriote Decoin. De plus, si on interprète ses paroles, Bazin ferme-t-il la porte du Goncourt à la francophonie et aux œuvres écrites dans une langue non académique ?

Mais il y a peut-être une autre explication et il ne faut pas négliger ce qui se passe dans les coulisses. Hervé Bazin, partiellement

---

77. Hervé Hamon et Patrick Rotman, *Les intellocrates. Expédition en haute intelligent-sia*, Paris, Ramsay, 1981, p. 166.
78. Robichon, *op. cit.*, p. 314. Et c'est ainsi que Pascal Lainé remporta le prix Goncourt pour son roman *La dentellière* et non René-Victor Pilhes, auteur de *L'imprécateur*.
79. Jacques Bouchard, « Prix Goncourt. Antonine Maillet juste derrière », *La Tribune*, 22 novembre 1977, p. 1.

édité par Le Seuil comme Didier Decoin, a-t-il voté pour ce roman parce qu'il était publié par sa maison d'édition[80]? Dans *Le Figaro*, Renaud Matignon n'hésite pas à publier un article accusateur : « Il y en a un qui a été rudement gentil pour Didier Decoin, c'est M. Hervé Bazin, dont la double voix de président du jury a joué le rôle décisif prévu par le règlement. C'est bien compréhensible : lui-même publié au Seuil, M. Bazin n'a jamais été suspect de manquer de sens de l'amitié[81] ». Et André Brincourt d'ajouter à la même page du journal : « l'individu [...] appartient à sa famille, à son clan, ou à sa clique. Plus hautes sont les distinctions, plus réduite la part d'équité[82] ». S'agit-il d'une pratique courante chez les Goncourt? Comme avait coutume de dire Yves Berger au sujet du vote des jurés : « Au premier tour, tu votes selon ton cœur, au deuxième, tu votes pour ton éditeur[83] ». Dans son journal (publié de 2006 à 2008, après sa mort), l'écrivain et critique Jacques Brenner raconte :

> Au Goncourt, Hervé Bazin a fait jouer sa voix double de président pour que le prix soit donné à Didier Decoin qui avait obtenu cinq voix contre cinq à Antonine Maillet. Les auteurs du Seuil ont voté Seuil, et les auteurs Grasset ont voté Grasset. Bazin, lui, appartient aux deux maisons et on est un peu amer chez Grasset parce que, l'an dernier, il avait déjà fait couronner un auteur du Seuil[84].

Armand Lanoux, qui annonce le résultat du vote aux journalistes, reçoit une tarte à la crème au visage, lancée par un jeune homme visiblement mécontent[85]. De son côté, Antonine Maillet, qui attendait dans sa chambre d'hôtel de la rue des Saint-Pères, à quelques pas des bureaux de son éditeur Grasset, analyse la situation « d'une façon

---

80. Caffier, *op. cit.*, p. 91.
81. Renaud Matignon, « Goncourt et Renaudot : prix sans surprise », *Le Figaro*, 22 novembre 1977, p. 32.
82. André Brincourt, « Respiration artificielle », *Le Figaro*, 22 novembre 1977, p. 32.
83. Yves Berger cité par Aurore Chaillou, Célia Di Girolamo et Fanny Stolpner, « Sincère, le prix Goncourt ? "Tout le monde dit que Gallimard va gagner" », *Le Nouvel Observateur*, 29 octobre 2011, en ligne : http://rue89.nouvelobs. com/2011/10/29/sincere-le-prix-goncourt-tout-le-monde-dit-que-gallimard-va-gagner-226062 (consulté le 2 juin 2015).
84. Jacques Brenner, *Journal*, tome 4, *Rue des Saints-Pères (1970-1979)*, Paris, Pauvert, 2008, p. 618.
85. Voir en ligne : http://www.dailymotion.com/video/xfdbet_goncourt_news et http://www.ina.fr/video/DVC7708228301/prix-litteraires-video.html (consulté le 2 juin 2015).

froide et lucide, sans émotion[86] ». Elle reçoit en compensation le prix des Quatre Jurys qui est « décerné chaque année à l'écrivain qui aurait pu être couronné par l'un des quatre grands jurys littéraires [Goncourt, Académie française, Renaudot, Femina], et qui avait obtenu au moins une voix à l'un de ces grands prix[87] ». Le prix des Quatre Jurys a été remis à Maillet au restaurant *La closerie des lilas*, à Montparnasse, en janvier 1978.

Au Canada, l'échec d'Antonine Maillet suscite le désillusionnement quand ce n'est pas la rancœur. Jacques de Roussant commence son article ainsi :

> L'échec d'Antonine Maillet au prix Goncourt, le mois dernier, ne peut en aucun cas être considéré comme un échec personnel. L'écrivain en sort même grandi parce qu'il s'agit en somme d'un problème politique et son échec à la course au plus prestigieux prix littéraire français fait ressortir en fait que la France n'est pas la francophonie. De toute façon, *Les Cordes-de-Bois* est un grand livre, digne de la tradition des frères Goncourt, mais non, semble-t-il, de l'égocentrisme culturel des Français.

De Roussan s'en prend tout particulièrement à celui qu'il surnomme l' « enfant chéri du Québec et du quotidien montréalais *La Presse* », le président de l'Académie Goncourt, Hervé Bazin, « qui vient, dit-il, nous voir souvent et à nos frais ». Bazin, précise De Roussan, a manqué de reconnaître que « la francophonie dépassait désormais le cadre de l'Hexagone français ». Il a fait preuve de « duplicité » et du « manque d'ouverture d'esprit de bien des intellectuels français[88] ».

L'échec de Maillet n'en est pas véritablement un, elle est « une perdante qui a gagné[89] », comme l'écrit Lise Moreau. Jamais auparavant un écrivain canadien ne s'était approché autant de ce prix tant convoité. Antonine Maillet est une figure littéraire connue. Son roman est un succès de librairie et s'était vendu à plus de 100 000

---

86. Bouchard, « Prix Goncourt. Antonine Maillet juste derrière », *op. cit.*, p. 1.
87. [s.a.], « Antonine Maillet remporte le prix des Quatre Jurys », *La Tribune*, 31 janvier 1978, p. 13.
88. Jacques de Roussan, « En parlant d'Antonine Maillet. Du côté de l'Acadie et des *Cordes-de-bois* », *Le Jour*, 9 décembre 1977, p. 29.
89. Lise Moreau, « Antonine Maillet. Une perdante qui a gagné », *Le Devoir*, 10 décembre 1977, p. 31.

exemplaires en France[90]. Il est évident que cette romancière qui a fait preuve de volonté, de courage, voire de témérité, n'a pas dit son dernier mot. Ayant raté de peu le prix Goncourt, Antonine Maillet considère le verdict comme un défi plutôt qu'une conclusion : « Je suis maintenant contente de ne pas avoir eu le prix pour *Les Cordes-de-Bois*, dira-t-elle, parce que je savais que je pouvais faire mieux[91] ».

Deux ans plus tard, Maillet publie une œuvre nouvelle qui, exceptionnellement, ne se déroule ni dans un village côtier ni pendant la « glorieuse époque » de la Prohibition. En effet, si *Les Cordes-de-Bois* raconte la genèse d'un village, avec l'humour et la vigueur typiques des œuvres d'Antonine Maillet, *Pélagie-la-Charrette*, écrit Réginald Martel, « c'est une toute autre chose. C'est un très grand roman, le premier d'Antonine Maillet et le premier d'Acadie. C'est un roman qui arrête le passé et qui fonde l'avenir[92] ».

Est-ce que *Pélagie-la-Charrette* est « le premier grand roman d'Acadie » comme le suggère Martel ? Est-ce un roman écrit délibérément pour le Goncourt ? On note peu de blasphèmes, de références scatologiques, de contrebande de boisson, de *forlaqueries* ou de critiques de l'Église. L'auteure visait-elle un lectorat français qui ne connaissait pas l'histoire de l'Acadie et qui ne pouvait qu'être flatté par cette description d'une Acadie fidèle à ses origines ? S'agit-il, comme certains l'ont suggéré, d'un « fourre-tout destiné à l'exportation[93] », commercial et complaisant ? Pourtant, Maillet elle-même précise : « Je n'ai rien enlevé, rien retranché en fonction du prix ou du jury. Je me serais interdit de le faire sachant de toute façon que quelqu'un qui veut jouer au finaud joue mal[94] ». *Pélagie-la-Charrette* reprend des thèmes typiquement mailletiens, mais jamais auparavant une œuvre n'avait raconté l'histoire de l'Acadie avec autant de vivacité et d'espoir en l'avenir.

90. Georges-Hébert Germain, « L'Acadie de Maillet est très séduisante », *The Gazette*, 15 avril 1978, p. 9.

91. Louis-Bernard Robitaille, « Antonine Maillet à Paris savoure son plaisir sans perdre la tête », *La Presse*, 24 novembre 1979, p. D4.

92. Réginald Martel, « Le premier grand roman d'Acadie », *La Presse*, 22 septembre 1979, p. C4.

93. James de Finney, « *Pélagie-la-Charrette* », *Dictionnaire des œuvres littéraires du Québec*, t. 6, *1976-1980*, Montréal, Fides, 1994, p. 621.

94. Robitaille, « Antonine Maillet à Paris savoure… », *op. cit.*, p. D4.

Le roman s'inscrit dans les préoccupations communes aux romans et pièces de Maillet et qui sont la mémoire du pays et l'espoir en l'avenir. Comme la plupart des œuvres d'Antonine Maillet, *Pélagie-la-Charrette* est un cri du cœur, un appel d'amour à un peuple qui n'a pas fini de croître et d'étonner le monde ...et les Goncourt. *Pélagie-la-Charrette* est le roman de Maillet qui est le plus universel et le plus épique. Il ne pouvait que trouver grâce aux yeux des académiciens, d'autant plus que depuis quelques mois le roman figurait en bonne place parmi les best-sellers des librairies françaises. Pouvait-il remporter le prix Goncourt? L'éditeur Grasset croyait que le roman était «goucour(t)able», l'auteure avait fait sa part, et les «grandes manœuvres[95]», c'est-à-dire la «cuisine de la gloire» ou le jeu des rouages de la vie littéraire parisienne, pouvaient maintenant commencer[96].

La veille du vote, qui a lieu le 19 novembre 1979, Roger Lemelin conseille à Antonine Maillet de ne pas se faire trop d'illusions, d'autant plus qu'Inès Cagnati (auteure du roman *Mosé ou le lézard qui pleurait*) est donnée gagnante depuis début septembre[97]. La victoire de Maillet prend tout le monde par surprise. En moins de dix minutes, dès le premier tour de vote, *Pélagie-la-Charrette* obtient la majorité

---

95. *Ibid.*, p. D4.
96. Armand Lanoux, dans une lettre à Roger Lemelin, datée le 25 décembre 1979, de Saint-Jean-Cap-Ferrat, écrit: «En ce qui concerne le choix d'Antonine Maillet, s'il a déterminé des réactions de guerillas [sic] d'éditeurs en France, plus latérales que directes et dont Bernard Clavel a été l'exécutant, il a été aussi bien accueilli en métropole que dans la francophonie, et particulièrement dans les milieux canadiens de Paris, aussi bien fédéraux que québécois. Je crois aussi que c'est un bon exemple linguistique de ce qu'il est possible d'accepter à l'échelle de la francophonie entière [sic], alors que le joual est impossible à faire lire par l'ensemble de la famille, et demeure une anomalie linguistique, sinon un monstre». Fonds Roger-Lemelin, LMS-0068, boîte 56, ch. 24.
97. Inès Cagnati dira à la suite du vote: «On est toujours déçu quand on vient d'échouer. Mais le livre d'Antonine Maillet est un beau roman, ce qui rend la déception moins amère. Cela dit, j'ai le sentiment d'être un instrument dont on jouait pour ménager un coup de théâtre dont les jurés Goncourt semblent gourmets. Si j'avais été éditée chez Grasset ou directement chez Gallimard [son roman a été publié chez Denoël], j'aurai peut-être eu plus de chances de l'emporter». [s.a.], «Inès Cagnati: "J'ai eu l'impression d'être un instrument"», *Les Nouvelles littéraires*, du 29 novembre au 6 décembre 1979, p. 17.

absolue, six voix contre quatre (dont celle d'Hervé Bazin)[98]. Dans les bureaux de Grasset, au moment où on lui fait comprendre qu'elle a remporté le prix, Maillet se serait exclamé : «"C'est extraordinaire" et en même temps : "Je n'aurai pas besoin de recommencer ça dans deux ans"[99]». On annonce qu'Antonine Maillet est la première Canadienne (et la seule jusqu'à présent[100]) à recevoir ce prix prestigieux qui n'avait jamais été donné en dehors de l'Europe. Elle l'accepte au nom de son pays :

> C'est un grand jour pour le Canada français, pour l'Amérique francophone, pour l'Acadie qui fête son 375e anniversaire… C'est comme si la France s'était agrandie dans le temps et l'espace, à la francophonie d'outre-mer[101].

> Le prix Goncourt est très important, moins pour moi que pour l'Acadie que je représente. Et du même coup, je vous rends, à vous Français, votre propre passé puisque l'Acadie a été colonie française au XVIIe siècle. Aussi, recevoir le prix Goncourt, c'est lier une fois de plus l'Acadie et la France par des liens fraternels et consanguins[102].

Maillet est consciente que l'on honore non seulement son œuvre, mais aussi le pays qu'elle représente. Le prix Goncourt est ainsi perçu comme la reconnaissance d'une littérature «nationale», dont Maillet serait la représentante, par la communauté des écrivains français, représentée par les académiciens. Plus tard, à la télévision française, elle devait ajouter : «C'est comme si mon père et ma mère étaient vengés[103]». C'est à ses parents, mais aussi à tous ceux qui ont travaillé pour sauver la langue française en Acadie que ce couronnement revient de droit. Il s'agit donc d'une consécration à la fois

---

98. Voir l'annonce du prix en ligne à http://www.dailymotion.com/video/xfegor_prix-goncourt_news (consulté le 2 juin 2015).

99. Robitaille, «Antonine Maillet à Paris savoure…», *op. cit.*, p. D4.

100. Gabrielle Roy avait déjà reçu le prix Femina en 1947 pour *Bonheur d'occasion*, tandis que Marie-Claire Blais avait reçu le prix Médicis en 1966 pour *Une saison dans la vie d'Emmanuel*, mais jamais une romancière canadienne n'avait remporté le prix Goncourt.

101. Louis-Bernard Robitaille, «Antonine Maillet Prix Goncourt. "C'est comme si ma mère et mon père étaient vengés…"», *La Presse*, 20 novembre 1979, p. A1.

102. Jérôme Garcin, «Antonine Maillet : "le prix Goncourt est important pour l'Acadie", *Les Nouvelles littéraires*, du 22 au 29 novembre 1979, p. 14. Voir aussi [s.a.], «Le Goncourt 1979 à Antonine Maillet», *Le Devoir*, 20 novembre 1979, p. 1 et 6.

103. Robitaille, «C'est comme si…», *op. cit.*, p. A1.

personnelle et collective, de la reconnaissance d'un parcours singulier et d'une démarche collective. L'attribution du prix Goncourt 1979 à Maillet n'est pas uniquement le couronnement d'un auteur, comme dans les années passées, mais aussi la consécration d'une entreprise militante d'identité nationale.

Un Goncourt «politique» ?

Est-ce que ce Goncourt a été un Goncourt «politique» ? Depuis quelques années, l'Académie Goncourt cherchait à s'ouvrir à la francophonie et l'on s'attendait à la consécration d'un auteur de l'extérieur de l'Hexagone. Les quatre autres candidats qui avaient reçu une voix chacune étaient Inès Cagnati (France), Simone Schwarz-Bart (La Guadeloupe), Rachid Boudjedra (Algérie) et Marie-Thérèse Humbert (île Maurice), ce qui démontre le triomphe de la francophonie lors du Goncourt 1979.

Choisir le roman de Maillet, c'était reconnaître la francophonie et en particulier l'Acadie, d'autant plus qu'en 1979 on célébrait le 375e anniversaire de sa fondation, ce que l'auteure souligne à la dernière page de son roman et dans ses interventions publiques. Dans ce cas, qui récompense-t-on ? Est-ce, comme se demande Jacques Cellard, «l'Acadie trop longtemps oubliée ou la romancière de talent que les Goncourt ont voulu pousser sur le devant de la scène littéraire[104] » ? Choisir *Pélagie-la Charrette* était aussi perçu comme une façon d'en finir avec l'idée de la sclérose de la langue française, engoncée dans le respect des règles, la correction et la mesure, en consacrant une œuvre foisonnante et merveilleusement riche, une «langue gonflée de grous mots qui vous sortent tout drouette des pigrouins, et vous ébarouissent, et vous grafignent le gorgoton, et vous fouettent coume une hâriotte» (*PD*, 140). Maillet ouvrait la voix à d'autres auteurs qui écrivaient dans un style non académique, tels Jean Vautrin, *Un grand pas vers le Bon Dieu* (prix Goncourt 1989) et Patrick Chamoiseau, *Texaco* (prix Goncourt 1992).

Mais il y a aussi les jeux de coulisses des maisons d'édition qui sont en compétition. Que de calculs derrière ce prix ! Grasset n'avait

---

104. Jacques Cellard, «Goncourt : Antonine Maillet», *Le Monde*, 20 novembre 1979, p. 48.

pas remporté le prix depuis 1973 (attribué alors à un autre francophone publié chez Grasset, le Suisse Jacques Chessex) et il fallait
s'attendre à ce que la maison d'édition fasse pression sur les membres
du Goncourt pour obtenir sa revanche. De plus, aucune femme n'avait
remporté le Goncourt depuis treize ans[105] et c'était seulement la
sixième fois depuis qu'existe le prix Goncourt (1903) que le jury
récompensait l'œuvre d'une romancière[106]. D'ailleurs, tous les romans
qui avaient obtenu une voix lors du vote, sauf un, avaient été écrits
par une femme. Enfin, Maillet avait raté de peu le Goncourt 1977 et
l'on avait peut-être voulu rattraper cet échec. Comme l'écrit G.P. dans
Les Nouvelles Littéraires :

> Il n'en reste que pas moins que les choix des Goncourt apparaissent
> de plus en plus comme une confirmation, voire un rattrapage, et de
> moins en moins comme une tentative de découverte. Après Didier
> Decoin, Patrick Modiano comme Patrick Grainville, il y a trois ans, et
> aujourd'hui Antonine Maillet, le lauréat type des Goncourt apparaît
> comme le poulain d'une des trois grandes maisons d'édition ayant
> déjà concouru lors d'une joute précédente et que l'on élira après une
> ou plusieurs années de réflexion, en tout cas après un premier échec[107].

Faut-il pour autant parler de trucage ? « Évidemment les prix
sont truqués, écrit la journaliste et romancière Geneviève Dormann.
Tout cela est de la cuisine mercantile[108] ». Dans son journal, Jacques
Brenner, qui a travaillé chez Grasset et qui a été membre du jury du
Prix Renaudot, note : « la cuisine des prix, c'est un peu dégoûtant[109] ».
Que s'est-il passé lors du vote du prix Goncourt 1979 ? Armand
Lanoux, du moins d'après Brenner, aurait été récompensé pour avoir

---

105. La dernière romancière à avoir remporté le prix était Edmonde Charles-Roux
pour *Oublier Palerme* (1966). L'auteure est ensuite entrée à l'Académie Goncourt
en 1983 pour en devenir présidente en 2002.

106. Les lauréates ont été : Elsa Triolet en 1944, Béatrix Beck en 1952, Simone de
Beauvoir en 1954, Anna Langfus en 1962 et Edmonde Charles-Roux en 1966.
Depuis le Goncourt de Maillet, il faut ajouter à cette liste Marguerite Duras en
1984, Pascale Roze en 1996, Paule Constant en 1998, Marie NDiaye en 2009 et
Lydie Salvayre en 2014.

107. G. P., « Comment les jurés ont fait leur choix », *Les Nouvelles littéraires*, du 22 au
29 novembre 1979, p. 14.

108. Geneviève Dormann, *France-Soir*, 19 novembre 1980, citée par Caffier, *op. cit.*,
p. 92.

109. Jacques Brenner, *Journal*, tome 5, *La cuisine des prix (1980-1993)*, Paris, Fayard,
2006, p. 5.

voté pour Maillet. «Tout se paie, Jacquot![110]», aurait avoué Berger à Brenner, de sorte que Grasset aurait accepté de publier une vaste étude sur Lanoux et de rééditer le *Maupassant* de Lanoux.

Et que penser du rôle ingrat joué par Hervé Bazin? Notez que ce dernier avait voté pour le roman de Marie-Thérèse Humbert et s'était justifié en disant: «chaque fois que j'ai pu le faire, j'ai apporté ma voix à un auteur publié par une petite maison. Cette année encore, j'ai voté pour Marie-Thérèse Humbert, publiée par Stock[111]». Pourtant, pendant sa «carrière» à l'Académie Goncourt, Bazin aura voté 21 fois sur 33 pour ses éditeurs[112], Le Seuil et Grasset (ce dernier étant aussi l'éditeur de Maillet). Est-ce que le refus de Bazin de voter pour un roman de Maillet en 1977 et en 1979 témoigne de réticences durables?

Et Lemelin dans tout cela? Dans son recueil de contes et de souvenirs *La Culotte en or*, Lemelin écrit que quelques minutes après l'annonce que le Goncourt est accordé à Antonine Maillet, il aurait été apostrophé par Bazin: «"Es-tu content, Roger?", me lança Bazin, son œil pétillant et fraternel posé sur moi. Il ne m'était pas nécessaire de répondre. J'observais fixement ce Bazin au masque d'empereur romain, lèvres minces, mâchoires parfaitement dessinées et cheveux noirs malgré ses soixante-huit ans[113]».

Jusqu'à quel point Antonine Maillet est-elle redevable de son Goncourt à Lemelin? Comme l'écrit le biographe de Lemelin, Daniel Bertrand: «Plusieurs s'interrogent sur la pertinence du choix de la grande gagnante de 1979, mais personne ne doute de la valeur réelle de son œuvre. [...] Certaines mauvaises langues laissent tout de même entendre que madame Maillet devrait remercier le ciel que Roger Lemelin ait eu à cœur de ne pas recommander la candidature d'un

---

110. *Ibid.*, p. 12.
111. Hervé Bazin cité dans «Les prix littéraires sont-ils truqués», *Les Nouvelles littéraires*, du 29 novembre au 6 décembre 1979, p. 17.
112. Sylvie Ducas, «Hervé Bazin à l'Académie Goncourt: Du "fils de Folcoche" à l'héritier des Goncourt», Anne-Simone Dufief (dir.), *Hervé Bazin, connu et inconnu*, Angers, Presses de l'Université d'Angers, 2009, p. 22.
113. Lemelin, *La Culotte en or, op. cit.*, p. 177. Dans une première version de ce texte, la réponse était: «J'esquissai un sourire. Il ne m'était pas nécessaire de répondre». Fonds Roger-Lemelin, LMS-0068, boîte 48, ch. 31, billet 1, «Les chemins de l'Académie Goncourt». Ce sourire (de joie ou d'ironie?) a été raturé.

auteur québécois nationaliste au prix des prix...[114] ». Mais Lemelin aurait-il recommandé un auteur nationaliste à la veille du référendum de 1980 ? Comme l'écrit Jean-Marie Borzeix :

> Les partisans de « l'indépendance » s'étonnent de voir le Goncourt, si longtemps attendu, aller à un auteur qui n'est ni Québécois, ni favorable à l'autonomie de la Province. Certains soupçonnent même M. Lemelin [...] d'avoir fomenté à Paris une opération politico-culturelle de grande envergure : à six mois du référendum organisé par le gouvernement de René Lévesque, le succès d'Antonine Maillet sert en effet la cause de ceux qui défendent l'idée que la francophonie à l'intérieur et à l'extérieur du Québec peut rester vivace au sein de la communauté canadienne telle qu'elle est[115].

Pourtant, il semble que l'attribution de ce Goncourt soit encore plus tordue que l'on ne puisse l'imaginer. Lemelin a-t-il vraiment aidé Maillet ? Dans son journal publié après sa mort en 1986, Matthieu Galey, critique littéraire de *L'Express* et membre du comité de lecture de la maison Grasset, soulève des questions embarrassantes :

> Drôle de dîner, pour célébrer le Goncourt. Chacun s'accordant pour estimer que *Pélagie-la-Charrette* n'est pas un chef-d'œuvre, mais que c'était « le meilleur Goncourt » de l'année. Assise à côté de son ennemi intime Lemelin, le directeur de *La Presse*, qui m'a brillamment expliqué comment il lui a fait rater le prix il y a deux ans, et qui, maintenant, patronne et fait risette à cette nouvelle gloire nationale, qu'il va couronner à Moncton, Antonine se tient bien, roulant l'accent, un peu ahurie, surveillée par l'attentive Mercédès [Mercedes Palomino, sa compagne], qui jette à Lemelin des regards à vous tuer net telles des rafales de mitraillette[116].

Galey connaissait Maillet et avait séjourné dans son « phare » de Bouctouche et dans sa maison d'Outremont l'été précédent aux fins d'un article dans *L'Express*[117]. Quant à « l'extravagant » Lemelin, Galey écrit : « il en installe beaucoup, mais avec une munificence sympathique » et il le situe « entre le Bourgeois gentilhomme et l'illustre

114. Daniel Bertrand, *op. cit.*, p. 264-265.
115. Jean-Marie Borzeix, « Bonheurs et malheurs de Pélagie », *Les Nouvelles littéraires*, du 13 au 20 décembre 1979, p. 27.
116. Matthieu Galey, « 23 novembre 1979 », *Journal*, tome 2, *1974-1986*, Paris, Grasset, 1987, p. 108.
117. Voir Matthieu Galey, « En Acadie avec Antonine Maillet », *L'Express*, 8 septembre 1979, p. 58-66.

Gaudissart[118] ». Cette comparaison est d'une méchanceté toute parisienne. Faut-il rappeler que la description de ce personnage commis-voyageur de Balzac commence par ces mots : « Cet homme a tout vu, il sait tout, il connaît tout le monde. [...] Conteur, égrillard, il fume, il boit. Il a des breloques, il impose aux gens de menu, passe pour un milord dans les villages, [...] et sait frapper à temps sur sa poche pour faire retentir son argent[119] ».

Comment expliquer le comportement de Lemelin, cet « ennemi intime » : jalousie face au succès de Maillet, préférence pour un lauréat d'origine québécoise, désir de se mettre en évidence[120] ? Dans une lettre datée le 7 août 1978, Roger Lemelin écrit à Armand Lanoux : « Nous avons réédité *Un dieu chasseur* [le roman de Jean-Yves Soucy recevra le Prix de *La Presse* 1978] avec un glossaire à la fin. Je pense toujours que c'est un grand livre et je me suis permis de l'expédier à Gallimard et à chacun de nos collègues du Goncourt. Pourquoi diable Grasset n'a-t-il pas choisi ce livre au lieu des *Cordes de bois* ?[121] » C'est une confidence difficile à expliquer de la part de quelqu'un qui aurait tout fait pour aider Maillet à obtenir le Goncourt. Dans ses mémoires, Alain Stanké qui a côtoyé Lemelin pendant de nombreuses années écrit : « Il [Lemelin] aurait aimé que les grands pontes parisiens se penchent sur les auteurs québécois et qu'ils daignent un jour accorder le prix Goncourt à un de ses protégés. Bien qu'il ait tout fait pour y parvenir, ses tentatives ne furent malheureusement pas couronnées de succès » (*OB*, 21). Enfin, ce qui est tout aussi révélateur est l'absence de correspondance avec Antonine Maillet dans le Fonds Roger-Lemelin ou le fait qu'il mentionne à peine son nom, tout comme Stanké qui dans ses mémoires décrit les gens hors du commun qu'il a rencontrés, mais pas Maillet. Que faut-il en conclure ?

---

118. Galey, « 10 août 1979 », *Journal, op. cit.*, p. 102.
119. Balzac, *L'illustre Gaudissart*, *La Comédie humaine*, vol. 4, Paris, Gallimard, coll. « Pléiade », 1976, p. 561-562.
120. Dans ses mémoires, Alain Stanké rappelle qu'il était à tout moment convoqué au bureau de Lemelin pour bavarder et qu'après s'être plaint que cela perturbait son travail, le « président » aurait lancé à son directeur des éditions *La Presse* : « Tu ne vas pas me dire que je suis moins important que tous tes auteurs réunis, tout de même ! » (*OB*, 17).
121. Fonds Roger-Lemelin, LMS-0068, boîte 56, ch. 24.

Un succès mérité ?

Le succès de Maillet est complet. À ces bravos se mêlent quelques coups de sifflet, comme il faut s'y attendre dans l'âpre milieu littéraire parisien. Plusieurs éditeurs sont ulcérés. Les prix vont toujours aux mêmes maisons d'édition parce que les jurés, eux-mêmes écrivains, sont édités par ces mêmes maisons : Gallimard, Grasset et Le Seuil, ce que la presse s'amuse à appeler « la bande des trois » ou Galligrasseuil[122]. Pendant la décennie 1970-1980, ces trois maisons d'édition accaparent effectivement 9 Goncourt sur 11[123] de sorte que Bernard Clavel peut affirmer : « Les chances que le lauréat soit choisi en dehors de Gallimard, Le Seuil et Grasset sont pratiquement nulles[124] ». Au sujet du Goncourt 1979, certains critiques considèrent qu'Antonine Maillet est entrée dans le club très fermé des lauréats comme par effraction. Max Gallo n'hésitera pas à vitupérer dans *L'Express* :

> On n'a que de la sympathie pour Mme Antonine Maillet, l'Acadienne qui a bien du mérite à écrire en français dans un océan anglophone. Et l'on eût aimé saluer sans réserve, à travers son œuvre, les courageux « cousins d'Amérique ». Mais Antonine Maillet n'est pas à son pays ce que Giono fut à la Provence ; son roman, racoleur, peuplé de paysans d'opérette, donne une représentation folklorique de la réalité. Il sonne creux[125].

et Gérard Mordillat dans *Le Nouvel Observateur* :

> Antonine Maillet conduit sa charrette acadienne sur l'éternelle voie de garage des parlers populaires revus et corrigés par les écrivains en mal de bonnes œuvres. [...] Ce qui s'exprime dans son dernier roman est à l'Acadie ce que Disneyland est au monde réel : un leurre[126].

---

122. Voir Daniel Tacet, « Goncourt : la révolte des éditeurs français », *Le Soleil*, 1er décembre 1979, p. E10.
123. Hamon et Rotman, *op. cit.*, p. 151-152.
124. Bernard Clavel, *Le Monde*, 16 novembre 1979, cité par Hamon et Rotman, *op. cit.*, p. 152.
125. Max Gallo, « Du bon usage des prix », *L'Express*, 1er décembre 1979, p. 34.
126. Gérard Mordillat, « *Pélagie-la-Charrette* par Antonine Maillet », *Le Nouvel Observateur*, 19 au 25 novembre 1979, p. 103. Cette critique excessive est parue quarante-huit heures *avant* l'attribution du prix et a été considérée comme une « manœuvre pour bloquer une candidate menaçante, de manière à favoriser un autre romancier dans la course ». Voir Louis-Bernard Robitaille, « Antonine Maillet essuie à Paris de sévères critiques », *La Presse*, 1er décembre 1979, p. A5.

Pélagie-la-Charrette, prétendait-on, ne pouvait qu' « emporter l'adhésion des nostalgiques, des rêveurs et des féministes[127] », et répondre à ce rêve typiquement français de vastes espaces américains et de paysans sympathiques et « authentiques ». En un mot, le succès du roman était basé sur un engouement populaire et passager.

Ces critiques constituent d'une certaine manière une consécration : quand un auteur a droit à de tels règlements de compte dans des journaux aussi importants, c'est qu'il est reconnu comme étant un grand auteur. Maillet ne répondra pas à ces critiques, mais Michel Tournier, romancier et membre de l'Académie Goncourt, réagira :

> Je voudrais bien que quelqu'un ose dire à Antonine Maillet qu'elle ne méritait pas le Goncourt, je voudrais bien savoir quel goujat prétendrait que nous ne sommes pas en présence d'un auteur profondément original. Il y a eu des années noires au Goncourt, 1932 par exemple, où l'on ne primait pas Louis-Ferdinand Céline. Mais, aujourd'hui, il n'y a pas d'erreur possible : *Pélagie-la-Charrette* était le livre qui avait le plus d'ampleur. Nous n'avons pas la chance chaque année de lire un pareil roman épique[128].

Au Québec, à la suite du succès phénoménal de *Pélagie-la-Charrette* et de l'attribution du prix Goncourt à Antonine Maillet, certains critiques et auteurs se sont montrés particulièrement sévères envers l'auteure acadienne. Comme l'écrit André Vanasse :

> Au Salon du livre de Montréal [de 1979], j'ai pu constater qu'ici aussi on se plaisait à donner des jambettes à l'Acadie : beaucoup de coups d'épingle et un bon nombre de petites baveries à l'égard d'un roman que plusieurs des « commentateurs » n'avaient même pas lu. Il faut croire que plus le succès est grand, plus le sens critique s'aiguise. Avec ce Goncourt, certains sont parvenus à acquérir le tranchant des lames de rasoir les plus réputées[129].

Et Victor-Lévy Beaulieu ne se gêne pas pour écrire :

> [notre littérature] est devenue la basse-cour de quelques professeurs d'université et de cette Acadie arriviste qui a maintenant sa rue dans Outremont [Antonine Maillet habite effectivement la rue Antonine-Maillet dans le quartier d'Outremont], qui a l'outrecuidance de

---

127. Olivier Boura, *Un siècle de Goncourt*, Paris, Arléa, 2003, p. 256.

128. Michel Tournier cité dans « Les prix littéraires sont-ils truqués », *Les Nouvelles littéraires*, du 29 novembre au 6 décembre 1979, p. 17.

129. Vanasse, *op. cit.*, p. 13.

s'afficher tout à la fois de Moncton, de Montréal et d'Ottawa afin de nous mieux parler de ce nulle part de *l'empremier* et en récolter baveusement tous les marbres[130].

En dépit de ces critiques, *Pélagie-la-Charrette* demeure le roman de Maillet le plus épique, le plus «universel» et, soyons honnête, le plus remarquable, méritant amplement le Goncourt. Comme le souligne le journal *La Croix* : «Phénomène commercial, le Goncourt a souvent quelque peine à promouvoir un livre qui touche un vaste public et qui présente une réelle tenue littéraire. On estimera pour une fois que le Jury, en retenant l'ouvrage d'Antonine Maillet, a bien choisi son lauréat[131]». Les Français ont découvert simultanément un peuple, une œuvre, une écrivaine et lui ont accordé leur prix le plus prestigieux.

Les ventes du roman ont été véritablement propulsées par le Goncourt qui, d'après Christine Ferrand, rédactrice en chef de *Livres Hebdo*, «est un démultiplicateur de ventes phénoménal[132]». En 1979, *Pélagie-la-Charrette* en était à 40 000 exemplaires. Après le Goncourt, l'œuvre avait atteint les 300 000 exemplaires[133]. En 1988, Martine Jacquot avance le chiffre d'un million d'exemplaires vendus pour le seul territoire de la France[134]. À la suite de ce véritable couronnement, *Pélagie-la-Charrette* est devenue un classique de la littérature acadienne et francophone[135].

---

130. Victor-Lévy Beaulieu, «L'exigence de ce qui, même dans le désespoir, est incapable de mourir», *Le Devoir*, 28 novembre 1981, p. 23.

131. «Antonine Maillet obtient le Prix Goncourt», *La Croix*, 21 novembre 1979, cité par Mane, *op. cit.*, p.31.

132. Christine Ferrand cité par Le Fol, *op. cit.*, p. 75.

133. Voir Louis-Bernard Robitaille, «Un gros lot nommé Goncourt», *La Presse*, 4 novembre 2007, cahier *Plus*, p. 7.

134. Martine Jacquot, «Je suis la charnière : entretien avec Antonine Maillet», *Studies in Canadian Literature/Études en littérature canadienne*, vol. 13, n° 2, 1988, p. 250. Voir aussi Michelon, *op. cit.*, p. 132.

135. Afin de vérifier ces chiffres, j'ai écrit aux éditions Leméac qui ont répondu : «Très difficile de communiquer un chiffre de ventes précis sur les ventes de *Pélagie-la-Charrette* puisque les dossiers étaient dans la faillite de [sic] Éditions Leméac et qu'en plus, compte tenu de la rigueur que nous avons pu observer, nous n'accordons pas une grande valeur à ces chiffres. Sans compter que le plus gros des ventes a été réalisé par Grasset, qui a déjà déclaré des ventes cumulatives de plus d'un million d'exemplaires toutes présentations et toutes traductions incluses».

De nos jours, ces voix discordantes se sont tues et les critiques se sont ralliés autour du succès de *Pélagie-la-Charrette*. Le prix littéraire a donné à voir une œuvre dans un instantané ou, pour reprendre une image plus rabelaisienne, dans sa « quinte essence ». *Pélagie-la-Charrette* devient par le fait même, pour de nombreux lecteurs, la porte d'entrée qui permet de découvrir une imposante comédie humaine acadienne qui se développe de pièce de théâtre en roman en conte dans une cinquantaine d'œuvres. Le Goncourt, en tant que dispositif de légitimation et de consécration littéraire, a confirmé la valeur de l'œuvre de Maillet.

Lauréate du prix le plus convoité en littérature française, Antonine Maillet se voit reconnue à titre d'auteure majeure. Cette reconnaissance littéraire s'effectue à trois niveaux : reconnaissance du public, de ses pairs et de l'État, de sorte que l'écrivain Maillet a vu son statut et sa fonction considérablement changer. À partir de 1979, de nombreux prix et distinctions sont conférés à Maillet qui n'a jamais cessé d'écrire de nouvelles œuvres. Le prix Goncourt a ainsi assuré la renommée d'Antonine Maillet, mais aussi par la même occasion a fait de son coin de pays une référence à portée universelle et démontré que oui, même un écrivain du Canada peut obtenir le prix Goncourt... pourvu que les circonstances s'y prêtent.

Courriel de la directrice générale de Leméac transmis par Marie-Josée Roy (directrice de la collection « L'Écritoire ») le 13 juin 2010.

La résistance acadienne

Le feu du mauvais temps
de Claude Le Bouthillier

Claude Le Bouthillier est écrivain et psychologue et ces deux formes d'exploration de l'âme humaine sont mises à profit dans *Le feu du mauvais temps* (1989)[1]. Roman d'une vive imagination, fortement ancré dans la réflexion psychologique, *Le feu du mauvais temps* se veut une tentative d'exploration et d'exorcisation du passé. Le passé, d'après Le Bouthillier, pèse comme une chape de plomb sur la psyché acadienne depuis plus de deux cent cinquante ans. La Déportation est l'événement traumatique originel dont les séquelles s'additionnent à tous les autres événements du genre qui lui ont succédé et qui ont continué de mettre en marge, de « déporter », ce peuple aux droits trop longtemps bafoués. Cette tragédie aux suites multiples continue de hanter les Acadiens : « Il ne faudrait pas banaliser les conséquences de la Déportation, écrit Le Bouthillier. Elle continue par cette blessure inscrite dans l'imaginaire, le corps, la posture[2] ».

Les vagues de déportation ont pris fin en 1763, mais elles continuent à faire ressentir leurs effets, comme des ondes qui

---

1. Claude Le Bouthillier, *Le feu du mauvais temps*, Montréal, XYZ éditeur, [1989] 2004, 383 p. Désormais, les références à cet ouvrage seront indiquées par le sigle *F*, suivi du folio, et placées entre parenthèses dans le texte. Ce roman a remporté les deux prix disponibles pour un écrivain acadien dans les années 1980 : le prix France-Acadie et le prix Champlain.
2. Claude Le Bouthillier, *Complices du silence ?*, Montréal, XYZ éditeur, 2004, p. 142. Sur les effets de la Déportation, voir aussi Robert Viau, « *Complices du silence ?* de Claude Le Bouthillier et les "excuses" de la reine », *Port Acadie, Revue interdisciplinaire en études acadiennes,* nos 8-9, automne 2005-printemps 2006, p. 75-98.

continuent de se propager en puissantes résonances à travers les siècles. Le titre pluriel du deuxième roman de Le Bouthillier sur la Déportation : *Les marées du Grand Dérangement*[3] reprend cette idée de mouvement continu, d'un mal persistant. Quoi qu'on en dise, la Déportation demeure un sujet délicat, épineux, dans les provinces où elle s'est déroulée. Elle hante la mémoire collective, comme le démontrent les livres publiés sur le sujet, les querelles au sujet d'excuses et de réparations, et les monuments que l'on continue d'ériger aux victimes[4].

Le Bouthillier s'inscrit dans ce mouvement de sensibilisation à l'histoire et à la culture acadienne, mais à sa manière en analysant minutieusement le traumatisme psychologique de la Déportation. Ses personnages ont subi et continuent de subir un ensemble de troubles physiques ou psychiques, liés en grande partie aux événements tragiques de la Déportation. Ils traînent leur passé malgré eux et, comme le suggère le romancier psychologue, ce n'est pas en refoulant le passé, mais uniquement en le comprenant qu'ils peuvent se purifier et se régénérer. Il s'agit alors pour ceux-ci d'entamer un long processus, d'émerger de cette « existence dans le brouillard » afin de cesser d'être « otages de nous-mêmes » (comme le préconise l'auteur dès les premières pages de son premier roman *L'Acadien reprend son pays*) et ceci dans le but d'accéder à la « lumière[5] ». Dans *Le feu du mauvais temps,* qui se déploie telle une véritable saga historique sur les années de la Déportation, l'auteur a voulu à la fois rappeler l'horreur de cette tentative d'éradiquer un peuple et rendre hommage à la résilience des Acadiens.

---

3. Claude Le Bouthillier, *Les marées du Grand Dérangement*, Montréal, Québec/ Amérique, 1994, 367 p. Désormais, les références à cet ouvrage seront indiquées par le sigle *M*, suivi du folio, et placées entre parenthèses dans le texte.
4. Au sujet des monuments, voir le projet de commémoration internationale du Grand Dérangement de la Société nationale de l'Acadie, voir en ligne : http:// www.snacadie.org/index.php/commemoration-internationale-du-grand-deran- gement (consulté le 2 juin 2015).
5. Claude Le Bouthillier, *L'Acadien reprend son pays*, Moncton, Éditions d'Acadie, 1977, p. 10. Désormais, les références à cet ouvrage seront indiquées par le sigle *ARP*, suivi du folio, et placées entre parenthèses dans le texte.

Un titre évocateur

Mais pourquoi avoir intitulé son roman *Le feu du mauvais temps*? Dans l'Acadie de l'empremier, c'est par mer qu'a surgi l'ennemi à de trop nombreuses reprises. En 1613, une flotte de Virginie sous les ordres de Samuel Argall détruit Port-Royal. En 1654, Robert Sedgwick, commandant en chef de la flotte de la Nouvelle-Angleterre, s'empare des établissements français en Acadie. En 1674, un corsaire hollandais, Julian Aernoutsz, au service de l'Angleterre, s'empare du fort de Pentagouet. En 1690, sir William Phips dirige une expédition qui attaque et pille Port-Royal au nom du Massachusetts. En 1696, une nouvelle expédition anglaise sous les ordres de Benjamin Church ravage Port-Royal et Beaubassin. Port-Royal est attaquée en 1704 et deux fois en 1707. En 1710, une armée de 3 400 hommes sous les ordres de Francis Nicholson s'empare de Port-Royal et l'Acadie péninsulaire (qui correspond à la péninsule de la Nouvelle-Écosse actuelle) passe définitivement sous domination anglaise.

De 1755 à 1763, l'Acadie a été vidée de ses premiers habitants européens de langue française et de religion catholique. Commencée en temps de paix (la guerre de Sept Ans débute en 1756), la Déportation a été mise en œuvre après l'arrivée à Halifax de l'escadre du vice-amiral Edward Boscawen chargé d'intercepter tout renfort en Nouvelle-France et de la flotte de navires de transport de la Nouvelle-Angleterre affrétés pour la déportation des Acadiens de la baie Française (baie de Fundy). C'est encore une fois par la mer que l'ennemi est venu. Les thèmes de la mer et du malheur sont intimement liés et se retrouvent dans de nombreuses légendes acadiennes, dont celle du «feu du mauvais temps», une variante de la légende du vaisseau fantôme maudit par Dieu. Cette légende était connue de Claude Le Bouthillier. Tout comme le personnage de Poséidon dans *Complices du silence ?*, l'auteur a «passé son enfance les pieds dans l'eau salée[6]». Fils de pêcheur, il est né en 1946 à Bas-Caraquet, dans la Péninsule acadienne (au nord-est du Nouveau-Brunswick). «Mon enfance, affirme Le Bouthillier, a été meublée par la mer, la plage.

---

6.   Le Bouthillier, *Complices du silence ?*, *op. cit.*, p. 26.

Nous étions à 500 pieds de la plage et nous entendions toutes sortes d'histoires héroïques[7]», dont celle du «feu du mauvais temps».

En Acadie, le «feu du mauvais temps» prend la forme d'une boule de feu qui se déplace sur mer en changeant de vitesse, d'aspect et de direction. À l'intérieur de cette boule de feu vogue un vaisseau tout noir avec de grandes voiles blanches et sur le pont des marins s'agitent. Les marins crient, les chiens aboient et on entend des bruits de chaînes. Toutefois, si on peut voir le vaisseau et entendre hurler l'équipage, il est impossible d'aborder le bâtiment, car il s'éloigne dès qu'on cherche à s'en approcher. Les flammes dévorent le vaisseau, mais ne le consument pas, parce que les membres de l'équipage sont condamnés à brûler pendant toute l'éternité pour une faute qu'ils ont commise. L'équipage du vaisseau fantôme, selon diverses sources[8], aurait soit participé activement à la déportation des Acadiens, soit profané un objet sacré ou un lieu de culte catholique, soit détruit un village amérindien. L'apparition du «feu du mauvais temps», comme son nom l'indique, annonce toujours une terrible tempête.

Antonine Maillet connaît elle aussi cette légende et l'évoque dans ses romans. Mariaagélas, dans le roman du même nom, est comme le «feu du mauvais temps[9]» parce qu'elle est insaisissable et parce qu'elle soulève une tempête le long des côtes par le «commerce de bouteilles [la contrebande d'alcool]». Les charretiers de *Pélagie-la-Charrette* qui ont eu leur lot d'apparitions surnaturelles expliquent ainsi ce phénomène hors du commun:

> Depuis des siècles qu'on se passe ce bâtiment maudit, brûlant en mer, tantôt au nord, tantôt à l'est, expiant éternellement une faute perdue dans la nuit des temps, mais que le ciel et la terre refusent de pardonner. Et brûle et rebrûle, jusqu'à la fin du monde. [...] Le malheur de ce bâtiment forban, gouverné par le diable en personne, sera de voguer entre la vie et la mort jusqu'à expiation de son forfait, incommensurable. Et chacune de ses apparitions sera suivie le lendemain

---

7. Claude Le Bouthillier cité par Sylvie Mousseau, «L'écriture maritime de Claude Le Bouthillier: une histoire de coups de foudre», *Liaison*, n° 140, 2008, p. 10.
8. Au sujet de cette légende, voir Catherine Jolicœur, *Le vaisseau fantôme: légende étiologique*, Québec, Presses de l'Université Laval, 1970, 337 p.
9. Antonine Maillet, *Mariaagélas*, Montréal, Leméac, 1973, p. 181.

d'une tempête en mer : c'est pourquoi le bateau fantôme porte aussi le nom de feu du mauvais temps. (*PLC*, 84-85)

Le titre du roman de Le Bouthillier est emblématique de ce que représente l'époque de la Déportation pour le peuple acadien : le feu des canons, le pillage et l'incendie des villages acadiens, les vaisseaux de la destruction et de la déportation qui pourchassent sans relâche un peuple abandonné par la mère patrie, le « mauvais temps » qu'ont traversé les Acadiens entre 1755 et 1763. Enfin, au niveau anecdotique, le *Feu du mauvais temps* est le nom de la goélette du personnage principal du roman, une goélette construite en Acadie portant à la proue le dragon sculpté d'un drakkar viking échoué près de Miscou et « miraculeusement conservé, probablement en raison d'un enduit spécial » (*F*, 13).

Légende lugubre, châtiment divin, vestiges vikings, phénomènes surnaturels, le roman de Claude Le Bouthillier baigne dans une atmosphère à la fois historique et fantaisiste, ce qui en soi ne surprend guère puisque dans ses romans antérieurs, l'auteur avait déjà fait preuve d'une imagination débridée. Il suffit de rappeler que dans *L'Acadien reprend son pays* (1977) une cellule révolutionnaire enlève le pape qui se laisse convaincre par les arguments des pêcheurs acadiens de sorte qu'il accorde son appui moral à leur désir d'indépendance. À la suite d'un référendum positif sur l'autodétermination, les Acadiens établissent une première capitale à Bouctouche, au Pays de la Sagouine. Dans *Isabelle-sur-Mer* (1979), un Mal mystérieux étreint la planète. Face à ce Mal, les Acadiens organisent un Festival international des arts auquel sont invités des représentants de tous les peuples afin de provoquer un déblocage psychologique collectif. Musique, chants, danses, psychodrames joués sur scène dénouent les nœuds de tension, développent la capacité de jouir de la vie et engendrent une nouvelle création de soi de sorte que « l'ère du cœur annonçait une nouvelle époque[10] », un nouveau départ pour le monde entier. Contrairement à ces premiers romans d'anticipation où l'imagination pare ce qu'on désire, Claude Le

---

10. Claude Le Bouthillier, *Isabelle-sur-Mer*, Moncton, Éditions d'Acadie, 1979, p. 155. Désormais, les références à cet ouvrage seront indiquées par le sigle *ISM*, suivi du folio, et placées entre parenthèses dans le texte.

Bouthillier, s'il ne récuse ni la psychologie ni la fantaisie dans *Le feu du mauvais temps*, doit se plier aux exigences de l'Histoire.

Un héros nébuleux

Dans *Le feu du mauvais temps*, Claude Le Bouthillier introduit Joseph, son ancêtre, comme personnage principal. Comme l'explique l'auteur :

> Il est toujours difficile de parler des ancêtres. J'ai tenté de le faire avec respect, en faisant ressortir la beauté et la bonté des êtres. [...] Ce roman se base sur des faits historiques que j'ai cherché à respecter dans la mesure du possible. Joseph, mon aïeul paternel, arriva à Ruisseau (Bas-Caraquet) vers 1740 et épousa Angélique, la fille métisse de Gabriel Giraud, dit Saint-Jean, qui y vivait avec les Mi'kmaqs depuis une trentaine d'années. (*F*, 379-380)

L'auteur a bien compris l'importance de donner une note toute personnelle au thème des origines de l'Acadie en introduisant son ancêtre dans le récit, car le but principal de ce roman est de rappeler aux lecteurs acadiens l'histoire de leurs ancêtres, celle des premiers arrivants de leur lignée en Amérique. Il faut y voir la volonté de renouer avec ses racines et une possibilité d'apporter quelque chose au présent. Comme l'explique l'auteur :

> *Le feu du mauvais temps* et *Les marées du Grand Dérangement*, avec en filigrane le thème de l'identité du peuple acadien, m'ont permis de concilier mon métier de psychologue et ma vocation d'écrivain. En essayant de dire par des personnages qui nous sommes et quelles sont nos ressources, je contribue à ma façon à l'image, à l'estime de nous-mêmes, le meilleur antidote contre [sic] toute forme de stagnation et le fondement pour notre épanouissement en tant que peuple. (*M*, 365)

Toutefois, malgré les contraintes de l'Histoire, l'auteur n'hésite pas à s'amuser et à donner libre cours à ses rêves. Les origines qu'il prête à son personnage sont entourées de mystère. L'orphelin venu de France a été adopté par un couple stérile de Québec. Mais il est évident que cet enfant, à la différence de son père adoptif qui exerce le métier de forgeron, a une origine autre que roturière : il porte sur la poitrine, côté cœur, un tatouage très habilement exécuté qui représente des armoiries et dans une de ses malles se trouve, bien enveloppé, rien de moins qu'un stradivarius. Devenu adulte, l'orphelin a, bien entendu, toutes les qualités du héros-aventurier.

> Bien campé, blond, prunelles en perles grises, nez très effilé, barbe drue et brune teintée de roux, longs cheveux bruns noués par une boucle, il émanait de lui une aura de noblesse, de grandeur et de générosité. Sa musculature nerveuse laissait deviner une grande force; sa démarche avait la fluidité de la mer, et ses mains noueuses et fines avaient à la fois la robustesse des mains de l'ouvrier et la sensibilité de celles du violoniste. (*F*, 12)

Le héros est un personnage ténébreux dont les origines seront tenues secrètes, du moins dans ce premier roman. Bien que Le Bouthillier prétend s'inspirer de la vie de son ancêtre, il confère à son personnage une origine mystérieuse de sorte que celui-ci est tenaillé par le passé et par la quête de son identité. C'est aussi un héros au sens classique du terme, un demi-dieu d'origine nobiliaire ou, comme nous le verrons, d'origine divine. À la suite de difficultés familiales et politiques, l'enfant a été abandonné. Cerné par la mort, menacé dès sa naissance, il a été confié aux caprices des eaux, comme Persée ou Moïse. Dans sa nouvelle patrie en Amérique, il est élevé par des gens ordinaires et s'est adapté à son milieu. C'est la période de la vie cachée, d'une mort apparente qui précède une « épiphanie », une manifestation héroïque.

Certes, Joseph Le Bouthillier est semblable aux autres personnages qu'il côtoie, avec leur questionnement sans fin, leurs ambitions grandioses, leurs amours souvent désordonnées, sauf qu'il possède des qualités et des défauts de façon suréminente. Jeune, entreprenant, d'une haute valeur, ferme dans les périls, intrépide, il sait mieux que les autres affronter les dangers, protéger la vie de sa société ou accomplir quelque haut fait, et toujours réaliser une plénitude de vie enviée par plusieurs. Joseph Le Bouthillier est marqué pour de grandes œuvres dès sa naissance. Devenu adulte, il va révéler sa valeur et participer à une véritable geste épique où le merveilleux se mêle au vrai, la légende à l'histoire.

À la suite du décès de son père adoptif et de la disparition de sa fiancée Émilie, emportée vers un pays lointain, Joseph prend le large, décidé à refaire sa vie ailleurs. Il recherche « le grand air, l'espace, l'oubli » (*F*, 14), en un mot, l'aventure. Si Joseph Le Bouthillier est un aventurier, c'est un aventurier étonnant qui joue du violon (le stradivarius), qui se compare à Sinbad le marin et qui a lu les *Relations de voyages* de Jacques Cartier. Le fils du forgeron surprend par son origine mystérieuse et déroute le lecteur par ses dons et son éducation. Toutefois, ces invraisemblances contribuent à donner à la lecture plus d'intérêt et d'agrément. Joseph séduit par cette noble aspiration, celle d'être un homme libre et maître chez lui, non assujetti au clergé ou à l'aristocratie. Il se démarque par son indépendance, son instabilité, son goût du risque à tout hasarder, sa facilité d'adaptation aux conditions nouvelles et son endurance étonnante. Distinct du Français de France, ce Français d'Amérique est marqué par son milieu et ses rêves à la mesure d'un continent.

À mesure que progresse le roman, le personnage change peu. *Le feu du mauvais temps* n'est pas à proprement parler un roman d'apprentissage, un *Bildungsroman*, car l'auteur ne décrit pas le cheminement évolutif du héros, de sa jeunesse jusqu'à ce qu'il atteigne l'idéal de l'homme accompli et cultivé. Dans ce roman, il ne s'agit pas de raconter la maturation d'un héros qui réfléchit sur ses expériences et en tire des conclusions sur le sens de la vie. Joseph Le Bouthillier est décrit une fois pour toutes, avant que l'action ne s'engage véritablement. Nous connaissons dès lors son caractère, avec ses défauts et ses qualités. Il évolue peu. Certes, il est sujet à des moments de doute, à un questionnement difficile, mais son engagement n'est jamais remis en doute.

À ses qualités morales viennent s'ajouter, comme pour les illustrer, sa beauté et sa virilité, qui elle ne flanche jamais. Le personnage ainsi fixé, il peut participer aux grands événements de l'histoire acadienne, traverser des obstacles ou des épreuves, et vivre des aventures palpitantes. Il ne s'agit donc pas d'un récit où le héros ressasse sa vie, revient sur ses échecs et ses succès, et fait part de considérations complexes et approfondies sur sa vie. Le héros est avant tout un témoin des déboires et des triomphes d'une entité qui à la fois le dépasse et l'englobe, celle de la société acadienne au 18e siècle. Il est celui qui participe à presque tous les événements notoires de son pays, tentant en vain d'empêcher l'inéluctable : la destruction de l'ancienne Acadie.

Paradoxalement, le principal obstacle personnel auquel est confronté Joseph n'est pas tant l'ennemi anglais que la femme. Dans ce roman, la femme représente à la fois le désir, l'amour, la maternité, mais aussi une entrave et un piège en ce sens qu'elle sédentarise l'aventurier, le fixe en un lieu. La femme «envoûte [...] par son puissant magnétisme» (*F*, 22), elle connaît des charmes qui enchaînent l'homme. Joseph se laisse séduire, car la femme représente «une bouffée de fraîcheur et de mystère qu'il désirait caresser» (*F*, 23), ce qui laisse prévoir des aventures sentimentales. Puisqu'il traverse diverses sociétés, Joseph connaîtra plusieurs femmes qui chercheront à le garder au foyer, à mettre un terme à son nomadisme. Sauf qu'après un certain laps de temps, lorsque la routine s'installe dans le couple, Joseph prend «conscience d'un manque», il est pris «d'un ennui terrible» (*F*, 44) et décide de repartir à l'aventure, abandonnant femme et enfants :

> Mais, après quelques mois, il en eut assez de jouer à la nourrice, et le goût du voyage et de l'aventure commença à lui picoter l'échine. L'histoire classique de l'homme qui désire une nombreuse famille, mais qui n'a pas la patience de s'en occuper! Angélique savait qu'elle ne devait pas chercher à le retenir. Elle l'aimait trop pour l'étouffer. (*F*, 76)

Sociétés comparées

Éternel bourlingueur, Joseph navigue beaucoup. Sa société d'origine, celle de la ville française de Québec, est peu décrite, sinon de façon négative. À cause de la rigueur des autorités civiles et ecclésiastiques, les femmes de Québec «ne peuvent même plus porter les cheveux longs, ni montrer leurs épaules», ceux qui font «le commerce de la viande le vendredi» sont condamnés au pilori et «les curés voient des démons partout» (*F*, 72). Tous ces règlements semblent uniquement inventés pour empêcher les habitants de profiter de la vie et en faire des êtres frustrés et rancuniers. En revanche, la société mi'kmaque est dépeinte en termes positifs, car elle fait contrepoids à la société des Blancs, janséniste et tartuffe. Les Mi'kmaqs font preuve de sagesse et d'ouverture d'esprit; ils sont libres, ne dédaignent pas les plaisirs de la chair et ils ont bien de la difficulté à comprendre les interdits des missionnaires et cette image d'un Dieu qui châtie. L'auteur s'inspire du mythe du «bon sauvage», tel qu'il s'est développé au 18e siècle, reprenant cette idéalisation des hommes vivant au contact de la nature. Dans *Le feu du mauvais temps*, l'état de nature, antérieur à la civilisation, est perçu comme bon et naturel pour l'homme. La civilisation d'origine européenne correspond davantage à la chute de l'homme, à une perversion de sa nature.

En route pour Louisbourg où la construction de la forteresse nécessite des ouvriers spécialisés, Joseph Le Bouthillier s'arrête au lieu dit le « Ruisseau » (Bas-Caraquet où est né l'auteur), dans la baie des Chaleurs, où se sont installés des Mi'kmaqs. Dans l'état de nature, Joseph Le Bouthillier arrive à pourvoir à ses besoins et les émotions qu'il éprouve ne sont pas refoulées, mais peuvent s'épancher librement. C'est là que Joseph s'éprend d'une jeune veuve, Angélique, issue d'une mère mi'kmaque et d'un père normand, Gabriel Giraud, dit Saint-Jean. Ce huguenot qui a échappé aux galères du roi s'est installé chez les Mi'kmaqs[11], loin de la « prétendue civilisation » (*F*, 27), et est devenu commerçant de fourrures et *sagamo* (capitaine des Mi'kmaqs).

Angélique a les cheveux dorés, trait génétique hérité des Vikings qui, d'après cette métisse, ont noué des liens avec les Mi'kmaqs à une époque reculée. Bien qu'elle ait adopté les us et coutumes des Mi'kmaqs, cette guérisseuse qui a percé les secrets des plantes, lit, dans les forêts sauvages de Caraquet, les œuvres de Molière, de Corneille et de Racine que lui apportent les vaisseaux français, et monte des pièces d'inspiration amérindienne pour l'amusement de ses compatriotes. Joseph épouse Angélique qui lui donne trois enfants : Geneviève, Marie-Joseph, dite Josette, et René. Membertou, enfant du premier lit, finit par accepter Joseph, de même que Saint-Jean qui le considère comme son fils spirituel. Dans ce roman, ce ne sont pas les Amérindiens qui se « convertissent », mais les Blancs qui adoptent les us et coutumes mi'kmaqs.

Les voyages pleins d'aventures de Joseph Le Bouthillier sont autant de prétextes à présenter des tableaux historiques et des scènes de mœurs. Pendant ses pérégrinations, le personnage principal se mêle aux sociétés canadienne, mi'kmaque, acadienne et française. Il traverse les différentes couches de ces sociétés de sorte que le roman est porté par une vision critique des mœurs. Il ne s'agit pas d'un Persan qui voyage, comme dans *Les lettres persanes* de Montesquieu, mais d'un Acadien qui commente ce qu'il voit. Le voyage en France

---

11. Le Bouthillier utilise la graphie Mi'kmaq (et non Micmac) qui est conforme à celle proposée par ce peuple amérindien.

lui permet de dépeindre d'un œil faussement naïf — celui d'un voyageur acadien du dix-huitième siècle —, les mœurs, les conditions et la vie de la société française. C'est ainsi qu'il s'attarde à décrire l'animation des villes, la saleté des rues boueuses, les très nombreuses confréries religieuses, l'opulence et le faste des nobles, la misère et la détresse des paysans.

L'auteur nous transporte en une autre époque, en d'autres sociétés qu'il compare et oppose, soulignant les antinomies accueil-rejet, tolérance-racisme, liberté-contrainte. Joseph, véritable personnage picaresque, constate l'infinie diversité de la vie et du monde social, et nous fait part de ses impressions. Spectateur privilégié de la cour de France, il fouille du regard cette société afin d'en déceler les incongruités, l'écart considérable entre ce qu'on dit et ce qu'on fait. Il dénonce l'hypocrisie incarnée par des puissants nantis, leur fourberie et leur dédain de tout ce qui n'est pas noble. Il critique ceux-ci à partir de sa condition d'orphelin et d'éternel errant. Désinvolte et épris de liberté, il ne s'attarde jamais longtemps en un lieu et repart à l'aventure. La structure itinérante du roman permet donc au protagoniste d'explorer d'autres mondes, d'autres sociétés, de les décrire et de les juger, et sa longévité remarquable fait en sorte qu'il participe à plusieurs événements majeurs qui ont marqué l'histoire de l'Acadie.

Corruption et incurie

Pendant ses voyages en Nouvelle-France et en Acadie, Joseph Le Bouthillier découvre émerveillé la beauté du pays et perçoit son immense potentiel économique. De retour à la ville de Québec, il est révolté par les malversations des administrateurs coloniaux et l'incurie de la France. Malgré les brillants faits d'armes des Canadiens, la colonie est perdue à cause de fonctionnaires prévaricateurs aux mœurs cyniques, comme le trop fameux intendant François Bigot. Comme le constate Joseph Le Bouthillier : « la corruption est partout » (*F*, 79) et « la Nouvelle-France n'a pas grand avenir avec ce monde-là ! » (*F*, 78), « des escrocs qui s'enrichissent aux dépens de la colonie » (*F*, 96).

La responsabilité de la Défaite incombe à ces administrateurs et militaires qui donnent le spectacle d'une vénalité déshonorante.

Ce n'est pas un thème nouveau en littérature. Comment expliquer la chute du Canada ? Selon la doctrine du messianisme compensateur mise de l'avant par l'élite clérico-nationaliste de la deuxième moitié du 19e siècle, ce ne pouvait être à cause des valeureux miliciens canadiens qui avaient vaincu un ennemi supérieur en nombre et en armement à la Monongahela et à Carillon. La défaite de 1760 s'expliquait par cet élément français étranger et dépravé. Mais tout n'était pas perdu puisque la Providence veille sur son peuple.

La Défaite amorçait un mouvement qui devait conduire la race canadienne-française à son salut en débarrassant le pays d'éléments corrupteurs. Soustraite à l'influence néfaste de la France alors que celle-ci se dirigeait vers une révolution sanglante et anticléricale, le Canada demeurait le refuge de la plus pure tradition française et de l'orthodoxie catholique. Élue par Dieu, la race canadienne-française était promise à un brillant avenir : celui de jouer un rôle civilisateur (comme l'avait fait l'ancienne France à titre de « fille aînée de l'Église ») et de convertir l'Amérique au catholicisme. Le roman de Claude Le Bouthillier s'insère dans cette tradition tout en l'adaptant. Rejetant la religion catholique et ses interdits, il blâme la France et ses représentants pour la Défaite. Toutefois, comme nous le verrons, Le Bouthillier ne rejette pas l'idée d'un Dieu qui veille sur son peuple.

Après la capitulation de la forteresse de Louisbourg, Joseph Le Bouthillier fuit au Ruisseau où Saint-Jean, qui est près de mourir, lui confie la mission de « préparer l'avenir des siens dans ce pays incertain » (*F*, 109) et lui révèle un trésor qu'il a mis de côté pour le jour où son peuple en aurait besoin. Ne pouvant compter sur la mère patrie pour sauver la colonie, Joseph tentera au moins de sauver les siens. Le regard tourné vers les baies qui jalonnent la côte, le personnage veut tisser les mailles de cette Acadie qui se définit dans un consensus des forces vives acadiennes et amérindiennes, dans une quête de liberté qui rejette la France et l'Angleterre. Dans ce décor marin, le personnage cherche à organiser la résistance, mais aussi à guérir son être meurtri par son passé d'orphelin et sa conscience trop sévèrement façonnée par le scrupule et le doute. Il veut se dégager de ses conditionnements grâce à la psychologie, à l'amour et à son engagement dans la cause acadienne. Comme dans plusieurs romans de Le Bouthillier, la quête de soi et la quête du pays sont menées en parallèle. Comme le résumait un personnage d'*Isabelle-sur-Mer* : « Il est impossible de vivre adéquatement sa vie d'homme quand tu n'as pas délimité ton espace, ton territoire. Il en est ainsi pour un peuple » (*ISM*, 92).

Grand-Pré

Bien qu'il navigue de Québec à Paris, en passant par le Ruisseau, Joseph n'a pas le don d'ubiquité, il ne peut rendre compte de *tous* les événements historiques qui ont marqué l'Acadie et la Nouvelle-France entre 1740 et 1763, et quelques récits sont présentés selon le point de vue de personnages secondaires. La déportation des Acadiens de Grand-Pré (ou de la Grand'Prée comme on l'écrivait à l'origine et comme persiste à l'écrire l'auteur) sera narrée par un autre personnage. La jeune Mathilde Chiasson a accompagné son père en Acadie lors de l'expédition désastreuse du duc d'Anville. Confiée à une famille de la Grand'Prée à la suite de la mort de son père, elle assiste quelques années plus tard à l'arrivée des troupes du lieutenant-colonel John Winslow et aux préparatifs entourant la déportation des Acadiens. Sa demi-sœur Angéline Clairefontaine, fiancée à Tristan, le fils du forgeron, est un nouvel avatar d'Évangéline Bellefontaine et connaîtra les mêmes malheurs que la vierge américaine.

Claude Le Bouthillier reprend dans son roman plusieurs éléments du poème *Evangeline* de Henry Wadsworth Longfellow, telle la description des mœurs bucoliques des Acadiens et jusqu'à l'épisode de la signature du contrat de mariage. Il souligne l'indécision des Acadiens face au danger, tous ces palabres qui n'aboutissent pas à une décision énergique. Les Acadiens demeurent divisés au sujet des intentions des militaires anglais et les mêmes arguments sont ressassés. Est-il préférable de rester neutres et même de collaborer s'il le faut avec les Anglais puisque « Londres n'acceptera jamais la déportation. Après tout, George II n'est pas un barbare » (*F*, 131) ? Ou, au contraire, faut-il se révolter pendant qu'il est encore temps : « Ça fait trop longtemps qu'on est neutres. [...] ça nous perdra. On devrait prendre les armes ! » (*F*, 131). Les Acadiens de la Grand'Prée tergiversent, retardent trop le moment de prendre une décision : « Braves paysans, ils s'étaient adaptés, bon gré mal gré, à une sorte de neutralité, et comme le danger qui les menaçait était trop vague, ils ne pouvaient réagir en guerriers, du jour au lendemain, surtout qu'ils avaient vécu dans la paix depuis un demi-siècle » (*F*, 136).

Le Bouthillier décrit l'hésitation des Acadiens qui ne peuvent pas croire qu'ils seront déportés et qui tombent dans le guet-apens fomenté par des militaires sans scrupules : « Comment croire à sa propre mort ? D'autant que le temps radieux des jours précédents avait permis de finir les moissons [...] » (*F*, 146). Il narre des scènes burinées dans la mémoire acadienne : la lecture de l'ordre de déportation, la marche terrible vers la grève, l'incendie des villages, l'embarquement pêle-mêle dans le désordre et la terreur des hommes, des femmes et des enfants sur les navires : « Les familles étaient divisées [...] Excellente diversion que la dislocation des familles pour tuer le moral des hommes valides et les rendre incapables de faire la guerre » (*F*, 156).

Bien que le terme « épuration ethnique » soit un anachronisme, il désigne adéquatement la politique anglaise visant à obliger les Acadiens à quitter leur habitat pour s'installer dans les colonies anglo-américaines où ils seront assimilés. Cette émigration forcée d'une communauté discriminée sur des critères religieux, linguistiques, voire stratégiques, a résulté en un transfert de populations, comme le souhaitait le gouverneur de la Nouvelle-Écosse, Charles Lawrence, qui a écrit dans une lettre publiée dans des journaux américains (et que Le Bouthillier a traduite) : « Nous formons actuellement le noble et grand projet de chasser de cette province les Français neutres [...], car au dire de tous, dans la partie de la province que ces Français habitent, se trouvent les meilleures terres du monde. Nous pourrions mettre à leur place de bons fermiers anglais, et nous verrions bientôt une abondance de produits agricoles dans cette province » (*F*, 145). Les scènes de la Déportation se trouvent au centre du *Feu du mauvais temps*, modulent le roman de sorte que les divers épisodes préparent ou découlent de ces événements clés qui marquent une rupture dans l'histoire de l'Acadie et qui, comme le souligne l'auteur, « ont encore leurs ramifications aujourd'hui » (*F*, 379).

Les Acadiens pourchassés

Mathilde est une des rares Acadiennes qui ait réussi à échapper à la déportation des villageois de la Grand'Prée. Recueillie par des Mi'kmaqs, elle rejoint l'abbé Le Guerne près de Cocagne, puis le camp de l'officier Boishébert sur la Miramichy où elle participe aux expéditions de chasse et de pêche, et aide le religieux dans son travail de consolation, allant de hutte en hutte faire la lecture des Saintes Écritures aux affligés (*F*, 173). Le comportement de ce personnage est visiblement inspiré par celui de Maïa dans *Les orphelins de Grand-Pré* (1931) de Maxine (pseudonyme de Mme Elzéar-Achille Taschereau-Fortier, née Marie-Caroline-Alexandra Bouchette)[12] et de Josette dans *Josette, la petite Acadienne* (1955) de Paul Desmarins (pseudonyme de Paul LeBlanc)[13], des jeunes filles acadiennes qui fuient la déportation et cherchent à atteindre le poste français de la Miramichy. De même, le nom d'Angéline Clairefontaine n'est pas sans rappeler celui d'Évangéline Bellefontaine, dans le poème de Longfellow, mais aussi le titre *Les contes de la claire fontaine*[14] (1946) d'Émile Achard où l'on retrouve la nouvelle *Le petit soldat de Grand-Pré*.

Le feu du mauvais temps se présente comme une véritable synthèse de la littérature de la Déportation (ce qui ne peut que fasciner tout lecteur qui s'intéresse à cette littérature). Claude Le Bouthillier s'inspire des contes, des nouvelles et des romans portant sur la Déportation, mais aussi des œuvres pour la jeunesse de facture traditionnelle qui exaltent le sentiment patriotique et religieux. Il présente le tout dans son roman qui est un véritable condensé de la littérature de la Déportation. Le Bouthillier a aussi fouillé les livres d'histoire et les articles récents sur la Déportation. Comme il le démontre, la Déportation a été une véritable tentative de génocide et il évoque à titre d'exemple la tragique situation des Acadiens réfugiés au camp de l'Espérance sur la Miramichy qui sont réduits par la famine à manger le cuir de leurs souliers et de la charogne, et qui meurent par centaines.

— On aurait dû nous tuer au lieu de nous laisser souffrir de la faim, du froid et de l'éparpillement de nos familles.

— On ne peut nous massacrer trop ouvertement, car il y aurait des protestations en Europe. Mais c'est uniquement parce que nous

---

12. Mme Elzéar-Achille Taschereau-Fortier, née Marie-Caroline-Alexandra Bouchette [pseudonyme : Maxine], *Les orphelins de Grand-Pré*, Montréal, Beauchemin, 1954, 159 p.
13. Paul Leblanc, [pseudonyme : Paul Desmarins], *Josette, la petite Acadienne*, Montréal, Granger Frères, 1955, 125 p.
14. Eugène Achard, *Les contes de la claire fontaine*, Montréal, Librairie générale canadienne, [1943], 128 p.

sommes de race blanche, comme les Anglais. Y a longtemps qu'on nous aurait exterminés, si on était un peuple indigène. (*F*, 192)

Aucun secours ne vient de France. Dans cette guerre, les Acadiens savent pertinemment qu'ils sont considérés comme quantité négligeable et qu'ils ne peuvent compter que sur eux-mêmes. À titre de psychologue, Claude Le Bouthillier décrit en détail le désespoir de ces rescapés qui ont vu mourir tant des leurs et leur besoin obstiné de croire que des secours seront envoyés et qu'ils pourront ensuite réintégrer leurs villages.

Hommage aux valeureux Acadiens

Œuvre didactique, *Le feu du mauvais temps* s'inscrit dans la lignée de ces œuvres acadiennes et canadiennes-françaises qui déplorent la Déportation, tout en mettant en scène des personnages qui, bien qu'ils aient tout perdu, passent à l'action et donnent de véritables leçons de courage et de ténacité. L'image victimaire des Acadiens de la Déportation est rapidement écartée au profit d'épisodes mettant en relief l'opiniâtreté et la résistance des Acadiens : « J'ai voulu faire ressortir, écrit l'auteur, les actions héroïques qui témoignent d'une vive résistance en Acadie, contrairement à l'image d'un peuple résigné devant les déportations qui a été véhiculée » (*F*, 381). Pendant que la plupart des « Acadiens transis err[ent] sur les cercueils flottants de l'exil » (*F*, 183) ou assistent impuissants à la destruction de leur pays, d'autres prennent les armes et résistent. Joseph Broussard, dit Beausoleil (le capitaine du navire la *Grand'Goule* dans *Pélagie-la-Charrette*), écume les côtes du golfe Saint-Laurent, Charles de Boishébert et sa petite troupe de réguliers, de miliciens acadiens et d'Amérindiens harcèlent les forces anglaises et Charles Belliveau et ses compagnons réussissent à s'emparer du navire sur lequel ils étaient tenus prisonniers (*F*, 188-189).

Cette « geste épique » (*F*, 189), comme la qualifie l'auteur, est sans espoir tant les adversaires sont de forces disproportionnées. Ayant vu trop des leurs massacrés par les Anglais, de nombreux Acadiens préfèrent mourir les armes à la main plutôt que se soumettre. L'auteur décrit, à titre d'exemple de cette volonté irréductible de résister, les dernières années de la vie de Noël Labauve, s'inspirant dans ces pages du personnage de Noël Brassard dans *Le martyre d'un peuple* (1927) de Léon Ville[15]. Après avoir perdu sa mère, sa femme et huit de ses dix enfants, Labauve prend le maquis avec son fusil. Sur la crosse, chaque Anglais tué est représenté par une coche. Lorsque Labauve survient à la baie des Chaleurs, il n'y a plus de place pour d'autres marques sur son arme.

Lors de la bataille de la Restigouche, la dernière de la guerre de Sept Ans en Acadie, le commandant Gabriel Dangeac refuse de se rendre à une importante escadre anglaise sans combattre. Labauve, toujours aussi vindicatif, participe à la bataille et défend une batterie de canons particulièrement exposée au tir de l'ennemi. Grièvement blessé, jurant qu'il ne reculerait plus, il allume la mèche de deux grenades alors que les Habits Rouges montent à l'assaut et meurt dans l'explosion, emportant avec lui quelques-uns des assaillants. Malgré le courage exceptionnel des défenseurs de la Restigouche, les derniers navires français sont coulés et les survivants Acadiens déportés. Certes, l'Acadie a été perdue, mais ces exemples démontrent que les Acadiens se sont défendus avec l'énergie du désespoir. L'œuvre de Le Bouthillier corrige celle de Longfellow et à l'image de la vierge éplorée de Grand-Pré, il préfère celle du guerrier résolu à vaincre ou à mourir.

Le voyage à Versailles

Alors que l'Acadie est dévastée et la Nouvelle-France menacée, que fait la métropole ? Les officiers nés dans la colonie, comme le commandant Dangeac, né à Terre-Neuve, connaissent la valeur du Canada et regrettent amèrement l'indifférence de Versailles :

> Comment faire comprendre à ces idiots, à Versailles, que ce pays n'est pas que neige et glace ? Un jour, la France sera surpeuplée ; elle aura besoin de minerai, de poisson, d'espace, de défi, de nouveaux idéaux... et elle ne pourra que tourner en rond dans la nostalgie de sa grandeur d'antan. La cour ne se rend pas compte qu'elle perd sa place parmi les puissances mondiales en abandonnant son empire d'Amérique. (*F*, 272-273)

---

15. Léon Ville, *En Acadie. Le martyre d'un peuple*, Paris, Tolra, 1927, 157 p.

C'est à Joseph que reviendra la tâche de convaincre la France d'intervenir et de défendre la colonie. Porteur d'une lettre du gouverneur général de la Nouvelle-France, Pierre de Rigaud de Vaudreuil, il se rend à la cour de France avec Membertou et René, officiellement pour faire comprendre au roi la nécessité d'envoyer des secours, mais aussi pour tenter de retracer ses origines et, malgré son amour pour Angélique, revoir Émilie, sa fiancée disparue. En effet, Joseph a appris dans une lettre qu'elle avait jugé bon de s'exiler en Europe parce qu'elle était enceinte et qu'elle y a épousé un marchand jersiais. Joseph traverse donc l'océan à la recherche de la première femme qu'il ait aimée, de ses ancêtres et, paradoxalement, de sa descendance. Faut-il y voir un symbole de l'Acadie, orpheline depuis 1713, et déchirée entre deux continents : Angélique (l'Amérique) et Émilie (l'Europe) ?

Au point de vue politique, le voyage de Joseph est un échec. Voltaire amuse la cour avec sa description d'un Canada, « couvert de neiges et de glaces huit mois de l'année, habité par des barbares, des ours et des castors ». Et, d'après le philosophe aux vues politiques limitées, la France dépense dans cette guerre pour « quelques arpents de neige [...] beaucoup plus que tout le Canada ne vaut[16] » (*F*, 242). Lorsque Joseph s'adresse aux autorités royales en France pour demander de l'aide, il reçoit la réponse : « lorsque la maison brûle, s'occupe-t-on des écuries ? » (*F*, 288)[17]. Les frontières de la France étant menacées, le royaume choisit d'abandonner son empire colonial.

Les émissaires acadiens et mi'kmaqs ne réussissent pas à convaincre le gouvernement français du bien-fondé de leurs arguments et ils doivent fuir la cour de Versailles où Membertou a asséné un coup de tomahawk à un noble. Si la mission officielle n'a pas abouti, en revanche Joseph découvre qu'il serait peut-être l'enfant illégitime d'un duc de Bretagne, car son tatouage représente les armoiries de cette célèbre famille et à Versailles une vieille dame de Bretagne l'a confondu avec un de ses filleuls. Joseph ne peut rester en France et mener à terme ses recherches sur ses origines, mais il retrouve Émilie sur l'île de Jersey. En route pour l'île voisine de Guernesey afin de revoir leur fille, Joseph et Émilie disparaissent dans une tempête qui

---

16. Voltaire, *Candide ou l'optimisme*, Paris, Bordas, 1973, p. 147.
17. En fait, c'est à Louis Antoine de Bougainville, aide-de-camp du général Montcalm et délégué spécialement auprès de la Cour par Vaudreuil, que Nicolas René Berryer, secrétaire d'État de la Marine, aurait dit ces paroles en novembre 1758.

avait été annoncée par l'apparition d'un «feu du mauvais temps». Après quelques jours à attendre en vain, Membertou et René retournent au Ruisseau annoncer la triste nouvelle.

Résurrection

Lorsque la nouvelle de la cession du Canada parvient au Ruisseau, les irréductibles sont atterrés, car «il n'y avait pas de précédent, dans l'histoire des peuples blancs, d'un abandon aussi complet par une mère patrie» (*F*, 370), mais la majorité des Acadiens est soulagée d'apprendre que les années de destructions et de déportations tirent à leur fin. Le peuple acadien a été «étouffé en pleine croissance, [c'est] un peuple en plein envol, à qui on a coupé les ailes; un chêne naissant terrassé par les intempéries» (*F*, 327). La tempête étant passée, les réfugiés Acadiens, qui peu à peu arrivent à surmonter la peur et la dépression, reconstruisent leurs logis et s'établissent dans la baie des Chaleurs.

Le feu du mauvais temps ressuscite la culture et le passé de l'Acadie et permet d'entrevoir l'avenir de cette communauté toujours menacée, mais toujours présente, comme l'exprime cette image de l'inextinguible petite flamme de l'espoir dans les dernières lignes du roman :

> [...] ils [René et Mathilde] posèrent la main sur un disque qui devait exprimer la réponse contenue en eux et qui prédirait leur avenir et celui de leur peuple. Le disque choisi, comme l'indiquait le livre ouvert par Angélique, symbolisait l'enracinement et la croissance. Tous les Acadiens présents décidèrent de rester au Ruisseau, et il leur sembla que la flamme de la chandelle s'était mise à répandre une lumière plus vive, symbole d'une Acadie qui resterait toujours vivante[18]. (*F*, 378)

Les enfants de Dieu

Claude Le Bouthillier n'avait pas prévu d'écrire une suite au *Feu du mauvais temps*, mais à la suite «des réactions encourageantes des lecteurs tant en Amérique qu'en France» (*M*, 363), il décida de

---

18. Dans la première version du roman, Le Bouthillier écrit : «symbole d'une Acadie qu'on n'avait pas réussi à tuer» (*F*, 380). Il remplace ce dernier bout de phrase par «symbole d'une Acadie qui resterait toujours vivante» beaucoup plus positif.

raconter le retour et l'enracinement des Acadiens pendant la période de 1760 à 1800. Ce deuxième roman, *Les marées du Grand Dérangement*, décrit les suites de la Déportation, les efforts sans relâche de Joseph pour secourir les Acadiens et les aventures et mésaventures de ses enfants dispersés aux quatre coins du globe[19], partout où des Acadiens avaient cherché refuge : à Belle-Isle-en-mer, au Poitou, dans les Malouines, à la Martinique, en Louisiane et à la baie des Chaleurs.

En Acadie, comme il l'écrit, la vie reprend peu à peu son cours « normal » :

> L'espoir renaissait aussi petit à petit, par vague, chez les Acadiens revenus de l'exil, un peu comme chez les premiers chrétiens qui se montraient le bout du nez hors des catacombes. Le long des côtes de Caraquet, ce n'était qu'effervescence, défrichage, construction, bruits de scie et de marteau. Cette fois-ci, les Acadiens étaient décidés à s'ancrer dans le roc de leur pays. (*M*, 108)

Les Acadiens qui ont survécu ou qui sont revenus n'ont pas le droit de s'installer sur leurs anciennes terres, les plus belles d'Amérique, maintenant occupées par des colons anglo-américains, surnommés les *Planters* (comme si les Acadiens n'avaient pas été les premiers à ensemencer le jardin de l'Acadie). L'Angleterre leur permet uniquement de s'établir en petits groupes « dans des endroits incultes et isolés, sur des caps pelés par le vent, dans des *mocauques* [marécages] humides et des forêts rabougries » (*M*, 71). Les Acadiens qui étaient des fermiers doivent s'adapter et recommencer leur vie : « Le moment était venu de passer de la terre nourricière à la mer nourricière, de l'Acadie agricole à l'Acadie maritime » (*M*, 117).

Dans *Le feu du mauvais temps* et *Les marées du Grand Dérangement*, l'auteur fait preuve d'une remarquable érudition. Son savoir approfondi fondé sur l'étude des sources historiques lui permet de peindre un tableau complet de ces années noires. Mais il n'a pas trop d'érudition pour avoir assez de génie romanesque. Une question est là, qui le poursuit, qui le taraude, jusqu'à l'obsession. Pourquoi

---

19. Le Bouthillier suit en cela le chemin tracé par Jeanne Ducluzeau. Cette romancière avait publié *Le chemin des Huit-Maisons* (1987) après avoir connu du succès avec *Anne d'Acadie* (1984). Le deuxième roman raconte le sort des enfants d'Acadiens établis au Poitou après la Déportation.

les Anglais se sont-ils tant acharnés à détruire l'Acadie? La Déportation, commencée en 1755, en temps de paix, ne prend fin qu'en 1763. Pendant toutes ces années, les Acadiens ont été pourchassés, déportés, massacrés. Pourquoi ont-ils été persécutés avec tant de rage?

Dans le roman, Joseph est convaincu qu' «une puissance supérieure veille sur les Acadiens» (*M*, 128). Lors de ses recherches afin de résoudre le mystère de ses origines, il découvre qu'il serait un descendant des ducs de Bretagne et que ceux-ci auraient été les gardiens du Graal. Selon une rumeur, le Graal serait en Acadie. En effet, Jésus aurait eu des enfants avec Marie-Madeleine, la Magdaléenne, fille de Joseph d'Arimathie. Ceux-ci auraient suivi Joseph d'Arimathie en Europe et, de là, ils auraient essaimé. Ces descendants seraient des Graals en chair et en os avec dans leurs veines le sang du Christ. Des vases vivants, en somme, et qui se seraient mêlés avec les Acadiens.

> Y avait-il un grand secret? Les Anglais en avaient-ils eu vent pour déporter si soudainement et avec tant de fanatisme les Acadiens? Tout faire pour vider le territoire et s'acharner sur un petit peuple? Un moment il crut qu'il devenait le prophète Élie, et l'Acadie lui apparut comme un lieu saint, au même titre que Jérusalem et La Mecque. Puis, comme Moïse sur le mont Tabor, il entendit une voix grave clamer que les descendants de la lignée sacrée avaient mêlé leur sang à celui des Acadiens; que le peuple acadien dans son ensemble pouvait ainsi se considérer comme dépositaire de cette lignée sacrée puisque toutes les familles avaient des liens de parenté; que le peuple acadien était devenu le gardien du Graal; que tous ceux qui avaient joué ce rôle dans l'histoire avaient souffert, et les Acadiens avaient en effet eu leur lot de misère avec les déportations et les déracinements sans fin; que lui-même, par sa filiation avec les ducs de Bretagne, faisait partie de la lignée du Graal. Puis d'autres images se juxtaposèrent et il vit la chrétienté partir en croisade pour libérer ce lieu saint, l'Acadie. Les chrétiens accouraient de partout pour libérer ce peuple, dépositaire de la lignée sacrée, que l'Anglais persécutait. (*M*, 281-282)

Le thème de la persécution des enfants de Jésus et de Marie-Madeleine a été exploité par Dan Brown dans *The Da Vinci Code*[20],

---

20. Dan Brown, *The Da Vinci Code,* New York, Doubleday, 2003, 454 p.

sauf que ce roman à succès a été publié neuf ans après celui de Le Bouthillier. L'auteur acadien aurait pu publier une version «beaucoup plus osée», comme il le fait dans ses romans d'anticipation, mais comme il le suggère lui-même, il faut «gard[er] le côté plutôt symbolique et religieux [de ce thème] dans ce qu'il a de plus beau en laissant entendre que le peuple acadien demeure sous la protection du Graal» (*M*, 365). Quoi qu'il en soit, ce choix d'une origine divine des Acadiens a de quoi surprendre.

Les dernières pages des *Marées du Grand Dérangement* reprennent celle du début du *Feu de mauvais temps* afin de clore la saga: quittant la baie des Chaleurs, Joseph a une dernière vision du «feu du mauvais temps» qui se déploie dans une exaltation sublime du destin de l'Acadie:

> [...] une boule de feu s'éleva au-dessus de l'eau, zigzagua à une vitesse vertigineuse en passant du rouge au vert et laissa une traînée bleue derrière elle. On aurait dit un grand oiseau de feu, une comète qui zébrait la mer dans un sifflement assourdissant. Et dans ce cristal liquide, cette sphère de lumière, il y avait non pas un vaisseau, mais un vase qui brillait de tous ses feux. Le Graal s'élevait au large des côtes de l'Acadie pour signifier que ce peuple était protégé par son Créateur. (*M*, 362)

Cette «sphère de lumière» qui apparaît après des années de noirceur, tout comme la flamme de la chandelle qui s'était mise «à répandre une lumière plus vive» (*F*, 378) à la fin du roman précédent, ne sont-ils pas représentatifs de la renaissance de l'Acadie, de sa permanence? L'Acadie reçoit l'assurance de persister dans son être alors qu'alentour tout la menace. C'est aussi une promesse d'avenir, comme le souligne Larry Steele: l'«image d'un feu suggère une grande énergie, une force, un flambeau à passer de génération en génération[21]». Le Bouthillier rappelle ainsi l'importance de conserver l'identité acadienne et ce «goût de liberté» (*ISM*, 48) qui a toujours marqué le pays.

---

21. Larry Steele, «*Le feu du mauvais temps*», Janine Gallant et Maurice Raymond (dir.), *Dictionnaire des œuvres littéraires de l'Acadie des Maritime. XXe siècle*, Sudbury, Prise de parole, 2012, p.128

La saga acadienne

Dans *Le feu du mauvais temps* et *Les marées du Grand Dérangement*, Le Bouthillier fait preuve de rigueur historique et de fantaisie romanesque. Sa verve, son art d'enchevêtrer les situations, de brouiller l'intrigue, tiennent le lecteur en suspens. En quelque huit cents pages, il décrit les multiples déportations des Acadiens pendant une période de plus de soixante ans. Comment résumer toutes ces pages sinon en reprenant les paroles d'Angélique qui raconte à son mari retrouvé les épisodes de sa vie : « Elle lui décrivit chacun de ses enfants et de ses petits-enfants, récit qui prit un peu des allures de conte des *Milles et Une Nuits* » (M, 356).

Certes, le lecteur s'empêtre trop souvent dans la lourdeur des intrigues qui n'en finissent plus de s'éterniser, tout comme la vie de Joseph d'ailleurs, mais comment faire autrement dans un roman qui se propose de décrire le sort des familles acadiennes dispersées (dont chacune est « porteur d'un roman », M, 363), luttant obstinément pour survivre et transmettre sa langue, sa culture et sa foi. Oscillant entre les légendes populaires et les récits ésotériques, les histoires de chacun et la grande Histoire, Claude Le Bouthillier nous brosse un tableau saisissant d'une époque déchirante. S'il chante la défaite de son peuple, comme tous les poètes épiques, c'est parce qu'il sait que ce n'est pas en refoulant le passé, mais en le comprenant, que nous pouvons nous libérer des démons intérieurs et nous régénérer.

D'après Le Bouthillier, l'inconscient collectif des Acadiens doit avoir été coloré « d'une très grande insécurité, de culpabilité, de soumission, ayant si longtemps été esclaves de nous-mêmes, des déportations et de notre environnement puritain » (*ISM*, 109). La Déportation et de ses séquelles physiques et psychiques traversent en filigrane tous ses romans. Ses personnages principaux acadiens sont des frères de souffrance. Après avoir cherché une réponse dans l'avenir avec *L'Acadien reprend son pays* et *Isabelle-sur-Mer*, l'auteur-psychologue se penche sur les événements du passé, mais tout en conservant l'espoir de réhabilitation que l'on retrouve dans les premiers romans d'anticipation et en reprenant les troubles affectifs et émotionnels du narrateur de *C'est pour quand le paradis...* Le temps est ainsi annulé.

Passé, présent et futur ne font qu'un dans une tentative de démêler une suite d'événements singuliers et d'en faire un acte créateur, recréateur qui permet de guérir puisque la défaite est annulée et dépassée par la victoire finale. L'anticipation et l'utopie, l'introspection et l'action sont les moyens qui permettent de restaurer l'équilibre social et personnel. Il s'agit de réécrire l'Histoire, de la refaire, de la comprendre pour exorciser le mal. Cette thérapie est exercée au bord de la mer qui, elle aussi, est exorcisée. Si, dans l'ancienne Acadie, la mer était synonyme de malheur, dans l'Acadie nouvelle, elle rappelle par son mouvement incessant l'importance de lutter, de bouger pour se libérer (*ARP*, 22). Le Bouthillier est en un sens un irréductible qui fonde ses espoirs de changements sur des intrigues fictives, mais aussi un écrivain épris de liberté, résolu à ne pas s'incliner devant l'«irréversible», rebelle aux situations établies, et subversif malgré le conformisme du genre littéraire qu'il utilise.

À quoi servent ces romans de Claude Le Bouthillier? À décrire un épisode tragique de l'histoire, à célébrer la résurgence de l'Acadie, à prêcher la vocation «providentielle» des Acadiens, mais avant tout, comme le souligne l'auteur, à contribuer à l'estime des Acadiens, «le meilleur antidote contre toute forme de stagnation et le fondement pour notre épanouissement en tant que peuple» (*MGD*, 365). C'est pourquoi cette œuvre prend toute sa signification en tant que récit de résilience. Si le sapin demeure pour Évangéline Deusse (dans l'œuvre d'Antonine Maillet) le symbole de l'Acadie qui lutte pour survivre, dans les romans de Le Bouthillier, l'épinette est le symbole de l'Acadien: «L'épinette, assaillie par le mer et la brume, mais qui s'accroche au cap, me fait penser à l'instinct de survie de l'Acadien. Il plie sous l'assaut des éléments, mais ne cède point» (*ISM*, 109). De même, les personnages de Le Bouthillier, aussi amochés soient-ils par les événements, refusent de baisser les bras et combattent pour se guérir et guérir l'Acadie. Écrire au sujet de l'Acadie et de la Déportation, comme le fait Claude Le Bouthillier, c'est refuser la mort de son peuple, car, comme le souligne Andrée Mélissa Doiron, «écrire [et j'ajouterais: *en français*] l'événement qui avait pour mission que l'on disparaisse représente l'ultime victoire[22]».

---

22. Andrée Mélissa Doiron, *Le complexe des aboiteaux. L'expérience du souvenir obstinément renouvelée chez l'écrivain acadien Claude Le Bouthillier*, mémoire de maîtrise, Département des littératures, Université Laval, Québec, 2008, f. 85.

Briser le silence

Les portes tournantes de Jacques Savoie

Né à Edmundston en 1951, Jacques Savoie détient un baccalauréat en sciences politiques et en économie de l'Université de Moncton, campus de Bathurst (où Claude Le Bouthillier a aussi étudié), et une maîtrise en technique d'écriture de l'Université d'Aix-en-Provence. À son retour d'Europe, il a créé le groupe folklorique musical Beausoleil-Broussard qui a marché, comme on dit, «vite et fort[1]»: trois disques, le Prix de la Jeune chanson française (Paris, 1978) et quatre années de tournées à travers la Francophonie (de 1976 à 1980). Malgré cet intérêt pour la musique, Savoie n'a jamais cessé d'écrire. En 1972, il a participé à l'*Anti-livre*, un objet multidimensionnel réunissant ses poèmes, des photos de son frère Gilles et des dessins d'Herménégilde Chiasson, et la première œuvre de jeunes auteurs acadiens à être publiée localement, aux Éditions de l'Étoile magannée.

En 1979, il termine *Raconte-moi Massabielle*[2] qui relate les démêlés de Pacifique Haché, surnommé le «fou du roi» ou le «roi de Massabielle» (puisqu'il détient les titres de propriété du village), avec la compagnie Noranda Mining qui souhaite fermer complètement le site. Cet «original et détraqué» (pour reprendre le titre emblématique

---

1. Jacques Savoie cité par Robert Viau, «Jacques Savoie: une histoire de cœur», *Lettres québécoises*, n° 62, été 1991, p. 9. Le nom du groupe rend hommage à Joseph Broussard, dit Beausoleil, dont Antonine Maillet et Claude Le Bouthillier ont évoqué les exploits dans leurs romans.
2. Jacques Savoie, *Raconte-moi Massabielle*, Moncton, Éditions d'Acadie, 1979, 153 p. Désormais, les références à cet ouvrage seront indiquées par le sigle *M*, suivi du folio, et placées entre parenthèses dans le texte.

d'une œuvre de Louis Fréchette[3]) est le seul du village qui ait compris l'importance de la ruse et de la patience, de la folie et de la fierté d'être Acadien de Massabielle.

> Une résistance qui prouvera peut-être rien, mais qui rappelle une affaire : que la fierté, tu passes pas par-dessus ça comme tu veux ! [...] J'sais pas qui c'est qu'est le Dieu ou le diable qui nous a mis bas sur c'té terres icitte, mais on s'est retrouvé un jour accroché après, sans avoir de chemin pour revenir sur nos pas. Dieudonné, tu comprends-tu ça ? Quand même-ti que ça serait l'étage avant l'enfer, on est né icitte nous-autres. (*M*, 48)

L'arrivée de l'Acadienne Stella[4] perturbe Pacifique dans ses habitudes, mais lui permet de découvrir la vie à deux, l'amour, et de rejeter les attraits de la société de consommation, incarnée par la télévision, un cadeau empoisonné qui lui a été offert par l'avocat de la compagnie pour émousser son esprit de résistance. Grâce à la folie, à l'amour du couple et au refus du matérialisme, le village de Massabielle survit.

Version acadienne de la tentation de saint Antoine, *Raconte-moi Massabielle* est peut-être la plus « politique » des œuvres de Jacques Savoie. L'auteur s'en prend à la déportation et au génocide en douce des Acadiens que le gouvernement incite à s'établir dans des villes anglaises, « dans de belles maisons qu'on leur avait faites, juste pour eux. Semblables, pareilles et ressemblantes. On avait mis les Indiens en réserve, cent ans plus tôt, presqu'au [sic] même endroit, et ils s'étaient dilués. Dissouts [sic]. On refaisait la même chose aux gens de Massabielle. L'histoire se recopiait » (*M*, 35)[5]. Empreinte de

---

3. Louis Fréchette, *Originaux et détraqués*, Montréal, Éditions du Jour, [1892] 1972, 285 p. Dans ce recueil qui connut une grande popularité, Fréchette décrit souvent des types originaux, souffrant d'une douce folie comme Pacifique Haché.

4. Le nom de Stella est-il un clin d'œil à *stella maris* ? Cette expression latine qui signifie « étoile de mer » est donnée à la Vierge Marie. Cette étoile se retrouve sur le drapeau acadien. De même, l'*Ave maris stella* (« Salut, étoile de la mer ») est l'hymne national acadien depuis 1884. Enfin, c'est dans la grotte de Massabielle (à Lourdes, en France) que la Vierge Marie serait apparue à Bernadette Soubirous en 1858.

5. Savoie reprend un thème déjà exploité par Antonine Maillet dans *Emmanuel à Joseph à Dâvit*. Dans ce roman, les pêcheurs doivent quitter leurs goélettes et s'installer en ville, où le gouvernement leur offre « un avenir de sécurité sociale », où leurs enfants iront « dans des écoles anglaises ». Antonine Maillet, *Emmanuel à Joseph à Dâvit*, Montréal, Leméac, 1975, p. 21 et 43. De même, le personnage de Pacifique Haché a tout probablement été inspiré par la résistance de Jacky

fantaisie et de gravité, le roman prêche le refus du progrès payé au prix de l'âme, le refus de l'uniformisation, de la réduction au plus simple dénominateur, ce qui, dans le contexte du roman, signifie le refus de gommer la réalité acadienne.

Un deuxième roman

Au début des années 1980, Jacques Savoie avait donné son dernier concert avec le groupe musical Beausoleil-Broussard, il avait fait paraître *Raconte-moi Massabielle* aux Éditions d'Acadie et réalisé un film, *Massabielle,* tiré de son roman[6]. Encouragé par le succès remporté par ce premier film, Savoie entreprend avec le soutien de l'Office national du film un moyen métrage intitulé *Céleste.* Ce film sur une pianiste de cinéma muet sera bloqué pour des raisons financières[7]. Parallèlement à l'écriture de ce scénario, Savoie travaille à un roman et à une dramatique radio (qui sera réalisée par Radio-Canada Moncton en 1982) sur le même sujet[8]. À partir des divers scénarios, adaptations et manuscrits, Savoie produit diverses versions de son roman qui sera finalement accepté par les Éditions du Boréal Express et publié en 1984 sous le titre *Les portes tournantes*[9].

Le roman connaît un immense succès populaire et critique. *Les portes tournantes* a remporté le Prix France-Acadie 1985 et a été finaliste au Prix littéraire du Gouverneur général. En 1988, le roman

---

Vautour qui refusa de quitter son village lors des expropriations entreprises à la fin des années 1960 pour créer le parc national de Kouchibouguac.

6. Jacques Savoie (réalisateur et scénariste), *Massabielle*, Office nationale du film, 1983, 25 min. Le film a obtenu en 1984 cinq prix au Festival du film et vidéo de l'Atlantique qui se tenait à Halifax.

7. Voir Pierre Véronneau, «Jacques Savoie, scénariste de ses romans : une identité entre l'Acadie et le Québec», André Magord (dir.), *L'Acadie plurielle. Dynamiques identitaires collectives et développement au sein des réalités acadiennes*, Moncton, Institut d'études acadiennes et québécoises, Centre d'études acadiennes, 2003, p. 699-716.

8. Voir David Décarie, «*Sympathy for the Devil* : enjeux du passage du scénario *Le Concert* au roman *Les portes tournantes* de Jacques Savoie», *Port Acadie, Revue interdisciplinaire en études acadiennes,* nos 20-21, 2011-2012, p. 183-199.

9. Jacques Savoie, *Les portes tournantes*, Montréal, Boréal, 1984, 159 p. Désormais, les références à cet ouvrage seront indiquées par le sigle *P*, suivi du folio, et placées entre parenthèses dans le texte.

a été porté au cinéma par Francis Mankiewicz[10], avec Monique Spaziani, Gabriel Arcand et Miou-Miou dans les rôles principaux. Jacques Savoie a signé le scénario. Le film *Les portes tournantes* a remporté le Prix œcuménique au Festival de Cannes, a été retenu pour représenter le Canada dans la catégorie de l'Oscar du meilleur film en langue étrangère et a remporté le prix Le Permanent qui vise à récompenser le meilleur film québécois de l'année[11]. La même année, une version radiophonique des *Portes tournantes* écrite par René Emmelin est diffusée sur les ondes de la radio-télévision suisse romande. *Les portes tournantes* a aussi inspiré un ballet, produit par le Ballet-théâtre atlantique du Canada en 2004 (dans le cadre des fêtes marquant le 400e anniversaire de l'Acadie), avec une chorégraphie de Igor Dobrovolskiy, un libretto de Jacques Savoie et la musique de François Dompierre. Depuis sa publication, le roman *Les portes tournantes* s'est vendu à plus de 70 000 exemplaires[12], ce qui en fait un des grands succès de la littérature acadienne.

Le Livre Noir

Le thème des rapports humains fragilisés dans une société impersonnelle, inauguré dans *Raconte-moi Massabielle,* est repris dans *Les portes tournantes*. Le roman oppose la figure enfantine d'Antoine à son père, le peintre Blaudelle, qui n'est pas toujours commode, étant de tempérament sombre et renfrogné, surtout depuis que son épouse Lauda l'a quitté. Antoine, qui rêve de devenir musicien, enregistre pour sa mère, sur son «super-appareil-cassettes génial» (*P*, 12) ses exercices de piano et surtout ses «mémoires» (*P*, 12). Leur vie est bouleversée lorsque Blaudelle reçoit le «Livre Noir» de Céleste, la mère qu'il n'a jamais connue. Ce Livre Noir, ou plutôt ce cartable à couverture noire, a été livré par la poste et contient de vieilles lettres dans lesquelles Céleste a consigné ses souvenirs.

---

10. Francis Mankiewicz, *Les portes tournantes*, Malofilm Production, Office nationale du film, UGC, 1988, 101 min.

11. Le film a aussi remporté le Prix du public au Festival de Québec, deux prix au Festival de Rio de Janeiro, a été mis en nomination à dix reprises pour les Génies 1989 et a remporté le Génie du meilleur acteur dans un rôle de soutien pour Rémy Girard et le Génie des meilleurs costumes.

12. «Jacques Savoie. Interview», *Telegraph-Journal*, 5 avril 2014, p. S2.

Née dans une famille acadienne trop nombreuse et trop pauvre, Céleste Beaumont, à peine sortie de l'adolescence, a été embauchée comme pianiste au cinéma muet de Campbellton. Là commence sa vraie vie qui sera faite de rêves et de musique et qui se déroulera au rythme des nouveautés de Hollywood. Vedette locale, elle raconte aux villageois qui se morfondent la vie étincelante des vedettes. Comme l'explique Réginald Martel : « Elle croit presque ce qu'elle invente, ils y croient totalement. Charlie Chaplin, Elsie Ferguson, Harold Lloyd ou Edna Purviance ont autant de réalité que le rag-time qui naît au bout des doigts de la pianiste[13] ». Quand Céleste s'assoit à son piano, tous basculent dans ses illusions.

L'avènement du cinéma parlant brise la carrière de Céleste qui épouse un homme fasciné par le personnage qu'elle joue. Cet homme, Pierre Blaudelle[14], est le fils le moins doué de la famille qui possède la papeterie de Campbellton. C'est aussi un être malheureux, écrasé par le manque de sensibilité de ses parents. Il sombre peu à peu dans le mutisme, s'enrôle et meurt pendant la Deuxième Guerre mondiale. Quant à Céleste, elle abandonne son enfant à ses beaux-parents et s'enfuit à New York où elle accompagne Papa John Devil, un violoniste de jazz. Elle écrit une sorte de journal confession à son fils Blaudelle qui ne lira ce Livre Noir que beaucoup plus tard.

La lecture de ce journal confession éveille chez Blaudelle des sentiments trop longtemps refoulés. Dans une scène d'une folie intempestive, un soir de tempête et de panne d'électricité, tous les personnages se font happer par les portes tournantes du Grand Théâtre de Québec. Ils sont conviés à un concert magique et improvisé. Blaudelle donne alors symboliquement « naissance » à son fils sous l'œil attendri de Lauda et au son du violon de *Papa* [c'est nous

---

13. Réginald Martel, « *Les portes tournantes* : la séduction selon Jacques Savoie », *La Presse*, 24 mars 1984, p. D3.

14. Le nom de Blaudelle n'est pas sans rappeler celui de la compagnie MacMillan Bloedel qui était très présente dans les industries du bois, de la pâte et des papiers. L'entreprise minière Noranda (voir *Raconte-moi Massabielle*) a pris une participation dans le capital de MacMillan Bloedel avant qu'elle ne soit achetée en 1999 par la multinationale américaine Weyerhaeuser. Savoie, qui a fait des études en sciences politiques et en économie, n'hésite pas à critiquer les entreprises qui privilégient le profit au détriment de l'humain. Ce choc de l'argent et de l'humanisme reviendra sous la plume de Savoie dans son roman *Les soupes célestes* (2005).

qui soulignons] John Devil. C'est le moment des grandes retrouvailles, à tous les sens du mot ; c'est aussi un beau morceau de tendresse et d'humanité.

La pudeur de l'émotion

Le ton du roman, mené avec entrain et efficacité, est toujours d'une naïveté redoutable. Savoie tisse délicatement des histoires de tendresse, de folie, de musique, ce qui est une des choses les plus émouvantes et les plus originales de ses romans. Ses personnages sont des êtres perdus dans l'existence et dans leurs propres sentiments, et qui découvrent (comme l'a découvert Pacifique Haché dans le roman précédent), très lentement, à la suite de nombreuses épreuves et difficultés, que sans amour et sans imagination la vie ne vaut pas la peine d'être vécue. Comme l'indique Martel : « L'important n'est pas dans ces péripéties ; il est dans ce qu'elles suggèrent avec beaucoup de pudeur : la fragilité des êtres, adultes ou enfants, leur besoin de tendresse, l'érosion des sentiments par le silence et la soif profonde de ce qui est beau, peinture ou musique[15] ».

Dans ce roman, les mères sont « déserteuses » (*P*, 42) de leur mari et de leur enfant, mais aussi d'une guerre : Céleste de façon concrète, Lauda de façon métaphorique. Antoine se souvient : « Quand ils [Lauda et Blaudelle] étaient en guerre, tous les deux (la Deuxième Guerre mondiale) ils se criaient des choses pas très correctes » (*P*, 26). Céleste s'en va à New York ; Lauda part avec une autre femme. En fait, il ne s'agit pas tant pour ces mères de « déserter » que de fuir une situation intenable. Céleste, que l'on qualifiait déjà de « folle » (*P*, 116), ne peut revenir à Campbellton sans mettre en péril sa santé mentale. Lauda quitte Blaudelle, mais d'après Antoine, elle a bien fait : « les lesbiennes ont bien raison de ne pas vouloir vivre avec des gars compliqués comme Blaudelle. [...] La guerre est finie maintenant et c'est mieux comme ça » (*P*, 12 et 26).

Le fils de Céleste, élevé par ses beaux-parents, n'a jamais connu sa mère, et son petit-fils, élevé par ce père déchiré, est lui-même issu d'un foyer divisé. Perclus dans le souvenir, car l'absence de parents les prive d'un support indispensable, les fils abandonnés se cherchent

---

15. Martel, *op. cit.*, p. D3.

des repères et veulent retrouver leur mère. « Ils étaient deux maintenant », se souvient Lauda, « à réclamer une mère. Deux à me chercher le sein sous la chemise. Un qui ne parlait plus et l'autre qui ne parlait pas encore. Ma vie était devenue un silence intolérable. J'en étais venue à confondre le père et le fils » (*P*, 85). Sevrés de l'amour maternel, les fils tentent de rejoindre celle qui est partie par la technologie (un magnétophone), par l'art (la musique ou la peinture) ou par l'écriture (le Livre Noir).

Le monde des arts occupe une place essentielle dans ce roman. Blaudelle est peintre et Antoine l'a été : « J'étais peintre moi aussi quand j'avais quatre ans, Mais ça n'a pas marché parce qu'il n'y avait pas de place pour nous deux dans le studio. Et puis, de toute façon, ce n'était pas juste. Blaudelle copiait tout ce que je faisais » (*P*, 11). Puisqu'il n'y a pas de place pour les deux dans le studio, Antoine s'adonnera au piano sans savoir qu'il reprend une forme d'art pratiquée par sa grand-mère et son arrière-grand-mère. Blaudelle, lui, n'a jamais été pianiste. Il faut croire que les grands-parents Blaudelle n'auraient pas accepté qu'il suive la voie tracée par leur belle-fille abhorrée. Papa John Devil et Gunther Haussmann ont déjà joué de la musique ensemble, et même Lauda, par son travail au Grand Théâtre, est rattachée au monde de la musique. Les rues autour du Grand Théâtre portent des noms de peintre ou de compositeurs : Matisse, Van Gogh, Monet, Lemieux, Berlioz, Verdi, Gershwin. La littérature se manifeste par une allusion à Baudelaire (*P*, 21), par le titre d'un chapitre « Le fantôme de l'opéra » (qui renvoie au roman de Gustave Leroux, mais aussi au film muet de 1925 avec Lon Chaney) et surtout par le Livre Noir de Céleste.

Ces diverses formes d'art supplantent la parole qui se révèle impuissante à exprimer les sentiments. La parole explique imparfaitement la pensée : « on n'arrive jamais à dire ce qu'on a à dire à ceux à qui on veut le dire » (*P*, 137), avoue Blaudelle. L'âme par la parole n'est ni conduite ni régie. Les hommes en particulier sont taciturnes, figés dans le silence de sorte que leurs épouses les quittent pour respirer un peu. Ce même silence existe entre les pères et leurs fils. Pierre Blaudelle n'a jamais parlé à son enfant qu'il n'a connu que bébé et ce fils habitera dans « un studio qui a des kilomètres de long sur des kilomètres de large » (*P*, 11). À la génération suivante, aucune intimité n'est possible avec un être qu'Antoine appelle par son nom de famille puisque Blaudelle l'artiste peintre à l'identité fluctuante s'est aussi fait appeler Chevrolet, Dado, puis Joeuf, au gré de ses périodes artistiques.

Antoine se réfugie dans les nouvelles technologies et ne jure que par son appareil-cassettes, du moins jusqu'à sa rencontre avec Gunther Haussmann, un doux marginal à la manière de Pacifique Haché. Dégoûté par la technologie moderne et par le mouvement de commercialisation de la musique, cet ancien pianiste de jazz s'est reconverti en accordeur de piano. Pour exercer son métier, Gunther se sert d'un diapason qui ne donne qu'une seule note et cela suffit, car obtenir une note «quand elle est juste [prétend-il] c'est déjà beaucoup» (*P*, 33). Au jeune garçon qui ne fait qu'enregistrer des sons ou taper sur les notes qu'il a apprises par cœur, Gunther fait comprendre que la musique ne se joue pas de façon mécanique et froide, mais «avec le cœur» (*P*, 35) et pour prouver ce qu'il allègue, il interprète *You don't kill a piano player*.

Ce morceau, comme nous l'apprendrons plus tard, a été composé par Céleste. Par le lien de la musique, Gunther, indirectement, «raccorde» les générations et inculque à l'enfant l'importance de l'authenticité et des valeurs vraies. Comme le nom Haussmann l'indique, Gunther est un homme de maison, de l'intériorité, des valeurs de chaleur et d'amour, et c'est grâce au concert impromptu qu'il donne avec Papa John Devil, en interprétant la pièce musicale de Céleste, qu'Antoine et Blaudelle retrouveront la paix et la sérénité. Gunther, grâce à son amitié avec Papa John Devil, devient l'opérateur presque magique de la guérison par la musique qui permet de percer à travers le magma confus des sentiments[16].

Car dans ce roman on ne naît pas fou, on le devient. Il faut pour faire éclore la maladie mentale une contrainte extérieure, constante, inflexible. Tous les jours, Blaudelle enfant venait parler à un monument de granit élevé en l'honneur de son père, mais les héros de guerre ne répondent jamais. Ses grands-parents paternels voulaient élever l'enfant à l'image de Pierre Blaudelle, le monument debout et bien droit, et dans une certaine mesure ils ont réussi. Comme son

---

16. Faut-il voir dans le nom d'Haussmann une référence au préfet de Paris qui a rénové et aéré la ville en perçant des boulevards rectilignes dans des quartiers où les rues étaient étroites et insalubres?

nom l'indique, «Pierre» a été minéralisé, transformé en granit, et son fils a hérité de son statisme. Le fils est devenu âpre et revêche comme son père, comme le granit. Lui aussi se tient debout et bien droit devant son chevalet et parle peu. Sa parole a été «bloquée» et son identité interdite.

Afin de survivre, Blaudelle a lui aussi «déserté» Campbellton: «Je suis devenu l'artiste qu'on ne voulait pas qu'elle [Céleste] soit. On m'a renié, comme on l'avait reniée, elle, et j'ai dû moi aussi déserter» (*P*, 135). Loin de l'atmosphère délétère de cette ville, la guérison est possible. Autre avantage, Blaudelle n'est pas seul: Antoine l'accompagne et Lauda espère pouvoir retourner vivre au studio (*P*, 67-70). Elle persiste à croire en la guérison de Blaudelle et ne confond pas l'apparence avec la vérité, car elle a vu derrière «le mur de granit»:

> J'en ai mis du temps à découvrir Blaudelle! Je me suis longtemps heurtée à un mur de granit, comme il dit, jusqu'au jour où je suis passée au travers. En fait, ce n'était qu'un miroir; il n'y avait rien de l'autre côté. Je n'ai trouvé derrière son pinceau qu'un petit homme timide et fragile, cherchant désespérément sa mère. Pauvre Blaudelle!
> (*P*, 84)

Pourtant, ce ne sera pas facile de briser le mur/miroir entre le moi et l'autre, ni de combler la distance entre le studio de Blaudelle et l'appartement de Lauda. Il faudra que Blaudelle lise le Livre Noir venu d'outre-tombe pour comprendre bien des choses au sujet de son éducation et ce ne sera qu'à la scène d'accouchement qu'il éjectera ce granit qui fait «du bruit dans son ventre» (*P*, 153) et l'empêche de parler. Il pourra alors exprimer sa demande d'amour, son désir de l'autre, de sa reconnaissance: «Un nœud de mots me monte à la gorge et tout se met à sortir de travers. Je veux... j'aimerais ça te parler un peu, Lauda...» (*P*, 136). Blaudelle répond à la demande d'amour et de pardon de sa mère acadienne, qui lui a «parl[é] tous les jours dans cette longue lettre» (*P*, 42) qu'est le Livre Noir, en exprimant à son tour ses sentiments à sa femme et à son fils. L'accouchement symbolique au Grand Théâtre est à la fois une reconnaissance de son identité, de sa paternité et des liens qui l'unissent à son épouse.

Blaudelle se met lui-même au monde dans un lieu consacré à la représentation, à la re-création de la vie, à l'art. La musique de Papa John Devil et de Gunther l'accompagne, une toile qu'il vient de peindre pendant la tempête est exposée sur le piano et il tient dans ses mains le Livre Noir. Enfin, il n'est peut-être pas inutile de rappeler que c'est au Grand Théâtre de Québec que la célèbre phrase « Vous êtes pas écœurés de mourir bande de caves ! C'est assez ! » de Claude Péloquin a été gravée sur une murale. Cette phrase-choc, percutante, semble s'adresser à Blaudelle pour secouer sa léthargie à l'égard de sa situation personnelle et l'amener à réagir. Ce n'est peut-être pas un hasard si Blaudelle, « les yeux braqués sur ces mots gravés dans la murale[17] » (*P*, 137), renaît en quelque sorte à la vie et s'écrie : « C'est ici que Dieu a vu sa fatigue. La mort en est morte, vive l'androïde, vivvvvvvvvv... » (*P*, 137).

Une œuvre de qualité

Le roman *Les portes tournantes* est d'une remarquable qualité. C'est le roman d'une quête, celle de soi et de ses origines, et le roman d'une lutte contre tout ce qui cherche à uniformiser l'homme, à éteindre sa personnalité. *Les portes tournantes* est aussi une œuvre charnière en ce sens que pour la première fois Jacques Savoie met en œuvre des techniques d'écriture qui dénotent une recherche formelle poussée.

Dans ce roman, il n'y a pas que les portes qui soient tournantes, il y a aussi un constant va-et-vient entre le passé et le présent, entre l'Acadie et le Québec, et une alternance narrative à chaque chapitre. La structure de l'œuvre est marquée par la discontinuité du récit au plan chronologique, géographique et narratif. D'un chapitre à l'autre, le rythme de la narration alterne d'une voix d'homme à une voix de femme. Trois chapitres sont narrés par Antoine, trois autres par Céleste, deux respectivement par Lauda et Blaudelle. À la suite de ces narrateurs homodiégétiques, le dernier chapitre, plus neutre, dissout l'alternance des voix dans une narration hétérodiégétique, à la troisième personne. Les neuf chapitres donnent ainsi cinq points de vue différents sur des événements qui sont intimement reliés d'une histoire à l'autre.

---

17. Savoie ne cite pas « ces mots gravés dans la murale » (*P*, 137) et il faut connaître le Grand Théâtre de Québec pour comprendre l'allusion.

La présentation du temps dans ce roman est aussi très originale. Dans une série de lettres datées du 13 décembre 1943 au 6 mai 1945, Céleste raconte les événements de sa vie à partir de 1922, alors qu'elle était âgée de douze ans, jusqu'à 1945, peu avant sa mort. Ce récit constitue une longue analepse, un retour en arrière qui permet de mieux comprendre l'état d'âme de Céleste au moment où elle écrit. L'histoire de Blaudelle occupe une période de 24 heures, de la soirée du 24 au soir du 25 novembre. L'année n'est pas précisée, mais nous serions tout probablement à la fin des années 1970 : « Ma mère est morte à New York en 1945 [...] Trente ans plus tard [...] Je suis devenu l'artiste qu'on ne voulait pas qu'elle soit » (*P*, 135). Cette histoire est narrée selon un ordre linéaire par Antoine, Lauda et Blaudelle. Les deux histoires sont présentées de façon autonome jusqu'au dernier chapitre où elles se croisent.

Le récit de Céleste se déroule surtout en Acadie, à Val-d'Amour et à Campbellton, mais aussi à Petawawa, Montréal et New York. Le récit d'Antoine, Lauda et Blaudelle est circonscrit à quelques lieux dans la ville de Québec : le studio, les Plaines d'Abraham et le Grand Théâtre. Le premier s'étend amplement dans le temps et l'espace afin de rendre compte de la prise de conscience progressive de Céleste, le deuxième est enfermé dans un cadre spatio-temporel restreint, propre à susciter une crise émotive, soudaine et violente.

Savoie se sert de l'alternance et de l'enchâssement pour lier l'histoire de Céleste à celle de Blaudelle (et Lauda et Antoine). Cette alternance consiste à raconter deux histoires simultanément, en interrompant tantôt l'une tantôt l'autre, pour la reprendre à l'interruption suivante. L'enchâssement, en revanche, consiste à inclure une histoire à l'intérieur d'une autre. D'une part, les histoires de Céleste et de Blaudelle alternent tout au long du récit ; de l'autre, celle de Céleste est enchâssée (le Livre Noir mis en abîme) dans celle de Blaudelle pour des raisons temporelles et logiques. Les transitions sont indiquées par des changements de chapitre et de point de vue narratif, et le dénouement de l'histoire de Céleste sert au développement de l'histoire de Blaudelle. De plus, ces histoires sont unies par les liens de parenté entre Céleste et Blaudelle et par un personnage secondaire, Papa John Devil, qui intervient à la fin des deux histoires. Cette composition particulière permet à l'auteur de relier les personnages et les fils cassés de la mémoire familiale et de réconcilier les êtres et la famille.

Le carnavalesque

Les portes tournantes soulève la question suivante : comment s'affirmer quand toutes les forces de la famille et de la société tentent de vous écraser ? La fantaisie, l'imagination offre, d'après Savoie, une porte de sortie aux situations les plus désespérantes. Céleste fait apparaître Charlie Chaplin dans son salon et éclater la musique dans la morne maison de la rue Prince-William : « J'avais fait de la maison de Pierre Blaudelle une maison de musique. Les murs en dégoulinaient, les gros meubles cossus en étaient imbibés, les miroirs chinois en résonnaient » (*P*, 113).

Son fils fera de même dans le studio trop grand et trop vide en arrosant une reproduction d'un tableau de Cézanne de sorte que « la végétation a tellement poussé dans l'image que plus personne ne sait dire ce que c'est vraiment. Il est très fier de ce fouillis de broussailles et de lierres qui sortent du cadre et tombent par terre » (*P*, 20). Face au ciel qui s'assombrit et fait en sorte qu'il doit reprendre constamment l'horizon qu'il peint, Blaudelle, « le pinceau tout dégoulinant » (*P*, 64), se déchaîne : « Quand il est en forme comme ça, Blaudelle, il devient tellement ambitieux qu'il peint à côté de ses tableaux. T'aurais dû voir l'effet. Il y avait un trait noir d'au moins trente centimètres, accroché dans l'air du temps » (*P*, 64). Enfin, quand la tempête éclate, il jette de la neige sur la toile : « Les dégoulinages étaient très beaux. Le mélange de peinture et de neige rendait bien toute la violence de l'hiver » (*P*, 73). Ces « dégoulinages » sont des tentatives par l'artiste de sortir du cadre limité dans lequel la société tente de le circonscrire, un refus d'être confiné dans un rôle statique plutôt que dynamique. Si ces artistes sont considérés comme fous, c'est une douce folie qui les étreint et les porte à créer hors les marges.

Les Blaudelle souhaitent que Céleste « fasse » du classique : « Vous n'avez jamais songé à faire du classique ? Vous avez du talent. Vous seriez une excellente pianiste de concert. Vous êtes une jeune fille intelligente. Un peu dommage que ne jouiez que ce genre de musique » (*P*, 114-115). La musique classique est perçue comme une musique propre à la classe supérieure, une musique qui ne peut que rehausser la cote des Blaudelle au sein de la société de Campbellton. Les Blaudelle jaugent la musique en fonction de sa valeur symbolique, et la valeur de Céleste en fonction de sa production : « Les Blaudelle suivaient mes progrès musicaux avec le même intérêt que le cours du bois à la Bourse. Si j'apprenais plus que ma tonne de Chopin dans le mois, les enchères montaient, mais si la productivité stagnait, Blaudelle père s'en mêlait et les silences de Pierre devenaient plus lourds » (*P*, 117).

Le mercantilisme corrompt la musique et l'art en général. Céleste doit se plier à la volonté de ses beaux-parents. Blaudelle a déjà succombé à l'attrait d'un art « commercial ». Pendant sa période non-figurative-débile, il copiait ce que faisait son fils (c'est du moins ce que dit Antoine), exposait dans les galeries chic et faisait de grands discours sur l'inspiration, car c'était « très bien pour sa cote » (*P*, 11). Toutefois, Blaudelle « s'est cassé la gueule » (*P*, 11) quand Antoine est passé de la peinture à la musique. Gunther a cessé de jouer du piano à cause de « ceux qui voient un signe de dollar au lieu d'une clef de sol au début des portées » (*P*, 83). La cupidité pervertit l'art et engendre l'échec, la résignation ou la révolte.

Lors du concert-bénéfice, Céleste se révolte contre ses beaux-parents et la société bourgeoise de Campbellton, et passe de Chopin à Chaplin, de la musique classique au rag-time. Il s'ensuit une véritable scène carnavalesque, l'une des plus fortes du roman :

> Je jouais comme une folle. La musique claquait contre les murs du théâtre et Chopin s'en allait refaire des gammes. Le public bougeait, enfin. Tout au fond de la salle, les trente vrais pauvres à qui on avait offert des places gratuites s'étaient levés en délire. Leurs cris se mêlaient à ma musique dans un hymne carnavalesque et la salle au grand complet basculait enfin dans le cinéma. [...] Simone Blaudelle gisait par terre dans l'allée, victime d'une faiblesse. Pierre se faisait rabrouer par son père. Les vrais pauvres étaient rendus tout près de la scène et le vieux Litwin roulait sous son siège, étouffé de rire. [...] C'était le délire. (*P*, 123-124)

Céleste scandalise le bourgeois par son interprétation d'une musique populaire lors d'un événement mondain. Elle joue « comme une folle » (*P*, 123) un rag-time qu'elle surnomme à ce moment-là *On ne tuera pas la pianiste* et qui indique sa volonté de résistance. La situation qui en résulte (et le rire qu'elle provoque) a une fonction dénigrante en rabaissant et en discréditant ceux qui prétendent se hausser au-dessus de leurs semblables.

Cette écriture « carnavalesque » (*P*, 123), terme qu'utilise Savoie dans le texte cité, produit un monde à l'envers, un *mondus inversus*, qui célèbre la libération éphémère de l'ordre établi. Fait à remarquer, le thème du carnavalesque, présent dans les livres de Rabelais et conceptualisé par Bakhtine[18], est un thème récurrent dans l'œuvre d'Antonine Maillet[19]. Il suspend toute hiérarchie de rang et de privilège. Lois, interdictions, restrictions diverses qui règlent la vie de tous les jours sont suspendues. L'ordre traditionnel est bouleversé, tourné en dérision. Dans le roman de Savoie, les pauvres se trouvent au-devant de la scène et les bourgeois gisent dans l'allée. C'est un acte cathartique qui permet à Céleste et aux pauvres d'échapper à leur propre univers, qu'ils trouvent trop contraignant ou oppressif, et autorise par la même occasion une critique implicite de cet univers.

Les divisions sont à la fois hiérarchiques (les patrons contre les ouvriers) et géographiques (la rue Prince-William contre Val d'Amour). L'opposition est aussi celle du sérieux et du rire, de l'ordre et du désordre, de la musique classique et du rag-time[20]. D'un côté se trouvent ceux qui se retiennent de vivre, de l'autre, ceux qui se laissent entraîner par leurs instincts. L'antagonisme entre l'avoir et l'être éclate et on assiste au renversement d'une situation d'exploitation intolérable. Il en résulte une forme de libération temporaire. L'inversion du monde par l'insolence carnavalesque est une soupape, mais le véritable scandale, c'est que peu après tout redevient comme avant. Les nantis oublient cet « incident scandaleux », se prennent de nouveau au sérieux et se mettent à persécuter ceux qui avaient osé relever la tête.

---

18. Mikhail Bakhtine, *L'œuvre de François Rabelais et la culture populaire au Moyen Âge et sous la Renaissance*, Paris, Gallimard, [1941] 1970, 471 p.

19. Le rabaissement des nantis, le réalisme grotesque, le rire, le carnavalesque et la permutation du haut et du bas reviennent dans presque toutes les œuvres de Maillet, mais surtout dans *Les crasseux* (1968), *Don l'Orignal* (1972) et *Les Cordes-de-Bois* (1977).

20. À ce registre des oppositions, il faudrait aussi ajouter celle entre le village de Campellton et la capitale du cinéma Hollywood, et l'union antithétique de l'ange Céleste et du diable Papa John Devil qui, malgré les apparences nominales, sera positive.

Un roman acadien?

Si *Raconte-moi Massabielle* se déroule en Acadie, dans *Les portes tournantes*, l'Acadie glisse au second plan et n'apparaît que dans le récit de Céleste. Blaudelle et Antoine habitent la ville de Québec et c'est au Grand Théâtre de cette ville que le roman connaîtra son dénouement. Cet éloignement progressif de l'Acadie ne fera que s'accentuer dans les autres romans de Savoie. Pourtant, dans *Les portes tournantes,* plusieurs thèmes acadiens sont mis en valeur, dont ceux de la Déportation, de la perte, de la séparation, de l'errance et de la quête identitaire.

Bien que *Les portes tournantes* se déroule au vingtième siècle, l'auteur établit de nombreux points de comparaison entre le drame de Céleste Beaumont et celui des Acadiens déportés. Le nom de Beaumont évoque un haut lieu acadien, la chapelle Sainte-Anne de Beaumont, désignée lieu historique par Parcs Canada et site des concerts les «Airs d'été de Beaumont[21]». Le nom de Céleste n'est pas sans rappeler celui d'Évangéline, les deux étant d'origine divine et religieuse. D'ailleurs, Longfellow avait hésité avant de choisir le nom d'Évangéline; il avait même envisagé de nommer son héroïne Celestine[22]. Comme les noms de Céleste et d'Évangéline l'indiquent, ces personnages naissent en un lieu mythique. À Val-d'Amour, tout comme à Grand-Pré, les familles ne sont pas riches, mais ces gens simples et honnêtes sont heureux, jouent de la musique (du moins la famille de Céleste) et les rapports sociaux sont faciles et agréables.

Il faut toutefois nuancer cette comparaison avec Grand-Pré en rappelant que Val-d'Amour n'est pas un paradis terrestre, mais, d'après Céleste, «un petit tas de taudis dans le fond d'une vallée. Tellement minuscule que l'œil de Dieu ne pouvait perdre son temps à nous regarder» (*P*, 44). De même, les mœurs ne sont pas pures et idylliques comme à Grand-Pré: après avoir conduit sa sœur au sommet de la montagne, d'où elle a aperçu Campbellton, Arthur lui a mis la main dans la culotte. Litwin se «paiera» (*P*, 45) de la même façon après avoir emmené Céleste à Campbellton. Somme toute,

---

21. Voir «Les airs d'été. La chapelle Sainte-Anne de Beaumont», en ligne à http://www.chapellebeaumont.ca/les-airs-dete-2013/ (consulté le 2 juin 2015).
22. Voir Robert Viau, *Les visages d'Évangéline. Du poème au mythe*, Beauport, Publications MNH, 1998, p. 42.

Campbellton n'est pas Grand-Pré et Céleste n'est pas une vierge comme Évangéline. À Grand-Pré, la statue de l'héroïne de Longfellow s'appuie sur son bâton d'exil ; sa tête se détourne, ses regards ne peuvent se détacher de son village natal. Céleste, au contraire, veut partir de Val-d'Amour, regarde vers la grande ville et n'a qu'une envie, « ne plus jamais revenir sur ses pas » (*P*, 46).

L'anglais John Alfred Litwin abuse de la naïveté de l'Acadienne pour l'attirer à Campbellton, l'exploiter et l'agresser sexuellement. Mais pourquoi Campbellton ? Cette ville, bien qu'elle soit majoritairement francophone et qu'elle soit située dans une région acadienne, a été dépossédée de ses noms mi'kmaqs et acadiens et rebaptisée en l'honneur de Sir Archibald Campbell, un militaire qui connut son heure de gloire en envahissant la Birmanie, puis qui fut nommé lieutenant-gouverneur du Nouveau-Brunswick de 1831 à 1837. Céleste est dépossédée de son identité à Campbellton. Pendant trois ans, « la période la plus sombre de [s]on existence » (*P*, 48), elle passe des « journées interminables à répéter des "rag-times" pour les jouer ensuite le soir, dans le cinéma de Litwin » (*P*, 48). Le cinéma hollywoodien devient, comme la télévision dans *Raconte-moi Massabielle*, source d'acculturation. Toutefois, Céleste se servira de ce qui devait l'écraser pour se faire connaître et être valorisée.

Afin d'échapper à l'emprise d'une réalité sordide, Céleste verse dans l'illusion, devient un personnage de Hollywood. Elle confectionne des robes comme elle voyait dans les films, consulte les revues de cinéma et se réinvente comme étant celle qui est initiée aux secrets des mœurs de Hollywood, rencontre des vedettes et incarne le rêve américain. Le petit cinéma de Campbellton devient une sorte de prolongement de Hollywood : « je prenais place au piano comme les actrices devaient faire quand elles s'assoyaient dans leur limousine » (*P*, 54). Et cela fonctionne : « ils [ses admirateurs de Campbellton] basculaient tous dans mes illusions. Ils tombaient tous dans le panneau comme ces enfants qui suivent le joueur de flûte jusqu'à la rivière » (*P*, 51). Le rêve et l'affabulation permettent à Céleste de s'arroger une reconnaissance certaine de la part de ses nouveaux concitoyens (après le film, elle « recevait » dans sa loge, *P*, 51) et d'arracher une augmentation de salaire à Litwin qui n'ose plus la toucher : « J'étais devenu le veau d'or qu'on vénère [...] il ne pouvait rien contre moi » (*P*, 52). À force d'imagination, elle devient une vedette locale de sorte que les gens «venaient de très loin pour [la] voir» (*P*, 51).

À l'avènement du cinéma parlant, Céleste est à nouveau dépossédée. Litwin lui fait visionner *The Jazz Singer*, premier film parlant, mais aussi première indication du succès grandissant de la musique jazz qui allait supplanter le rag-time. Confrontée à la désagrégation du moi qu'elle avait construit, elle cherche la stabilité en épousant Pierre Blaudelle, véritable «mur de silence» (*P*, 114) avant de devenir roc immuable. Pierre Blaudelle voit en Céleste l'occasion de «traverser l'écran» (*P*, 109) et de s'envoler pour Hollywood. Céleste n'est pas indifférente à la fortune des Blaudelle, mais elle est touchée par le côté taciturne de Pierre comme elle avait été touchée par le cinéma muet. Toutefois, elle n'arrivera pas à faire vibrer ce silence à cause des lois inhérentes à la classe sociale des Blaudelle.

En tant que femme mariée, Céleste est assignée à demeure dans la riche maison des Blaudelle, rue Prince-William, à Campbellton[23]. Dans l'univers clos et feutré de la maison, les femmes de cette classe sociale sont «bâillonnée[s] dans un mouchoir de soie» (*P*, 117) et passent la journée à attendre leur époux. Vers quatre heures, on leur sert le thé, mais ce n'est pas du vrai thé, plutôt un «élixir» (*P*, 111), c'est-à-dire une boisson alcoolique, pour les aider à mieux se préparer au retour des hommes. Céleste se réfugie dans le rag-time pour ne pas être en proie à des crises de dépression mentale. Mais même cette «bouée» (*P*, 114) à laquelle elle s'accroche lui est retirée. Les beaux-parents exercent une pression sur elle, s'empressent de vouloir la remodeler à leur goût. Ils sont tout le temps à la harceler afin qu'elle ne joue plus de rag-time, cette musique de «guenilles» (*rags*) d'origine afro-américaine[24], mais qu'elle apprenne les classiques et donne un concert-bénéfice. À la suite de cette nouvelle tentative de dépossession, Céleste devient «la folle de la rue Prince-William» (*P*, 116).

Certes, il y a l'épisode du concert-bénéfice pendant lequel Céleste s'affirme et revient à «sa» musique, mais cette révolte est de

---

23. On retrouve à Campbellton une Prince William Street, mais aussi une Beaumont Crescent et un Val d'Amour Road. Sur l'autre rive de la Ristigouche s'élevait le village acadien de Pointe-à-la-Croix, détruit lors de la bataille de la Ristigouche en 1760 (voir *Le feu du mauvais temps* de Claude Le Bouthillier).

24. Lors du concert bénéfice, Céleste entr'aperçoit la «vieille guenille de piano» (*P*, 122) sur lequel Litwin lui faisait jouer des pièces de *rag-time*.

courte durée. Le clan Blaudelle isole Céleste, l'emmure dans le silence. Son enfant lui est arraché à coup de stratégies, de manœuvres et d'intimidation, et elle doit accompagner son mari à la base militaire de Petawawa, en Ontario[25]. Céleste est rejetée par sa belle-famille, Pierre est méprisé par ses parents. N'en pouvant plus de « la vie d'enfer du clan Blaudelle » et du « collier de plomb que j'étais [son épouse] à son cou », il se porte volontaire « avant "son temps" [...] Il ne partait pas en guerre, il fuyait la paix » (*P*, 143). Céleste refuse de se laisser écraser par le malheur et plutôt que revenir à Campbellton après le départ de Pierre pour les champs de bataille d'Europe, elle fuit à New York. Céleste, pour survivre, choisit à nouveau le déracinement et la déportation, dans une ville encore plus grande, où elle vit « la paix dans l'âme, à l'ombre des grands édifices » (*P*, 41) [26].

Dans la métropole américaine, Céleste, encore une fois, se sert de ce qui devait l'écraser pour se faire connaître et être valorisée. Elle a été déchue de son rôle de grande pianiste de cinéma muet à la suite de la présentation du film *The Jazz Singer*, dont l'auteur ne décrit qu'une séquence : celle d'Al Jolson, un Blanc maquillé en Noir, qui se met à chanter. À New York, Céleste sera sauvée par Papa John Devil, véritable Afro-Américain et violoniste de jazz qu'elle accompagne dans les clubs de jazz. Il est assez ironique que « Céleste » soit sauvée par le « Devil », que le cartable à couverture noire soit surnommé le « Livre Noir[27] » et que ce soit à la faveur d'une panne d'électricité qui plonge la ville « dans le noir » que Blaudelle voit la lumière. À la fin

---

25. À Petawawa se trouve l'une des plus grandes bases militaires canadiennes. Durant la Deuxième Guerre mondiale, ce fut aussi un camp d'internement pour prisonniers allemands et objecteurs de conscience, dont le maire de Montréal, Camilien Houde.

26. *Raconte-moi Massabielle* est un récit à tous les points de vue « acadien ». À partir des *Portes tournantes*, Jacques Savoie s'éloigne de l'Acadie et s'intègre à l'institution littéraire québécoise. D'ailleurs, *Les portes tournantes* n'a pas été publié aux Éditions d'Acadie de Moncton, mais aux Éditions du Boréal à Montréal. Savoie a-t-il recours au personnage de Céleste pour expliquer, voire justifier, sa volonté de se libérer des contraintes imposées par un milieu exigu et affirmer l'autonomie de son art ? Voir Pénélope Cormier, « Modernité et nomadisme artistiques dans *Les portes tournantes* de Jacques Savoie », *Francophonies d'Amérique*, n° 19, printemps 2005, p. 185-192.

27. Si le Code noir est le nom qui a été donné au 18e siècle à un ensemble de textes juridiques réglant la vie des esclaves noirs dans les colonies françaises, le Livre Noir a été rédigé par une *marron* qui a fui la propriété des Blaudelle.

du roman, Papa John Devil interprétera la musique de Céleste sur un violon (l'instrument du diable, mais aussi l'instrument traditionnel acadien) au Grand Théâtre de Québec (ce qui n'est pas sans rappeler le théâtre de Litwin où cette musique a été créée). Entre la descendante de déportés acadiens et le descendant d'esclaves noirs des liens se tissent[28] grâce à la musique qui demeure, du moins dans ce roman, le principal mode d'expression pour ceux qui ont perdu leur paradis originel. Il en sera de même pour Gunther qui, ayant fui l'Allemagne nazie, est devenu le pianiste de Papa John à New York, et qui, grâce à un concert improvisé, reliera les fils divers de l'intrigue.

Toutefois, il faut remarquer que c'est à partir du moment où Céleste se trouve à New York que la pièce *On ne tuera pas la pianiste* perd son nom d'origine et devient *You don't kill a piano player*. Certes, elle vit « la paix dans l'âme » (*P*, 41) à New York, mais elle ne domine plus la situation, comme elle a toujours tenu à le faire. Elle est « à l'ombre » (*P*, 41), ses mains sont « glacées et éteintes » (*P*, 42) et elle n'arrive plus à accompagner Papa John Devil au piano. Celui-ci persiste à croire que tant que Céleste écrira cette longue lettre (qui deviendra le Livre noir) à son fils, « le froid ne se répandra pas dans son corps » (*P*, 42). Ce qui la maintient en vie serait donc ce rappel de ses origines acadiennes et ce besoin de justifier son départ aux yeux du fils qu'elle a abandonné. Si Blaudelle reçoit le Livre noir, il faut en conclure que Céleste, tout comme Évangéline, est morte et enterrée « bien loin [...] sur d'étrangères plages » où l'on « entend murmurer un étrange idiome[29] ».

Blaudelle, le fils de Céleste, sera lui aussi un exilé qui questionne son identité. Son identité fluctue, au gré de son inspiration artistique qui change de l'hyperréalisme à l'art abstrait (ou le « non-figurative-débile » *P*, 11, comme il le qualifie). Son fils Antoine finit par l'appeler simplement Blaudelle, car son père a trop souvent changé de prénom : « C'est un peintre, Blaudelle, et je l'appelle par son nom de famille parce que, côté prénom, c'est un peu compliqué. Il en a eu tellement. [...] il s'appelait Chevrolet. Puis il a changé pour Dado, maintenant

---

28. De même, d'après John Seelye la déportation des Acadiens et le sort tragique d'Évangéline et de Gabriel sont des métaphores qui renvoient à la condition des esclaves noirs à l'époque de Longfellow. Voir John Seelye, « Attic Shape : Dusting off *Evangeline* », *The Virginia Quarterly Review*, vol. 60, n° 1, hiver 1984, p. 41-43.

29. Henry Wadsworth Longfellow, *Évangéline*, Moncton, Perce-Neige, 1994, p. 98-99.

il se fait appeler Joeuf... » (*P*, 11). Le prénom original est remplacé par des prénoms régressifs, de plus en plus simples, de trois à une syllabe, puis disparaît au profit du nom d'une famille qui a tout fait pour qu'il ne devienne pas artiste et qui l'a renié.

Blaudelle s'est fait appeler « Chevrolet », une marque de voiture américaine qui porte le nom de Louis Chevrolet, un pilote de course automobile et mécanicien de Suisse romane. En 1913, Louis Chevrolet quitta l'entreprise qu'il avait aidé à fonder à Détroit et dut abandonner son nom et ses voitures, sans jamais profiter de l'incroyable fortune que rapportera la compagnie quelques années plus tard. Blaudelle a aussi choisi de s'appeler « Dado », qui était aussi le surnom de Miodrag Djuric, peintre monténégrin qui s'est exilé à Paris en 1956 où il ne connaissait presque personne, ne parlait ni ne lisait le français. Blaudelle s'appellera aussi « Joeuf » (Jeff), nom à consonance américaine. Tous ces noms d'exploités, d'exilés et d'étrangers illustrent l'aliénation de Blaudelle et son incapacité à s'accepter et à intégrer l'intime.

Pourtant, il y aura guérison, et à la fin du roman ces prénoms seront remplacés par « Madrigal », qui est le prénom que lui avait donné sa mère et qui, en musique, est une pièce vocale polyphonique[30], et en littérature, un court poème tendre ou galant, généralement adressé à une femme. Blaudelle retrouve son véritable prénom et sa véritable identité, et par la même occasion réapprend à parler et à communiquer ses sentiments à son ex-épouse et à son enfant de sorte qu'il pourra reconstituer sa famille.

Une danse agile sur le volcan d'assez troubles passions

Dans les premiers romans de Jacques Savoie, c'est toujours « la même grâce inquiète, la même danse agile sur le volcan d'assez troubles passions[31] » comme le dit si bien le critique Gilles Marcotte. Savoie aborde essentiellement le drame de marginaux qui traquent la réalité derrière les apparences et, en fin de compte, leur propre

---

30. Si nous considérons l'aspect musical du *madrigal* et si nous comprenons que le prénom de Lauda est formé à partir de *laudes*, l'office de l'aurore pendant lequel on chante des psaumes de louanges, alors le couple Madrigal-Lauda est fait pour s'entendre.

31. Gilles Marcotte, « Faites confiance au romancier », *L'Actualité*, août 1986, p. 83.

réalité. *Les portes tournantes* est un roman d'apprentissage où Céleste et Blaudelle traversent le miroir (comme le personnage d'Alice de Lewis Carroll), s'aventurent au pays des merveilles et de la fiction pour en revenir plus conscients d'eux-mêmes, capables de démêler les fils entrecroisés du passé et rétablir l'équilibre.

Les portes tournantes est une œuvre à la fois drôle et inquiétante, optimiste et noire, qui met en évidence la situation des familles éclatées. C'est à la fois un cri du cœur pour que les choses changent et une critique sévère de cette société où les gens perçoivent tout à travers le prisme de la consommation, manquent de tolérance et cherchent à uniformiser, à éteindre la personnalité de ceux qui refusent de faire comme les autres. Savoie prend la position contraire, reprend inlassablement cette idée de tolérance, de non-violence, de rétablissement des liens affectifs brisés. Malgré cette noirceur qui nous cerne de plus en plus, Savoie garde espoir, mettant sa foi en ce qui est beau : l'art, l'imagination, l'amour.

La capitale culturelle acadienne

Moncton mantra de Gérald Leblanc

> Que sont mes amis devenus
> Que j'avais de si près tenus
> Et tant aimés ?
> Je crois qu'ils sont trop clairsemés [...]
> Je crois le vent les a ôtés
> *Complainte de Rutebeuf*

Relire *Moncton mantra*[1], c'est se plonger dans un passé pas si lointain lorsque la Nouvelle littérature acadienne (tout comme il venait d'y avoir un Nouveau roman en France) était à l'état embryonnaire, lorsque ses auteurs prenaient conscience de l'urgence de décrire et d'écrire la réalité de ce pays trop longtemps silencieux ou uniquement fasciné par le spectre de la Déportation. Les jeunes Acadiens de cette génération ont fait table rase de l'idéologie clérico-nationaliste de la Survivance, de cette Acadie « des prêtres, des bonnes sœurs et de l'immense tableau de la Déportation accroché au mur » (*MM*, 19). Confrontés à la tendance néfaste de se réfugier dans le passé au lieu de dénoncer l'inacceptable réalité du présent, ils ont contesté l'idéologie de survie des conventions nationales et les symboles nationaux devenus, à leurs yeux, synonymes de peur, d'infériorité, de colonisation. À quoi bon revenir sur des scènes d'injustices et de

---

1. Gérald Leblanc, *Moncton mantra*, Moncton, Perce-Neige, coll. « Prose », 1997, 144 p. Désormais, les références à cet ouvrage seront indiquées par le sigle *MM*, suivi du folio, et placées entre parenthèses dans le texte.

supplications larmoyantes en cette période de libération et d'expérimentation ?

Gérald Leblanc a voulu décrire l'effervescence révolutionnaire qui couvait en Acadie et l'enthousiasme de ces auteurs de « l'Acadie à faire » qu'il a côtoyés et avec qui il a argumenté, discuté, disputé. Dans l'exemplaire du roman qu'il m'a dédicacé, Leblanc souligne cette fraternité d'armes : « pour Robert Viau, ce *Moncton mantra* comme un album de famille d'une génération[2] ». Si *Moncton mantra*, comme l'écrit l'auteur, est un « album de famille », alors il faudrait considérer certaines photos comme étant ressemblantes, d'autres floues, ratées, voire même truquées. D'ailleurs, comme l'indique l'épigraphe, c'est-à-dire la courte citation mise en tête du livre pour en indiquer l'esprit, la moitié seulement de l'histoire est véridique et l'autre moitié est nécessaire « comme les nuages un jour ennuagé[3] ». Cette citation de John Yau se veut un appel à la prudence et il ne faut pas prendre à la lettre toutes les confidences du narrateur.

De quel genre littéraire relève *Moncton mantra* ? Gérald Leblanc est avant tout un poète comme il l'explique dans une entrevue : « L'écriture de la poésie m'est naturel [sic], j'y arrive spontanément à ma table de travail. Mais il y a plus de dix ans, j'avais la tentation d'écrire un roman, alors je me suis appliqué à travailler ce genre. Ce qui m'a donné bien du fil à retordre[4] ». Est-ce que *Moncton mantra* est à proprement parler un roman ? Est-ce un récit quasi autobiographique qui suit en grande partie le parcours de l'auteur ? Est-ce la mise en page d'un journal intime, ce qui expliquerait le rythme saccadé, discontinu de certains chapitres ? N'est-ce pas plutôt un essai sur l'écriture et la vocation d'artiste ? Afin de cerner ce *Moncton mantra* « multipiste[5] », il faudrait revenir à la poésie de Leblanc et

---

2. Cette rencontre avec le poète a eu lieu lors du huitième colloque de l'Association des professeurs des littératures acadienne et québécoise de l'Atlantique (APLAQA) à Sydney, Nouvelle-Écosse, le samedi 24 octobre 1998.

3. « Only half the story is true. The rest is necessary, like clouds on a cloudy day » (*MM*, 9).

4. Clint Bruce, « Un entretien avec le poète acadien Gérald Leblanc dans le cadre du thème "L'écrivain sur l'écriture" », *Equinoxes*, n° 3, printemps-été 2004, en ligne : https://www.brown.edu/Research/Equinoxes/journal/issue3/eqx3_leblanc. html (consulté le 2 juin 2015).

5. Ce terme renvoie au poème « Multipiste », mais aussi au titre d'un numéro spécial consacré à Gérald Leblanc. Voir Raoul Boudreau et Jean Morency (dir.), « Gérald Leblanc, multipiste », *Revue de l'Université de Moncton*, vol. 38, n° 1, 2007, 208 p.

citer cet extrait de «Pratique de la poésie» qui renferme l'essentiel du projet de l'auteur :

> je veux nommer jusqu'au vertige
> tout ce qui m'a touché
> les traces indélébiles
> de certains moments
> les épiphanies du quotidien
> au long de la longue complainte
> de mon appartenance[6]

Moncton mantra a été écrit à l'emporte-pièce, sous le signe de l'excès, par un auteur qui a remis en cause les codes de la poésie et qui n'a pas hésité à faire de même dans cette œuvre en prose.

Pourquoi Moncton ?

Malgré les injonctions de l'élite clérico-nationaliste acadienne, l'avenir du pays n'est pas «du côté du passé» et du ressassement continuel de l'empremier, du pays perdu et des malheurs résultant de la Déportation. Dans le contexte particulier de l'Acadie, une telle préoccupation avec le passé pose le problème du temps et de l'espace. Comme le souligne Herménégilde Chiasson dans sa préface au recueil *L'Extrême Frontière* de Gérald Leblanc : «Pouvons-nous exister dans le temps seulement en continuant de nier notre espace ?[7]». En Acadie, l'espace (à la suite du traumatisme des déportations), comparé au temps, a toujours fait défaut. C'est pourquoi Chiasson situe l'identité moins dans une lignée historique que dans un territoire. Comme il l'explique : «J'ai toujours cru qu'un Acadien c'est celui ou celle qui habite l'Acadie et qui est habité par elle[8]». L'identité acadienne est établie sur une notion de territoire qu'il s'agit d'occuper et de nommer. Comme le souligne Leblanc, il s'agit «de dire à nouveau nous vivons ici[9]» afin d'assurer la prise en charge de la thématique du territoire.

---

6. Gérald Leblanc, «Pratique de la poésie», *Complaintes du continent. Poèmes 1988-1992*, Moncton/Trois-Rivières, Perce-Neige/Écrits des Forges, 1993, p. 57.
7. Herménégilde Chiasson, «Préface. Pour saluer Gérald Leblanc», Gérald Leblanc, *L'extrême frontière*, Moncton, Éditions d'Acadie, 1988, p. 11.
8. Herménégilde Chiasson, «Triptyque», 8 septembre 1992, inédit, p. 7.
9. Gérald Leblanc, *Éloge du chiac*, Moncton, Perce-Neige, p. 117.

Ce pays à définir s'articule dans une province où l'Acadien est minoritaire, et dans une ville, Moncton, où l'Acadien a longtemps été méprisé, où il fallait parler français quasiment en cachette. Comme le rappelle Chiasson :

> Moncton. Un lieu exact, une erreur monumentale sur la carte de notre destin, le nom de notre bourreau[10] comme un graffiti sur la planète. Moncton. Un espace difficile à aimer (un espace difficile pour aimer), une ville qui nous déforme et où nous circulons dans les ramages du ghetto. Et pourtant, c'est de cet espace que jaillit notre conscience, vécue dans les méandres de la diaspora et articulée dans un faisceau rutilant de colère et d'ironie[11].

Dans le recueil *L'Extrême Frontière* de Gérald Leblanc, Moncton représente la frontière extrême de la réserve acadienne : « sur la réserve dont Moncton est l'extrême frontière, / nous avons appris à écrire[12] ». Dans ce recueil, Leblanc pose cette question : « qu'est-ce que ça veut dire, venir de Moncton ? », avec une variante : « qu'est-ce que ça veut dire, venir de nulle part ?[13] ». La ville anglaise engendre une conscience aiguë et douloureuse de l'identité acadienne. Pourtant, l'œuvre poétique (et romanesque) de Leblanc nous rappelle que l'identité acadienne d'aujourd'hui ne peut occulter Moncton, malgré ses contradictions. C'est dans cette ville aux deux tiers anglophone[14], qui a été pendant longtemps hostile au projet de société des Acadiens, que se trouvent les principales institutions acadiennes : le siège social de la Société nationale de l'Acadie (qui représente le peuple acadien de l'Atlantique), l'Université de Moncton, la maison d'édition Perce-

---

10. Le lieutenant-colonel Robert Monckton, officier britannique des troupes régulières, s'empara du fort Beauséjour en 1755 et mis en œuvre la déportation des Acadiens de la région de l'isthme de Chignectou et de la région de ce qui deviendra la ville de Moncton (qui a perdu le « k » du nom d'origine).
11. Chiasson, « Préface. Pour saluer Gérald Leblanc », *op. cit.*, p. 7.
12. Leblanc, *L'extrême frontière*, *op. cit.*, p. 65. Cette idée de frontière extrême revient dans *Moncton mantra* : « en demeurant à Moncton, nous serons les résistants à la frontière de la future province » (*MM*, 136).
13. Leblanc, *L'extrême frontière*, *op. cit.*, p. 161.
14. Même le critique littéraire Northrop Frye, qui a grandi à Moncton et en l'honneur de qui a été nommé le Festival Frye (le seul festival littéraire international bilingue au Canada et le plus important au Canada atlantique), traitait sa ville de « stinking little kraal », « petit kraal [enclos à bétail] puant ». Robert D. Denham (dir.), *The Diaries of Northrop Frye, 1942-1955*, Toronto, University of Toronto Press, 2001, p. 42.

Neige, la compagnie d'assurances Assomption Vie, le Centre hospitalier universitaire Dr-Georges-L.-Dumont, Radio-Canada Atlantique, etc.

L'hégémonie culturelle de Moncton demeure le sujet de querelles incessantes de la part des autres régions francophones de l'Acadie (et même de Frédéricton). Dans *Complices du silence?* de Claude Le Bouthillier, le personnage principal «voyait trop souvent à Moncton une Acadie d'exclusion» qui cherchait «à occulter l'Acadie maritime, forestière, agricole et rurale que forme la plus grande partie du pays[15] », et il rêvait à ce que serait devenue l'université des Acadiens si elle avait été établie dans le Nord : «les Acadiens auraient une vraie ville française comme tout peuple normal, une façon plus saine de vivre et de penser, un pays plus français, plus revendicateur, avec une meilleure estime de soi[16]». Mais ce personnage doit lui-même admettre «qu'il était trop tard pour revenir en arrière[17] ».

Moncton n'est-elle pas la capitale de l'Acadie? Question épineuse quand nous connaissons les rivalités entre le Nord et le Sud du Nouveau-Brunswick[18]. Antonine Maillet, toujours aussi conciliante, affirme que l'Acadie n'a pas de capitale et elle se sert d'un agrume pour illustrer son point de vue. Telle l'orange, l'Acadie «n'a pas de noyau», mais «des graines un peu partout». Si Moncton est «sa plus grosse graine, son gros pépin[19] », c'est à cause des institutions universitaires et politiques qui s'y trouvent. Mais ce n'est pas le noyau de l'Acadie. Même Herménégilde Chiasson, fortement identifié à Moncton, rétablit un certain équilibre en affirmant que «l'Acadie ne s'est jamais réduite à Moncton. Même si cette ville est devenue, par la force de son infrastructure, une dimension importante de notre présence, il faut toujours garder à l'esprit qu'elle s'alimente à tout un arrière-pays qui lui donne son envergure et son importance[20] ».

---

15. Claude Le Bouthillier, *Complices du silence?*, Montréal, XYZ éditeur, 2004, p. 49.
16. *Ibid.*, p. 161.
17. *Ibid.*, p. 162.
18. Caraquet ne s'est-elle pas proclamée Capitale de l'Acadie? Voir le site de la Ville de Caraquet, Capitale de l'Acadie, en ligne : http://www.caraquet.ca/ville/caraquet-une-qualite-de-vie-enviee-de-tous (site consulté le 2 juin 2015).
19. Antonine Maillet, *Par-derrière chez mon père*, Montréal, Leméac, [1972] 1987, p. 141.
20. Herménégilde Chiasson, «Visions de Gérald», *Revue de l'Université de Moncton*, vol. 38, n° 1, 2007, p. 14.

Si cette question de capitale acadienne suscite encore la polémique, il est toutefois indiscutable que Moncton est le centre de la modernité acadienne. Malgré ses contradictions, Moncton demeure un centre vital de création acadienne comme le rappelle Gérald Leblanc :

> Je vis à Moncton, une petite ville où deux langues (le français et l'anglais) se côtoient de façon parfois maladroite. Moncton, pour le meilleur ou pour le pire, ou, peut-être faudrait-il dire, pour le meilleur ET pour le pire, est la capitale culturelle et économique de l'Acadie. J'ai choisi d'y habiter, car cette ville m'est toujours un puissant moteur de création[21].

C'est dans cette ville que se sont épanouies les forces vives de ceux qui ont établi un nouveau discours de l'acadianité. Les poètes et romanciers Raymond Guy LeBlanc, Guy Arsenault, Gérald Leblanc, Herménégilde Chiasson, Rose Després, Dyane Léger, France Daigle ont investi Moncton et participé à sa transformation. Malgré ses contradictions et ses tensions, seule la ville de Moncton, grâce à son campus universitaire, aux idées qui y circulent et aux débats qu'on y tient, peut faire émerger une conscience neuve, libérée des avatars folkloriques. Leblanc en particulier revendique ce droit à la modernité, ce droit d'être reconnu comme un écrivain du vingt et unième siècle, et non plus d'être perçu comme un représentant d'une Acadie folklorisée, traditionnelle. Comme il le souligne avec ironie : « j'envoie pas mes textes par pigeon [...] ça va sur e-mail [...] et moi quand je me promène c'est pas en charrette c'est en taxi[22] ». L'image même de cette Acadie traditionnelle se dissout dans ses poèmes : « chalutiers à la dérive / air de violon emporté / le vent crie / dans la grange vide[23] ».

---

21. Gérald Leblanc, « L'alambic acadien : identité et création littéraire en milieu minoritaire », André Magord (dir.), *L'Acadie plurielle. Dynamiques identitaires collectives et développement au sein des réalités acadiennes*, Université de Moncton, Centre d'études acadiennes, Université de Poitiers, Institut d'études acadiennes et québécoises, 2003, p. 519.

22. Gérald Leblanc cité par Annette Boudreau et Raoul Boudreau, « La littérature comme moyen de reconquête de la parole. L'exemple de l'Acadie », *Glottopol*, n° 3, janvier 2004, p. 174.

23. Leblanc, *L'extrême frontière, op. cit.*, p. 21.

La ville a attiré et continue d'attirer des Acadiens des autres régions de sorte que la région métropolitaine de Moncton-Dieppe-Riverview est maintenant la plus peuplée du Nouveau-Brunswick et qu'elle offre une infrastructure urbaine nécessaire au développement des arts. C'est à Moncton qu'est née une nouvelle conscience de l'Acadie, qu'a été proclamée l'urgence « de nommer le pays, de lui trouver un espace, de lui donner un discours, de lui donner une dignité[24] ». Comme l'explique Gérald Leblanc :

> Lorsque j'ai écrit mes premières œuvres, j'avais la conviction qu'on était en train de construire quelque chose. Je dis « on », c'est-à-dire « nous » : Herménégilde Chiasson, Guy Arsenault, Raymond Leblanc, France Daigle, Diane [Léger], Régis Brun, et j'en passe. Nous avions le projet de faire une littérature acadienne. Ce n'est pas comme si on se levait chaque matin et qu'on se disait : « Qu'est-ce que je peux faire pour la littérature acadienne aujourd'hui ? ! » On s'inscrivait dans un courant qui faisait rupture en parlant de l'Acadie telle qu'elle était ressentie au 20ᵉ siècle pour bon nombre d'Acadiens. Il n'était plus question, pour nous, de cages à homards au bout du quai. C'était plutôt vivre en ville, c'était l'expérience des drogues, etc., un travail de défrichage, même si à l'époque on ne pensait pas à ce que nous faisions en ces termes. Je me disais que mon travail était un fragment d'un plus grand morceau[25].

Leblanc est le témoin et un des principaux artisans de cette prise de conscience et de prise de parole. Il est celui qui a vu, qui a entendu, qui a ressenti les choses et qui, dans son roman, leur a donné une forme.

Moncton mantra, il faut le souligner, se déroule à une époque où la prédominance de Moncton restait à être établie. Le personnage de Gautreau et ses amis poètes et romanciers vont participer à l'édification de Moncton comme capitale culturelle et à l'autonomisation de la littérature acadienne. Dans *Moncton mantra,* Moncton devient un mantra[26], une formule sacrée, émanation matérielle de l'esprit de cette ville et de ceux qui y ont vécu l'éveil de la modernité acadienne.

---

24. Chiasson, « Triptyque », *op. cit.,* p. 9.
25. Michel Giroux, « Sur l'écriture : rencontre avec deux poètes acadiens », *Studies in Canadian Literature/Études en littérature canadienne,* vol. 17, nᵒ 2, 1992, p. 161.
26. « Les noms des villes sont des mantras », écrit Leblanc, confirmant l'importance du lieu et du son. Gérald Leblanc, *Les matins habitables,* Moncton, Perce-Neige, 1991, p. 23.

Formule sonore et rythmée, le mantra de Moncton est répété de nombreuses fois (« Moncton » revient 63 fois dans le roman pour être exact), telle une incantation, pour faire de la petite ville des années soixante-dix le centre d'une Acadie urbaine et moderne. À mesure que Gautreau décrit Moncton, il se rend compte du « pouvoir magique des mots » (*MM*, 113). Les innombrables descriptions de la ville permettent de consacrer sa réputation, de confirmer son importance. L'incantation monctonienne à force d'être répétée comme une évidence, devient, en quelque sorte, une réalité. À la fin du roman, Moncton est devenue un pôle d'attraction important et de nombreux Acadiens s'y sont installés, poursuivant à leur tour cette incantation monctonienne :

> [J]'entends la voix de Jean-Claude Collette qui me parle d'Herbert Marcuse ; [...] j'entends Monique LeBlanc me demander ce que je lis ; j'entends Robert Landry me parler d'Acadie et de poésie ; j'entends Anne-Marie Doucet entonner *Season of the Witch* sur la rue Archibald ; j'entends Gilles Robichaud me rappeler les mots simples de notre enfance [...] j'entends Alexandre Cormier me citer du Bertolt Brecht ; [...] j'entends Réginald Belliveau me parler des freaks de su l'empremier ; [...] j'entends Sally éclater de rire au volant de Roger's Cab ; j'entends Pierre Beaulieu avec l'accent du Madawaska tentant de me convaincre de lire ma poésie en public ; [...] j'entends Yvon Goguen m'expliquer en chiac des anecdotes qu'il transforme en peinture ; j'entends Suzanne Demers me lire du Réjean Ducharme au téléphone ; [...] j'entends la voix de Zachary Richard sur la rue St. George ; [...] j'entends Françoise Dupuis s'éclater de rire ; j'entends Céline Cormier me parler de stratégie ; [...] j'entends le trafic des rues que j'ai habitées, les murmures et les cris des voisins ; j'entends des bribes de conversation saisies lors de mes randonnées ; j'entends des voix du Kacho, de la Lanterne, [...] j'entends toutes les voix que j'ai connues. J'entends... j'entends. (*MM*, 142-143)

L'Acadie qui se questionne

Dans *Moncton mantra*, Alain Gautreau, le narrateur autodiégétique (héros de son récit), se révèle un personnage ondoyant et imprévisible qui refuse de se fixer. Sa vie est en proie aux gens, aux choses, à tous les souffles, à toutes les modes. D'ailleurs, il demeure innommé pendant le premier tiers du roman, comme s'il se cherchait une identité ou était incertain de la sienne[27]. Malgré ses attitudes évasives et le flou de son existence, ou peut-être à cause de la liberté et de la disponibilité que cela implique, le narrateur participe aux petits et aux grands événements qui ont marqué la société acadienne de cette époque, en particulier ceux qui se sont déroulés à Moncton. À mesure que progresse le roman, il cherche à traduire par l'écriture une réalité fuyante, floue ou problématique, car tout est à découvrir, à dire, et c'est sans doute ce qui fait la merveille de vivre, d'être présent, de témoigner.

À l'automne de 1971, Gautreau s'inscrit à l'Université de Moncton. Que représente l'Université de Moncton au début des années soixante-dix? Fondée en 1963, l'Université de Moncton venait de connaître des manifestations et l'occupation du pavillon des sciences par les étudiants[28]. Pour le narrateur qui suit des cours de français et de philosophie, l'université est un milieu bouillonnant, actif, travaillé par le changement, où règne une sorte de fébrilité ressentie aussi bien par les étudiants que par les professeurs. Gautreau ne s'inscrit pas à l'université pour obtenir un diplôme et ensuite décrocher un emploi rémunérateur (vision mercantile de l'enseignement qui semble dominer de nos jours[29]), mais parce qu'il considère l'éducation comme un élément essentiel à sa croissance personnelle. Aller à l'université lui donne l'occasion d'apprendre de nouvelles choses, de confronter ses concepts à ceux d'autrui, de rencontrer de nouvelles personnes et d'exiger davantage de lui-même grâce aux nouvelles expériences et aux nouvelles idées. Gautreau veut

---

27. Certes, il y a eu le «mon cousin Gilles Gautreau» (*MM*, 14) et le «Uaertuag Niala» (*MM*, 38), comme le surnomme Frederic Wilson en virant le nom à l'envers, mais le nom complet du personnage n'apparaît pas avant la page 56 du chapitre 2: «je ne suis pas Jack Kerouac, mais bien Alain Gautreau».

28. Sur ces événements, voir le film *L'Acadie, l'Acadie?!?* de Michel Brault et Pierre Perrault, Office national du film, 1971, 117 m 59 s.

29. Au moment où j'écris ces lignes, le 5 février 2015, la ministre de l'Éducation postsecondaire, de la Formation et du Travail du Nouveau-Brunswick est vivement critiquée par la Fédération des étudiantes et étudiants du centre universitaire de Moncton car elle «a privilégié l'arrimage de l'éducation aux besoins du marché et dévaloriser [sic] les disciplines fondamentales représentées par des facultés comme les Arts et les Sciences sociales», ce qui fait craindre pour l'avenir des universités néo-brunswickoises. Voir «Francine Landry est vivement critiquée par la Féécum», en ligne: http://www.cjemfm.com/accueil.php?a=7049 (consulté le 2 juin 2015)

être «stimulé, provoqué, encouragé dans [s]on évolution intellectuelle» (*MM*, 31). Toutefois, il s'agit aussi dans son cas particulier d'une «décision soudaine» et du «geste désespéré» d'un jeune chômeur qui se cherche et qui essaie «de ne pas virer fou» (*MM*, 11).

Cette hantise de la folie est intimement liée à une crise identitaire. Le questionnement face au «Qui suis-je?» est mené de front avec le «Qu'est-ce que l'Acadie?». Le protagoniste ressent vivement la précarité de sa situation et il s'identifie à son pays incertain : «je remarquais qu'il était beaucoup question d'Acadie, de changements, voire de révolution. J'ai commencé à m'interroger sur ces concepts, sur ce qui faisait que j'étais moi-même Acadien et sur ce que ça voulait dire au juste» (*MM*, 11-12).

Mais qu'est-ce que l'Acadie? Les gens à l'extérieur de Moncton et des provinces maritimes doutent du fait acadien et leurs arguments ébranlent les convictions du narrateur. Xavier Roy, un Américain de descendance acadienne qui rêve de devenir «écrivain philosophe», suggère à Gautreau de «tout foutre en l'air» (*MM*, 15) et l'entraîne à Boston. Certes, rien ne semble étonner Xavier, mais ce dernier s'impatiente dès que son colocataire aborde la question de l'Acadie. La moindre mention du nationalisme l'exaspère, car il considère tout nationalisme comme une forme de «barbarie», surtout le nationalisme acadien, d'autant plus que «les Acadiens sont une bande de schizophrènes aliénés, victimes de l'Église catholique qui les a castrés» (*MM*, 16-17).

S'il n'arrive pas à présenter des arguments solides, Gautreau est tout de même conscient que l'Acadie, telle que décrite par Xavier, celle «des prêtres, des bonnes sœurs [...] de la Déportation» (*MM*, 19), n'existe plus. Son incapacité à s'expliquer, à convaincre l'autre, s'enracine en une crise d'identité aiguë. «Cette conscience d'être Acadien qui [lui] fait mal» (*MM*, 18) le pousse à mettre en question ses croyances et ses choix. Il sent confusément qu'un nouveau discours s'articule autour de la notion d'Acadien et que ce n'est pas à Boston qu'il pourra définir ce que cela veut dire d'être Acadien, d'où son retour à Moncton et son inscription à l'Université.

Face aux Québécois, Gautreau retrouvera ce même refus de reconnaître l'identité acadienne, le même rejet de l'Acadie. Il n'a que faire d'un cinéaste, «indépendantiste subventionné par Ottawa», qui compte se rendre à Moncton tourner un film sur le bilinguisme et «filmer la mort» (*MM*, 106) de l'Acadie. Enfin, sa conversation dans un bar de la rue Saint-Denis avec une «brute nationaliste en chemise de bûcheron» finit par convaincre Gautreau de la bêtise des «Tabarouettes»: «l'évidence est invisible pour lui. Il a trouvé sa religion, le nationalisme aveugle, NOUS contre LES AUTRES, une bataille à finir, les lendemains qui chantent, enfin le bout du bout de la marde» (*MM*, 111)[30]. L'épisode de Montréal, tout comme celui de Boston, convainc Gautreau qu'il doit poursuivre sa route à Moncton et que c'est là qu'il arrivera à se définir et à définir l'Acadie contemporaine: «Habiter une ville, avoir un rapport équivoque avec cette ville, teinté d'une sorte d'amour-haine la plupart du temps, mais qui fournit un lieu d'exploration tout de même. Moncton, c'est ça pour moi» (*MM*, 112).

L'écriture

Mais comment se définir et affirmer sa différence et celle de sa ville? Pour le protagoniste, la pratique de l'écriture est indissociable de son bien-être. Toutefois, il ne s'agit pas d'écrire n'importe quoi et n'importe comment, mais d'élaborer une écriture qui soit spécifiquement «acadienne» et innovatrice. Il a le goût «d'explorer des avenues autres que la conjugaison des verbes irréguliers du Grevisse» (*MM*, 12). Cette «obsession d'écrire» (*MM*, 12) qui s'impose de façon répétée et incoercible dès son jeune âge pousse Gautreau à lire les livres à l'index. S'il admire l'écriture et la clarté d'expression de Gide, Sartre, Camus, Montherlant, il préfère raconter ses propres histoires qu'il juge autrement «plus rocambolesques et tourmentées» (*MM*, 13) et qui se déroulent en Acadie, «un lieu privilégié pour écrire» (*MM*, 13).

Gautreau désire ardemment écrire. Il est habité par «une passion d'écrire peu commune, une soif d'expression dévorante, une volonté de foncer, de défoncer» (*MM*, 22). Il conçoit l'écriture «comme une sorte de catharsis, comme quelque chose qui [lui] permettra de voir clair dans la confusion qui [l']habite» (*MM*, 16). Mais il lui est difficile d'écrire comme il l'entend et il est loin de faire toujours ce

---

30. D'un autre côté, n'est-ce pas exactement ce que Xavier Roy reprochait à son «little militant Acadian nationalist» qui ressemblait à une «bête enragée» (*MM*, 18) du moment qu'il se lançait dans ses explications sur le nationalisme acadien?

qu'il se sent porté à faire. S'il rêve d'écrire un roman-fleuve, «[s]a légende de Yoknapatawpha à [lui]» (*MM*, 22) — une référence à ce comté fictif, imaginé par William Faulkner et qui revient dans beaucoup de ses romans —, il ne se décide pas à agir ou n'agit pas selon ses décisions à cause d'événements extérieurs qui le distraient et l'éloignent de la tâche à entreprendre de sorte qu'il «travaille démesurément dans [l]a tête sans prendre la plume» (*MM*, 56).

Si Gautreau écrit, c'est avant tout son journal et *Moncton mantra* reprend des éléments du journal intime. Certains paragraphes se lisent comme des entrées de journal une série d'anecdotes ayant peu de rapports avec ce qui précède et sur lesquelles on ne revient pas, mais qui permettent au narrateur de réfléchir sur sa position actuelle. Gautreau décrit la ville de Moncton, les saisons qui passent, les comportements de ses amis, les événements du quotidien, sa situation matérielle, et surtout ses mouvements intérieurs. Il dévoile les sentiments qu'il éprouve pour autrui, les interrogations identitaires et existentielles qui sont les siennes, les admonestations à modifier son comportement qu'il se fait à lui-même, sans vraiment parvenir à modifier sa façon de faire.

> Au petit pupitre de ma chambre, j'ouvre mon journal pour y barbouiller les événements de la journée. Cette pratique remonte à mon adolescence, et je n'ai jamais très bien compris pourquoi je l'avais commencée. Le plus souvent, je note des incidents, même les plus anodins, en me disant que je découvrirai, peut-être, une logique à mon existence en me relisant. (*MM*, 21)

Gautreau est étudiant à l'Université de Moncton, et non à la Sorbonne. Il bute non seulement sur le «quoi dire?», mais aussi sur le «comment le dire?», sur la problématique du français standard par opposition au français acadien. Dans quelle langue écrire? comment «articuler notre spécificité grâce à l'écriture» (*MM*, 22)? À la lecture des poèmes de son ami Gilles Robichaud et de nombreuses discussions autour d'un café avec le jeune poète, Gautreau se questionne sur la langue qu'il parle et sur celle qu'il veut utiliser dans ses œuvres. Certes, il parle «un mélange de français dit standard et de vieux français acadien qui [lui] vient de [s]on origine villageoise, parsemé de bouts d'anglais» (*MM*, 30), mais le chiac, tel qu'il le découvre, mêle davantage toutes ces langues «dans une symbiose assez originale» de sorte que cette langue vernaculaire de Moncton est apte à exprimer « la musique de l'expérience d'une ville, son aspect ludique » (*MM*, 30).

Ce ne sera qu'après un long questionnement que Gautreau se rend compte qu'il ne lui serait « jamais possible d'écrire comme les maîtres français s'[il] voulai[t] raconter ce qui [lui] bouillait dans les tripes » et qu'il n'a plus « à rougir de [s]on projet de jeunesse et encore moins de [s]es origines modestes » (*MM*, 47). En marchant dans Moncton, il s'imprègne « de son rythme, de ses rues, de son affichage unilingue et de ses langues oscillantes » (*MM*, 47). Il se sent aimanté vers la ville et tout ce qui vient à sa rencontre — même une affiche ou le titre d'un journal ou des mots entendus par hasard dans un café ou dans un rêve — se dépose comme matériel en attente d'élaboration. Peu à peu, il élabore un plan d'écriture qui a « Moncton pour thème », car il veut « traduire en prose un état d'esprit, rechercher le sens que prend pour [lui] cette ville » (*MM*, 57). Bien que Gautreau insiste sur le plaisir que lui procurent « les mots de [sa] réalité » (*MM*, 46), il emploie peu souvent le chiac dans son récit, sauf dans les dialogues.

Il est assez paradoxal que Gérald Leblanc, qui a intitulé un de ses recueils *Éloge du chiac*, s'abstienne d'écrire un roman en chiac. Comme l'expliquent Annette Boudreau et Raoul Boudreau : « Gérald Leblanc, qui s'en fait le plus ardent défenseur, n'envisagera pourtant jamais de faire du chiac une langue véhiculaire, car il sait bien qu'une communauté qui a peine à survivre n'a pas les moyens socio-économiques d'imposer une langue. En fait, il ne fait même pas du chiac sa langue principale d'écriture. Il l'utilise ponctuellement comme marque extrême de sa différence et de son droit à la parole[31] ». Même lorsqu'il cherche à cerner ce qui constitue le chiac, lorsqu'il le définit, le narrateur de *Moncton mantra* utilise un français « littéraire » : « Le chiac, c'est tout ça aussi, mais mêlé davantage dans une symbiose assez originale. Gilles m'apprenait à apprécier la musique de cette langue, la musique de l'expérience d'une ville, son aspect ludique » (*MM*, 30). Cette crainte ou ce refus d'écrire un roman qui serait taxé d'inintelligible par des lecteurs francophones de l'extérieur de Moncton, qui n'aurait aucun rayonnement à l'extérieur du groupe auquel il est associé, sera balayée par d'autres auteurs acadiens, tels

---

31. Boudreau et Boudreau, *op. cit.*, p. 173.

France Daigle et Jean Babineau, qui suivront la voie tracée par Leblanc et poursuivront l'expérience en écrivant *en* chiac, dans une grande liberté de langue et de sujet.

Un livre à clefs

Dans le roman, Gautreau se révèle un éveilleur de conscience, un promoteur de la littérature acadienne, et un de ses projets d'été consiste à sillonner les écoles secondaires et les polyvalentes de la province « à la recherche de jeunes poètes en herbe » (*MM*, 26) afin de publier leurs œuvres. Une telle démarche n'est pas sans rappeler le rôle qu'a joué Gérald Leblanc dans le développement des lettres acadiennes. Il faut faire une part à l'aspect autobiographique de *Moncton mantra* et souligner à quel point Gérald Leblanc a animé la poésie acadienne, a incité les jeunes auteurs à écrire et à prendre la relève. Leblanc a participé à la fondation de Perce-Neige en 1980, a ensuite siégé à son conseil d'administration et a occupé le poste de directeur littéraire de cette maison d'édition (qui publie essentielle-ment des recueils de poètes acadiens) de 1997 jusqu'à sa mort en 2005.

Comme le rappelle Raoul Boudreau, Moncton « est aujourd'hui reconnue comme un des centres de production culturelle les plus importants de l'Acadie, en particulier dans le domaine de la littéra-ture, et c'est incontestablement Leblanc qui apparaît comme le principal artisan de cette réalisation[32] ». Leblanc est fortement iden-tifié à sa ville, il est l' « habitant quintessentiel de la "cité"[33] ». Il s'est employé à faire de Moncton un des personnages centraux de son roman en multipliant les descriptions, les évocations de lieux, de quartiers, en nommant sans cesse les rues, les cafés, les bars. À partir des multiples déplacements de Gautreau, on peut aussi suivre le parcours de Leblanc d'appartement en appartement, d'autant plus que les adresses et même les numéros d'appartement sont indiqués. Il est d'ailleurs révélateur qu'une biographie détaillée de l'auteur ait

---

32. Raoul Boudreau, « La création de Moncton comme "capitale littéraire" dans l'œu-vre de Gérald Leblanc », *Revue de l'Université de Moncton*, vol. 38, n° 1, 2007, p. 34.
33. François Paré, « Acadie City ou l'invention de la ville », *Tangence*, vol. 58, 1998, p. 22.

été ajoutée à la fin de la plus récente édition de *Moncton mantra*[34] de sorte que le lecteur peut s'amuser à comparer le cheminement de Gautreau à celui de Leblanc et retrouver ces « lieux où [ce dernier] a vécu et qui sont devenus comme des îlots littéraires[35] ».

Dans son livre à clefs, Gérald Leblanc met en scène des personnages et des faits réels, mais déguisés. Tel que le note Marcel Olscamp, « [l]es "clés" de l'œuvre sont d'ailleurs tout de suite évidentes pour qui connaît un tant soit peu la jeune histoire de l'institution littéraire acadienne[36] ». Il est assez facile de reconnaître sous le nom de Robert Landry, auteur de *Complaintes d'ici,* Raymond LeBlanc, auteur de *Cri de terre*[37], le premier recueil de la première maison d'édition en Acadie, les Éditions d'Acadie. Comme l'explique Gautreau : « ses poèmes résonnent en chacun de nous, car nous comprenons qu'il parle avec nos mots et qu'il a réussi à investir ces mêmes mots d'une nouvelle urgence » (*MM*, 35). Alexandre Cormier qui récite « un long texte shamanique sur les couleurs du drapeau acadien » (*MM*, 35) ne serait nul autre qu'Herménégilde Chiasson, auteur de « Blanc, jaune, bleu, rouge et...noir[38] ». Un certain Gilles Robichaud fait paraître *Mémoire électrique Blues,* un ouvrage « broché à la mitaine » (*MM*, 49), tout comme l'a été *Acadie Rock*[39] de Guy Arsenault. Françoise Dupuis qui lit avidement le *Yi King* serait France Daigle et ce manuel chinois jouera un rôle important dans son roman *Petites difficultés d'existence*[40]. L'entourage de Gautreau se compose aussi d'Anne-Marie Doucet (Rose Després), d'Yvon Goguen (le peintre Yvon Gallant) et de Réginald Belliveau (Régis Brun). Plusieurs noms propres apparaissent tels quels dans le roman : Zachary Richard, Édith Butler, Lorraine Diotte.

Jusqu'à quel point faut-il tenir compte de ces clins d'œil complices ? Faut-il, comme le suggère Marcel Olscamp, considéré

---

34. Gérald Leblanc, *Moncton mantra*, Sudbury, Prise de parole, coll. « Bibliothèque canadienne-française », 2012, 169 p.

35. Chiasson, « Préface. Pour saluer Gérald Leblanc », *op. cit.*, p. 9.

36. Marcel Olscamp, « Regards acadiens sur l'institution littéraire », *Spirale*, n° 163, novembre-décembre 1998, p. 3.

37. Raymond LeBlanc, *Cri de terre*, Moncton, Éditions d'Acadie, 1972, 58 p.

38. Herménégilde Chiasson, *Mourir à Scoudouc*, Moncton, Éditions d'Acadie, 1974, 63 p.

39. Guy Arsenault, *Acadie Rock*, Moncton, Éditions d'Acadie, 1973, 76 p.

40. France Daigle, *Petites difficultés d'existence*, Montréal, Boréal, 2002, 191 p.

Moncton mantra comme un «*document* [sic] de première valeur sur cette période décisive[41]» de la littérature acadienne? Herménégilde Chiasson pose un regard similaire sur le roman lorsqu'il le définit comme «un document de l'intérieur qu'il faut lire pour comprendre à la fois les enjeux, les conflits, les déceptions et les principaux personnages de cet aménagement de l'urbanité par un groupe d'individus, venus pour la plupart de l'extérieur de Moncton[42]». Une telle lecture de *Moncton mantra* nous semble trop restrictive, car le «roman» comporte une part de fabulation non négligeable. *Moncton mantra* déforme et transforme des incidents souvent banals en sagas dont sont fabriquées les nouvelles mythologies. Le romancier regarde le monde et le transcrit en le transcendant. Comme je l'écrivais lors d'une première étude de cette œuvre:

> Mais ce qui suscite l'intérêt de *Moncton mantra* n'est pas tant la fidélité historique — du moins il nous semble — que l'image très subjective que l'auteur donne des événements. Dans ce cas, la problématique ne porte pas sur le degré de référentialité, de «réalité historique» de *Moncton mantra*, mais bien sur le sens historico-didactique explicite ou implicite de cette œuvre basée sur des événements et des personnages connus. Comment l'auteur présente-t-il ces années de braise que furent les années soixante-dix à Moncton pour la jeunesse acadienne? Comment le narrateur arrive-t-il à explorer «[s]a vie d'Acadie, [s]a vie de fumeux de pot, [s]a vie de *freak*, [s]a vie de lecteur, [s]a vie d'amoureux, [s]a vie de peureux, [s]a vie dédoublée à l'infini?» (*MM*, 96)[43]

Sex, drugs and rock 'n' roll

Pour répondre à cette question, il faut souligner à quel point *Moncton mantra* fait une large part à la rébellion des jeunes Acadiens face à l'ordre établi et met en relief le caractère libre et contestataire de cette génération. Gautreau souhaite explorer «des avenues autres» que celles que ses parents ont tracées et connaître ce qui tourne autour «de la mécréance, de la luxure et de la débauche» (*MM*, 12).

---

41. Olscamp, *op. cit.*, p. 3.
42. Herménégilde Chiasson, «Moncton et la renaissance culturelle acadienne», *Francophonies d'Amérique*, n° 16, automne 2003, p. 83.
43. Robert Viau, «*Moncton mantra* ou le portrait d'une génération», *Port Acadie, Revue interdisciplinaire en études acadiennes*, n° 4, printemps 2003, p. 14.

Cherchant à pénétrer le dessous des choses, les cachettes de l'âme, l'interdit, il est attiré par des marginaux qui s'adonnent aux excès. Comme le souligne Xavier Roy, un des premiers à influencer Gautreau : « Il n'y a donc rien de sérieux, sauf l'amitié, les livres, la musique, les conversations, l'alcool et un joint qui apparaît au moment opportun. Le reste n'est que bruit de fond, une distraction qui ne mérite certes pas qu'on s'y attarde sinon pour en rire » (*MM*, 15).

Les jeunes gens qui sont décrits dans ce livre cherchent à se réunir autour d'un projet de vie commun, à jeter les bases d'un lien social neuf et pluriel : « Cheveux longs, *love beads*, une odeur de marijuana qui flotte partout ; les gens traînent. Certains distribuent des feuillets ou des brochures pour promouvoir leurs causes. Les Hare Krishna viennent chanter et danser dans le parc, ce que j'aime beaucoup, même que des fois je chante le mantra du Hare Krishna avec eux » (*MM*, 20). Il s'agit d'établir « une autre façon de faire, qui expérimente tout : les drogues, la politique, les communes » (*MM*, 20). Sauf que Gautreau ne vivra pas cette révolution des mœurs en Californie ou au Massachusetts, mais à Moncton. La question qui se pose alors est de déterminer comment articuler ces changements dans le milieu acadien, « dans cette Acadie qui se réveille aux réalités du vingtième siècle ? » (*MM*, 24).

L'Université de Moncton représente pour Gautreau un lieu de rencontres et de discussions dans une atmosphère légère et « emboucanée » par les joints qui circulent au salon des étudiants et au bar légendaire le Kacho[44]. Depuis les mouvements étudiants et l'occupation de l'Université de Moncton en 1969, « des changements et des grondements profonds » (*MM*, 23) traversent le milieu étudiant acadien. Au Kacho, les étudiants discutent de regroupement d'ouvriers, d'intellectuels et d'artistes pour amener la société « à évoluer vers une plus grande autonomie » (*MM*, 23). Le passé, celui tout récent « des valeurs traditionnelles et des superstitions, de l'enseignement des religieuses et de tout le reste » (*MM*, 23), semble d'un autre siècle pour ces étudiants qui viennent à peine de quitter l'adolescence et qui, entre deux joints, s'en moquent. Le Kacho, et Gérald Leblanc plus que tout autre écrivain a participé à l'élaboration de ce mythe, évoque l'énergie créative, l'imagination débridée, l'expression

---

44. Voir le film *Kacho Komplo* de Paul Bossé, Office national du film, 2002, 52 m.

parfaitement libre de l'amour et de la jeunesse. Pas de règle, pas de limites, pas d'interdits, tous les sujets sont abordés, tous les dogmes sont contestés, dans une quête incessante de bons moments, de vie intense, de création et de liberté. Comme l'écrit Herménégilde Chiasson :

> Les années 70. Nous ne pouvions que clamer notre révolte, notre détresse. Nous n'avions que notre corps, le désir, la musique, le sentiment diffus et parfois obscène de notre inaliénable besoin d'écrire, de marquer et de clamer notre présence cosmique, notre raison d'être, en espérant que ça s'amplifie jusqu'aux satellites et plus loin, plus tard, dans la galaxie pour s'imprégner dans notre rumeur génétique. C'était un projet grandiose et sans compromis[45].

Dans *Moncton mantra*, Gautreau, « déchanté devant l'académisme aride des cours et de l'enseignement » (*MM*, 30), délaisse les cours, s'installe au Kacho et recrée quotidiennement le monde selon les idéaux du jour : « Je deviens un régulier du Kacho, un meuble qui boit là-dedans. C'est la saison de la mescaline et de la M.D.A. » (*MM*, 70). Il expérimente les drogues nouvelles, le sexe, d'autant plus que tout est permis et qu'il est interdit d'interdire, pour reprendre un slogan de Mai 68. La musique influence le protagoniste qui écoute Léo Ferré, les Doors, Bob Dylan, Janis Joplin, Pink Floyd, Édith Piaf, Leonard Cohen, Stevie Wonder pendant des heures. Une série de livres « dévorants » (*MM*, 90) lui tombent entre les mains. Il s'enthousiasme pour Réjean Ducharme, Paul Goodman, Roger DesRoches, LeRoi Jones, Philip K. Dick, tout en se questionnant sur l'écriture et sur son intention même d'écrire. Les lectures politiques et philosophiques l'amènent à tenter de comprendre les changements en cours dans le monde et de déterminer comment articuler ces bouleversements dans la société acadienne. À cet éveil musical, culturel et politique s'ajoute une dimension sexuelle, centrée sur les aventures homosexuelles du protagoniste. Là aussi Gautreau observe, non sans appréhension, la légèreté des rapports humains, cette croyance que « l'amour doit se dérouler dans l'immédiat » (*MM*, 32), sans possession et sans attachements compromettants.

Gautreau hante de plus en plus le « pays des drogues, un pays embrouillé » (*MM*, 70). Il circule « entre les pilules et la promiscuité »

---

45. Chiasson, « Préface. Pour saluer Gérald Leblanc », *op. cit.*, p. 7.

(*MM*, 70) et recherche, ou subit, une série «d'émotions fortes et d'aventures rocambolesques» (*MM*, 68) de sorte que Moncton se confond dans son esprit avec «se laisser aller, laisser aller ce qui dérive, se laisser aller à la dérive» (*MM*, 78). En fumant des joints et en écoutant à plusieurs reprises d'affilée *Strange Days*, il a l'impression de recevoir «des messages sonores d'un monde d'ailleurs» (*MM*, 27). À Boston, il chante et danse avec les adeptes de Hare Krishna et se demande s'il n'est pas un Égyptien de l'époque de Hatchepsout réincarné en Acadien. Il est aussi fait mention, pêle-mêle, dans un fouillis d'idées et de souvenirs confus, de Rose-Croix et de religions orientales, de méditation transcendantale et de *caps* d'acide sur papier buvard, de jeunes aux culottes mauves et aux cheveux longs qui errent dans les rues de Moncton ou qui partent pour les Indes. Le tout est raconté sur un mode ludique par un personnage en attente de l'arrêt du sort, qui ressent le désir d'éprouver la vie et de s'éprouver, mais qui a surtout le goût du risque, de la libre improvisation et de la façon dont elle s'accommode du non-respect des règles conventionnelles.

Les pages se suivent dans une atmosphère confuse, nébuleuse, de quête de soi qui trop souvent se termine dans un état éthylique ou drogué. Bien que Gautreau admire la légèreté de ceux qui vivent au jour le jour, sans souci, et qu'il fréquente ces adeptes de paradis artificiels dont le mot d'ordre se résume à *groovy*, son insécurité foncière fait en sorte qu'il redoute un tel laisser-aller. Il lui arrive même, après quelques soirées particulièrement éprouvantes, de s'élever contre un tel mode de vie :

> Cet incident me fait réfléchir sur le milieu ambiant du *peace and love*, qui commence à me puer au nez. Tous ces gens croient que le *live and let live* signifie que n'importe qui peut rentrer chez toi, n'importe quand, manger ce qu'il y a dans le frigo, coucher dans ton lit sans te le demander après avoir bu ta bière et fumer tes joints en balbutiant des monosyllabes. *Cool, man*. De la marde, que je me dis. (*MM*, 79)

Le côté volage d'une telle existence où tout s'équivaut, où aucune opinion n'a de préséance sur une autre, où il semble toujours possible de refaire le monde à partir de la prochaine pilule, effraie le narrateur, qui craint de sombrer dans la folie, comme le fait son ami Gilles Robichaud qui, tel Icare, s'est imprudemment brûlé les ailes et se retrouve interné pendant quelques semaines dans l'aile psychiatrique d'un hôpital. De même, le narrateur ne peut accepter que Gilles, à peine guéri de sa dernière mésaventure, se pique : « on fait de la *speed* ou des fois on peut se faire des combinaisons avec différentes pilules, des dérivés de morphine. C'est pas mal *groovy*… » (*MM*, 50). Il ne peut accepter que cet être qu'il aime et en qui il voit quelque chose qui lui ressemble et qui lui fait peur s'autodétruise. À la suite de tels incidents, le narrateur se permet des intermèdes de « réalité » dans sa famille, à Bouctouche, afin d'atténuer la frénésie des dernières expériences et s'éloigner de ce milieu qui le « vampirise » et fait qu'il a l'impression de n'avoir plus « aucun contrôle sur ce qu['il] pense et ce qu['il] fai[t] » (*MM*, 44).

Velléités et projets flottants

Pourquoi Alain Gautreau n'arrive-t-il pas à écrire ? Certes, ses crises d'anxiété font en sorte qu'il doute de la validité de son projet et de sa capacité de l'entreprendre. Mais il y a aussi le modèle écrasant des grands auteurs français et américains, de même que celui de ses amis qui ont écrit avant lui, de sorte qu'il commence à croire que tout ce qu'il écrit « est imprimé de [leur] style », que ses devanciers « ont dit l'essentiel et qu['il] ne fai[t] que radoter » (*MM*, 57). Comme tout auteur débutant, il veut « produire un effet » avec sa première œuvre, composer « un texte si fort qu'il secourait le paysage que nous habitons » (*MM*, 64). Ces dérobades et faux-fuyants font en sorte qu'il n'aboutit pas à une décision, qu'il ne publie rien. Enfin, sa consommation d'alcool et de drogues ne diminue pas de sorte que ses journées s'écoulent dans une torpeur léthargique : « Je constate que de plus en plus mon esprit dérive. Ça commence le matin quand je m'assois à la table de cuisine. […] je me surprends à passer des heures à regarder dehors, en fantasmant sur la vie des gens » (*MM*, 69).

Au fil des pages, les années passent, les personnages évoluent, deviennent autres, souvent moins amusants, les couples se font et se défont, une certaine désillusion s'empare du narrateur, et, tel Rutebeuf, il songe à ce que sont ses amis devenus : « Avons-nous été naïfs ? Nos rêves et nos débordements n'ont-ils été que des leurres d'adolescents ? L'Université n'aurait-elle été pour nous qu'un intermède de folie précédant notre plongée dans le "vrai monde" ? » (*MM*, 127). Au plan politique, à la suite du vote pour la création d'une province acadienne lors de la Convention d'orientation nationale à Edmundston, Gautreau ressent, au milieu de salves d'applaudissements soutenus et des drapeaux acadiens brandis, une immense fierté[46]. Mais cette affirmation nationale est sans lendemain : « Le dynamisme fait place à un essoufflement. C'est comme si nous avions fait un gros *party* qui résumait tous les rêves années 70 et que nous nous étions réveillés le lendemain pour retourner à la job, aux choses plus sérieuses » (*MM*, 131). À la suite de ces événements, Gautreau remet en question la façon dont il a évolué avec ses amis et son entourage : « Qu'avons-nous accompli à la fin du compte ? » (*MM*, 130). Que reste-t-il au narrateur, en ces moments de doute et d'incertitude, alors que le *tædium vitæ* le prend à la gorge, sinon la conviction que c'est par l'écriture qu'il est le mieux habilité à contribuer à l'évolution de sa société.

Gautreau se dit avec conviction qu'il faut continuer d'écrire pour aboutir à des résultats, et il répète cette maxime comme un mantra. Des amis l'encouragent, dont Robert Landry qui a déjà publié un recueil. Celui-ci donne une explication « acadienne » aux tergiversations de Gautreau. Certes, la peur de parler haut et fort, tout comme celle de s'exposer à la critique en publiant, est compréhensible. Mais il faut surmonter cette peur « atavique », typiquement acadienne, pour « retrouver une parole libre devant l'autorité, qu'elle soit religieuse, politique, voire grammaticale ou lexicale » (*MM*, 64). Écrire devient un acte d'affirmation de soi et de sa société, un acte qui s'impose dans le projet acadien de briser le silence qui perdure depuis trop longtemps. Entre l'angoisse et le questionnement, entre les soirées à se défoncer ou à faire l'amour, l'œuvre se fraie un chemin et Gautreau tente, ligne par ligne, feuillet par feuillet, de « capter le son de cette ville, d'en saisir l'essence avec des images précises » (*MM*, 87).

Malgré les excès, le travail d'écriture progresse. Une forme d'écriture prend lentement forme : « J'ai l'impression que tous ces niveaux de langage débouchent sur des pistes multiples d'exploration, que chaque image en amène une autre, que mon cerveau compose mille pages d'un texte infini » (*MM*, 93). La mise en page d'un recueil

---

46. En 1979, lors de la Convention d'orientation nationale des Acadiens à Edmundston, la majorité des délégués se dit en faveur d'une province acadienne. Le gouvernement conservateur du Nouveau-Brunswick réagira à cette proposition et à la menace du Parti acadien en votant en 1981 une loi reconnaissant l'égalité des deux communautés linguistiques officielles de la province.

progresse et Gautreau participe à la Nuit de poésie où, pour la première fois, il lit ses textes : « En lisant, je me sens transporté par le rythme de notre langue, conscient que chaque paire d'oreilles comprend exactement, de façon organique, ce que je dis. L'expérience m'exalte » (*MM*, 137). Peu après paraît enfin son premier recueil de sorte qu'il est « maintenant entré dans l'univers des livres » (*MM*, 143). Gautreau persévère dans sa quête d'une poésie qui révélerait la beauté urbaine et contemporaine de l'Acadie. Sa victoire, la seule que nous pouvons véritablement nommer ainsi, sera d'avoir révélé par la parole les rêves et les aspirations de sa génération.

Moncton mantra raconte la prise de conscience d'un jeune écrivain de son talent, de son mérite, de sa liberté et de celle qu'il souhaite pour son pays. Ce roman présente un récit de l'Acadie d'aujourd'hui et non de l'Acadie de l'empremier, dévoile une poésie urbaine liée à une ville à laquelle on n'associe pas nécessairement ce terme et fait valoir pour la première fois dans un roman une langue vernaculaire longtemps méprisée, le chiac. Gérald Leblanc était connu pour son inlassable action d'animateur de la littérature acadienne et il réussit dans son roman à inscrire l'Acadie dans la modernité, en y accueillant des thèmes d'immédiateté, de transitoire, de révolte, de contre-culture, de drogues et de sexualité afin de bouleverser les règles de jeu de la vie sociale et littéraire. Il réussit non seulement à rendre *Les matins habitables*, pour reprendre le titre d'un de ses recueils, mais de rendre Moncton habitable, transformant ce point de passage ferroviaire et routier obligatoire pour se déplacer dans les provinces maritimes en plaque tournante obligatoire de l'avant-garde littéraire acadienne. La parution de *Moncton mantra* est venue renforcer la tendance d'une littérature de l'expérimental en Acadie, comme nous le verrons dans les chapitres suivants.

Deltas erratiques

Pas pire de France Daigle

Depuis une vingtaine d'années, l'auteure acadienne France Daigle n'a cessé de remporter des prix littéraires : Prix Pascal-Poirier (1991), Prix France-Acadie (1998)[1], trois Prix Éloizes-Artiste de l'année en littérature (1998, 2002 et 2014), deux Prix littéraire Antonine-Maillet-Acadie Vie (1999 et 2012), Prix du Lieutenant-gouverneur pour l'excellence dans les arts littéraires en français (2011), Prix Champlain (2011) et Prix littéraire du Gouverneur général (2012). Son œuvre connaît un très grand succès, surtout à la suite de la publication de *Pas pire* en 1998[2]. Pourtant, bien que ce roman puisse être lu à un premier niveau et se résumer à l'histoire anecdotique de personnages sympathiques (bien que quelque peu névrosés) qui s'expriment souvent en chiac, ce n'est pas un roman facile. Roman ludique, éclaté, qui joue sur plusieurs registres et qui lance le lecteur sur plusieurs pistes en misant sur la fragmentation et en refusant de conclure, *Pas pire* se présente tel un palimpseste, un document qu'il faut gratter, analyser pour découvrir ce qu'il cache.

---

1. De 1983 à 2007, l'association Les Amitiés acadiennes (devenue Les Amitiés France-Acadie) décernait deux prix : le premier reconnaissait une œuvre littéraire et le second un essai dans le domaine des sciences humaines. France Daigle a remporté le Prix France-Acadie 1998, section création littéraire, pour son roman *Pas pire*, et Robert Viau, section sciences humaines, pour son essai *Les Grands Dérangements : la déportation des Acadiens en littératures acadienne, québécoise et française*.

2. France Daigle, *Pas pire*, Montréal, Boréal, coll. « Boréal compact », [1998] 2002, 205 p. Désormais, les références à cet ouvrage seront indiquées par le sigle *PP*, suivi du folio, et placées entre parenthèses dans le texte.

Une ambiguïté ludique

Œuvre à la fois simple et déconcertante, *Pas pire* raconte les hésitations et l'errance d'une narratrice-protagoniste agoraphobe, de même que les hasards de la destinée des couples Hans et Élizabeth, Terry et Carmen. Malgré un ton désinvolte, le roman n'est pas si simple qu'il y paraît. Comme le souligne la protagoniste, et ce dès les premières lignes du roman, il ne faut pas se fier aux apparences. Le personnage qui se nomme «France Daigle» (*PP*, 139) et qui a écrit un roman intratextuel intitulé «*Pas pire*» n'est pas l'auteure. Certes, quelques analogies s'imposent : toutes deux sont romancières, souffrent d'agoraphobie, sont acadiennes et ont vécu à Dieppe, mais l'auteure réelle France Daigle n'a pas nécessairement connu les mêmes expériences que le personnage du roman et elle n'a pas eu d'entrevue à la télévision avec Bernard Pivot, du moins jusqu'à maintenant.

Dans *Pas pire*, tout est sujet à caution. À Dieppe, ville située dans le sud-est du Nouveau-Brunswick, même le climat est instable et sujet à des malentendus. Dès la première page du roman, la «blancheur opaque» du ciel annonce une chute de neige, pourtant l'intrigue se déroule en été ; le vent «qui vient de partout à la fois [...] brouille tout, et les cartes et les règles du jeu» (*PP*, 9). L'équilibre de l'atmosphère peut être troublé par un rien, et le roman (tout comme la météo de Dieppe) s'adapte et se réadapte sans cesse. Le substantif «jeu» et le verbe «brouiller» sur un «blanc uniforme» (*PP*, 9) renvoient à la météo ou à une écriture ludique qui brouille sur la page blanche les règles de l'écriture ?

L'ambiguïté perdure au fil des pages, les apparences sont trompeuses et la plume de l'auteure se joue de l'opinion que l'on se fait. *Pas pire* n'est pas un roman traditionnel, bien qu'il puisse être lu à un premier niveau, mais participe à une déconstruction (plutôt comique) de ce genre littéraire, ce qui peut surprendre dans une Acadie où les romans sont le plus souvent de facture classique. Daigle considère le roman comme un laboratoire de recherche, propose une réflexion autour de la notion de «contrainte» et présente une structure destinée à encourager la création.

Dans la première partie du roman, la narratrice homodiégétique qui raconte ses tribulations antérieures (où elle a le premier rôle) nous rappelle qu'il faut se méfier des premières impressions, et en particulier des mots et du sens commun de ceux-ci, surtout dans une société pauvre et menacée d'assimilation où la langue est «trop truquée[3]». À titre d'exemple, lorsqu'elle était jeune, la narratrice achetait souvent des bonbons au Palm Lunch, restaurant au nom équivoque. Puisqu'elle ne connaissait qu'une seule définition du mot anglais *palm*, c'est-à-dire la paume de la main, elle croyait que le nom du restaurant vantait ces mets qui se mangent surtout avec les mains. Il lui faudra des années avant de comprendre que le petit palmier en néon vert et rouge suspendu dans la vitrine du magasin n'était pas qu'un décor superflu (*PP*, 23). Cet exemple laisse entendre au lecteur que le sens n'est pas toujours là où on pourrait le supposer.

De même, le lecteur doit se méfier de ces passages sur les signes astrologiques, sur l'histoire de la ville de Dieppe ou sur les souvenirs de la narratrice qui peuvent lui sembler anodins. Tous ces éléments ont un sens... ou peut-être pas. Comme le rappelle malicieusement la narratrice, les «prendre avec un grain de sel peut déjà suffire» (*PP*, 18). La boîte de conserve remplie de vers de terre que les enfants récoltent et vendent à Hard Time Gallant, de «belles lêches tout entortillées les unes autour des autres», n'est pas sans rappeler les intrigues que la narratrice entremêle, et il faut secouer «un peu [l'ensemble] pour voir si [elle n'a] pas mis un peu trop de terre pour gonfler [le] produit» (*PP*, 34). Dans ce roman, la narratrice avoue qu'il faut s'attendre «à ce que surgissent nombre de digressions, de pistes plus ou moins claires, plus ou moins significatives» (*PP*, 54) qui remettent en question ce qu'on a lu ou plutôt qui apportent une surdose de sens.

Le roman devient un jeu, tout comme le billard auquel s'adonnent Terry et Carmen lors de leurs premières rencontres. Le billard peut être complexe et faire appel à des techniques élaborées. Le joueur peut frapper la bille et créer un effet de rotation, modifier sa trajectoire naturelle pour qu'elle revienne en place, lui faire percuter une autre bille, donner à la bille percutée un effet à son tour selon le principe de l'engrenage, donner à la bille une trajectoire courbe pour atteindre une zone «cachée» par d'autres billes. La pratique du jeu

---

3. Comme le suggère France Daigle elle-même dans «En me rapprochant sans cesse du texte. À propos de *Sans jamais parler du vent*», *La Nouvelle Barre du Jour*, n° 182, 1986, p. 42.

de billard n'est pas sans entretenir des liens avec celle de l'écriture. Les deux nécessitent des techniques parfois spectaculaires. Ils reposent sur des lois simples, mais leur maîtrise demande une rigueur, une précision et une intelligence particulière. Malgré l'impression de facilité que peut donner le jeu de billard ou un roman, il faut néanmoins garder à l'esprit que d'une manière générale, plus la maîtrise du joueur/auteur est élevée, moins elle est visible. Daigle nous livre un roman qui donne l'apparence d'une grande simplicité, mais qui est d'une complexité stupéfiante.

Dans ce roman, le jeu revient sous diverses formes : casse-tête, mots croisés, etc. Nous pourrions aussi évoquer les diamants que Hans laisse tombe sur le morceau de tissu que le marchand a étalé sur le comptoir, ce qui rappelle les billes qui roulent sur le tapis de billard. En refaisant ce geste, Hans a l'impression de jouer aux dés et il réfléchit « au hasard de la lumière et de la richesse » (*PP*, 121). Mais l'élément qui nous semble le plus représentatif de ces activités ludiques et mutations capricieuses, et qui revient à quelques reprises dans le roman (en plus d'orner la couverture du livre), ce sont les deltas, ces dépôts d'alluvions qui émergent à l'embouchure d'un fleuve et qui divisent le cours d'eau en bras de plus en plus ramifiés. Au tout début du roman, la narratrice, sans transition aucune, présente un exposé technique sur les deltas :

> Ils commencent par être embryonnaires, puis, lorsqu'ils émergent, ils deviennent enracinés. [...] Les deltas ont aussi des bourrelets et des couches, s'allongent et s'épaississent. Certains ont des lobes, un front, des bras, une main ou des doigts. [...] ils connaissent des ruptures et des accidents. [...] D'autres encore changent de route selon les circonstances, passent par-dessus, prennent des raccourcis, se défont de membres excessifs. Les deltas aiment aussi jouer [...] mettant ici et là des processus en jeu, bafouant les modes d'échange traditionnels entre cours d'eau douce et d'eau salée, se moquant éperdument de l'interpénétration inextricable de la terre et des eaux, et allant même jusqu'à s'amuser à répandre sur le monde une nouvelle couche d'ambiguïté (*PP*, 10-11).

Dans ce fragment, l'auteure commence par définir les « aspects profondément humains » (*PP*, 10) des deltas avec leurs bourrelets, lobes, front, bras, main, doigts et membres. Vient ensuite une série de mots pouvant se référer à l'écriture postmoderne : jouer, bafouer les modes d'échange traditionnels, répandre une nouvelle couche d'ambiguïté, etc. Encore une fois, ce qui semble évident renvoie à autre chose, le plus souvent à l'écriture d'un roman.

Plusieurs facteurs influent sur la configuration des deltas. Ce sont d'abord la quantité et la turbidité des eaux du fleuve et la saisonnalité ou la régularité des apports, termes qu'on peut transposer, *mutatis mutandis,* au développement du roman. La configuration d'un delta et d'un roman, du moins dans *Pas pire,* n'est pas sans liens. Le roman se ramifie en plusieurs récits qui peuvent eux-mêmes se diviser à leur tour. Certains passages sont faciles à comprendre, d'autres entraînent dans leur flot des mondes confus, liés à l'astrologie et à l'hermétisme. Faut-il rappeler que le tracé des bras des cours d'eau des deltas avec la côte est souvent triangulaire, ressemblant à la quatrième lettre de l'alphabet grec Δ (Delta), d'où son nom ? Enfin, Carmen possède « un magnifique album illustré, intitulé *Les Grands Deltas* » (PP, 96), qui a nourri son imagination infantile, et elle remarque que chaque fois qu'elle ouvrait le jeu de billard, « les billes se séparaient selon le mode deltaïque traditionnel » (PP, 117). *Pas pire* est conçu comme un jeu dans lequel la narratrice bafoue les modes d'échange traditionnel, ne dédaigne pas un certain niveau d'ambiguïté et se moque de l'effort des critiques confrontés à « l'interpénétration inextricable » (PP, 11) des récits. Comme elle l'écrit à la fin de la première partie du roman : « Peut-être cette énigme se résoudra-t-elle en cours de route, mais il ne faudrait pas trop y compter » (PP, 55).

Deltas et romans sont mus par un caractère aléatoire qui dépasse souvent l'entendement ou plutôt, devrait-on préciser, qui est en attente de déchiffrement. Le lecteur doit procéder à un décryptage des relations possibles entre les divers thèmes et personnages d'une part et les multiples sections d'autre part, créant une oscillation constante, un va-et-vient permanent entre les différents éléments du récit qui s'entrechoquent et créent des réseaux de significations multiples. Blandine Campion, dans un article du *Devoir,* évoque un « dispositif très fin de résonance, de mise en écho », dispositif qui conduit le lecteur à « relier entre eux les indices semés çà et là », à « reconstruire son propre cheminement dans un espace fictionnel volontairement fragmenté[4] ». Comme l'explique France Daigle dans une entrevue : « C'est comme si je voulais que le lecteur travaille un

---

4. Blandine Campion, « Espace et écriture. *Pas pire* », *Le Devoir*, 2-3 mai 1998, p. D4.

peu ou qu'il soit amené à comprendre ou à regarder des choses d'une manière inhabituelle[5] ». Le lecteur a le sentiment d'un texte sous-jacent auquel il tente d'accéder en déchiffrant les indices du texte apparent. Dans cette œuvre régie par une esthétique du décousu, du fragmenté, et qui renonce à toute représentation univoque du monde, le défi est déplacé vers le lecteur qui doit (comme Hans qui achète un casse-tête vers la fin du roman) assembler, relier et déchiffrer les morceaux épars. Face à des données qui apparemment n'ont rien en commun, il cherche à imaginer si elles peuvent être autant de cas d'une loi générale qu'il ne connaît pas encore. Le lecteur doit donc puiser dans ses propres connaissances, afin de trouver un sens au texte, puisque tout n'est plus explicitement livré par l'auteur.

Numérologie

Parmi ces éléments déconcertants, l'un des plus emblématiques est le recours aux nombres, à leur équation ou à leur symbolique. Dans *Pas pire*, la narratrice se sert de la numérologie afin d'exprimer un ensemble de croyances et de pratiques fondées sur l'attribution de propriétés à des nombres. En numérologie, ces propriétés sont variables et changent selon le contexte (l'alphabet d'un nom, etc.), les catégories (primaires ou traditionnelles) et la manière de remplacer chaque lettre du mot ou de la phrase voulue par un nombre. Ces propriétés variables des nombres permettent à la narratrice de choisir ce qui, dans le cadre du roman, peut servir à établir un lien spécial entre un nombre et un événement qui coïncide avec ce nombre, en particulier le chiffre douze, ses diviseurs et ses multiples. En effet, dans *Pas Pire*, France Daigle met en pratique ce qu'elle écrivait dans *Sans jamais parler du vent*, il s'agit d' : « arriver à conter ou à faire compter, tout simplement[6] ».

Le roman est divisé en quatre grandes parties. Ces quatre parties sont divisées en six chapitres, eux-mêmes subdivisés en six sections. À titre d'exemple, les six premiers chapitres de la première partie du

---

5.   France Daigle citée par Doris Leblanc et Anne Brown, « France Daigle : chantre de la modernité acadienne », *Studies in Canadian Literature/Études en littérature canadienne*, vol. 28, n° 1, 2003, p. 152.

6.   France Daigle, *Sans jamais parler du vent. Roman de crainte et d'espoir que la mort arrive à temps*, Moncton, Éditions d'Acadie, 1983, p. 35.

roman, intitulée «Histoire de Steppette», comprennent chacun six sections séparées par des astérisques et qui portent sur divers thèmes, dont le plus développé est celui des souvenirs d'enfance. Dans ce cas, il pourrait s'agir d'un *Du côté de Dieppe* où la madeleine a été remplacée par les friandises, le root beer, les fraises et les bleuets. La plupart du temps, trois des six sections portent sur des souvenirs d'enfance et sont (souvent, mais pas toujours) présentées dans la première, la troisième et la cinquième section. Comme l'indique ce premier échantillon, l'ordre de présentation des différents thèmes dans les sections n'est pas toujours assujetti à des règles strictes et peut obéir, semble-t-il, aux lois du hasard. «L'aléatoire ordonnée», titre du premier chapitre du roman *La vraie vie*, pourrait servir de clé permettant de comprendre l'agencement du texte de *Pas pire*.

Le nombre de chapitres, six, est à mettre en rapport avec son multiple douze qui revient à maintes reprises dans le roman : la roue à douze rayons au centre du tableau de Bruegel (*PP*, 32 et 202), les douze avenues qui irradient de la place de l'Étoile (*PP*, 147), la narratrice qui part pour Paris dans douze jours (*PP*, 158), les douze travaux d'Hercule qui «symbolisent le long douloureux processus d'autoéducation de l'être pour accéder à la sagesse et à la sérénité» (*PP*, 47), Terry qui reçoit un appel de la compagnie Irving le jour de son vingt-quatrième anniversaire, le 12 décembre, douzième jour du douzième mois (*PP*, 98), Hans qui porte sur sa poitrine une petite pochette en tissu contenant douze diamants (*PP*, 135), etc.

Il faudrait aussi noter l'importance des douze maisons astrologiques qui représentent, d'après la narratrice, «chacune un des grands domaines de l'activité humaine» (*PP*, 19), c'est-à-dire l'évolution dans les capacités et les aspirations de l'individu, et l'épanouissement du corps physique et du corps psychique. Comme le rappelle la narratrice au début du roman, les six premières maisons portent «sur l'épanouissement de l'être dans la matière, sur l'organisation matérielle de la vie», les six dernières traitent «de la croissance de la conscience» (*PP*, 20). Le rôle des différentes maisons est expliqué dans les chapitres subséquents du livre. Puisque chaque maison entretient un rapport particulier avec sa maison opposée, la description de la maison 1 est suivie dans le chapitre suivant par celle de la maison 7 et ainsi de suite. Comme la rime dans un poème qui revient dans chaque vers et concourt à la création du rythme, la présentation des maisons est croisée (1 suivi de 7, 2 suivi de 8, etc.), et dans chaque partie, si on s'en tient aux chapitres, elle peut être agencée de façon plate (1.3.2[7], 1.4.2, 1.5.2, 1.6.2), suivie (2.7.3, 2.8.2 / 2.10.2, 2.11.2) ou embrassée (3.13.3, 3.15.2, 3.16.2, 3.18.2). Quatre maisons sont détaillées dans chacune des trois premières parties (4 x 3 = 12).

D'après la narratrice, le chiffre douze «symbolise la complexité interne du monde» puisqu'il est le «produit des trois plans de l'espace par les quatre points cardinaux» (*PP*, 99). Il est, en même temps, symbole de la voûte céleste qui est divisée «en douze secteurs, les douze signes du zodiaque» (*PP*, 99), d'où les références constantes au zodiaque et aux douze maisons astrologiques. Le chiffre douze symbolise donc l'univers dans son déroulement spatio-temporel. Le chiffre trois et le chiffre quatre correspondent aussi chez certains peuples, comme les Dogons et les Bambaras du Mali, aux principes mâle et femelle et donnent par addition, le chiffre sept, «statique», et par multiplication le chiffre douze, «dynamique, représentant le perpétuel devenir de l'être et de l'univers» (*PP*, 99). Dans la section qui suit l'exposition de ce système numérique, Terry rencontre Carmen alors qu'il est en train de lire un livre qui «parle du nombre 12, de toutes les façons que cte nombre-là existe» (*PP*, 105). Il a vingt-quatre ans, 2 x 12, et elle, trente ans, 2 x 12 + 6. À la fin du roman, elle sera enceinte[8], et ce «devenir de l'être» (*PP*, 99) prendra forme dans les romans subséquents. Le chiffre douze s'oppose aux nombres entiers, dont le chiffre 139, nombre premier non divisible auquel est apposé le mot «fossile» (*PP*, 181).

Le chiffre douze est aussi, d'après la narratrice, un «nombre d'action» et représente «l'accomplissement et le cycle achevé». Multiplié par lui-même, il mènerait «à la plénitude et au paradis» (*PP*, 99)[9]. *Pas pire* est divisé en vingt-quatre chapitres et chacun de ces chapitres est lui-même divisé en six sections. Multipliés, ces

---

7. Le premier chiffre renvoie à la partie du roman, le deuxième au chapitre, le troisième à la section.

8. En mathématiques, douze douzaines est une «grosse». Faut-il rappeler que Marie dans le tableau de Bruegel *Le dénombrement de Bethléem* est enceinte de Jésus?

9. Dans la religion chrétienne, le chiffre 12 renvoie aux 12 tribus de Judée et aux 12 apôtres; 144 coudées est la mesure de la muraille de la Jérusalem Céleste et de l'ange (Apoc. 21.17). En architecture, 144 est un nombre de référence utilisé dans

chiffres donnent 144, soit l'équivalent de 12 x 12, signifiant par la même occasion la « plénitude » de l'œuvre (je n'ose écrire le « paradis », à moins de considérer Dieppe comme un coin de paradis). Les chiffres ont un rôle à jouer dans l'architecture du roman. Toutefois, encore une fois, il faut prendre ceci avec un grain de sel. Le titre de la quatrième partie qui clôt le roman est « Le domaine du perfectible », une contradiction de la plénitude du chiffre 144. L'auteure conserve sa liberté et jeu et comme nous le rappellent Terry et Carmen :

— Me semble que ça pourrait se prouver.

— Ça se peut que oui, je sais pas. Ben quoi c'que ça donnerait de prouver ça ?

— Je sais pas. Rien peut-être. Des fois on a juste besoin de prouver de quoi (PP, 108).

Dans *Pas pire*, cette contrainte formelle mathématique se limite au chiffre douze et, multiplié par lui-même, au carré de ce nombre. Dans une entrevue publiée en 2004, France Daigle avoue avoir trouvé « le produit obtenu, 144, un peu court[10] ». Son dernier roman, *Pour sûr* (2011), auquel elle a consacré près de dix ans, s'articule autour du cube : 12 x 12 x 12. Il est constitué de 12 chapitres, contenant chacun 144 fragments (12 x 12). Chacun de ces fragments (12 x 144 = 12 x 12 x 12 = 1 728) appartient à l'une des 144 catégories (proverbes, rumeurs, réserves, sports, fantasmes, etc.) recensées dans un index à la fin de l'ouvrage[11]. Puisque le chiffre douze, comme nous l'avons déjà mentionné, est le nombre d'une « plénitude » et de « l'accomplissement », faut-il en conclure que l'écriture de France Daigle avec ses contraintes formelles, mathématiques, connaît lui aussi son accomplissement, marque un « cycle achevé » (*PP*, 99), et renaîtra sous d'autres formes ?

---

l'architecture de la cathédrale d'Amiens (cf. *Le chemin Saint-Jacques* d'Antonine Maillet) qui mesure 144 pieds romains sous voûte.

10. François Giroux, « Portrait d'auteure @ France Daigle », *Francophonies d'Amérique*, n° 17, printemps 2004, p. 84.

11. Voir Danielle Dumontet, « La fragmentation dans *Pour sûr* de France Daigle. Une écriture entre contraintes et ouvertures », Cécilia W. Francis et Robert Viau (dir.), *La littérature acadienne du 21ᵉ siècle*, Moncton, Perce-Neige, (à paraître en 2015).

La spirale et le labyrinthe

Dans la première partie de *Pas pire*, la narratrice raconte son enfance à Dieppe, évolue dans ses capacités et ses aspirations de jeune femme, et assiste à l'épanouissement de son corps physique et psychique. À la fin de cette partie, elle définit son livre comme un projet qui porte «très largement et très librement sur le thème de l'espace: espace physique, espace mental, et les façons que nous avons de nous y mouvoir» (*PP*, 54). Afin de symboliser cette mouvance, elle choisit l'image de l'escargot qui avance lentement en portant sa maison sur son dos. Elle définit la lenteur de ce déplacement comme «symbole du mouvement dans la permanence, symbole aussi du voyage du pèlerin en direction d'un centre intérieur» (*PP*, 54). Il est d'ailleurs dommage que l'image de l'escargot qui séparait les sections dans l'édition originale ait été remplacée par des astérisques conventionnels dans les éditions plus récentes.

La forme de la coquille de l'escargot n'est pas sans rappeler celle du labyrinthe, élément essentiel du *Chemin Saint-Jacques* d'Antonine Maillet, paru deux ans avant *Pas pire*. Dans ce roman, Radegonde entreprend un pèlerinage, chemine de l'extérieur vers le centre du labyrinthe de la cathédrale Notre-Dame d'Amiens pour mieux se connaître dans un rituel initiatique, personnel et spirituel. Sa démarche physique rejoint sa démarche intérieure dans une quête de soi où il s'agit de «fouiller un univers inconnu de tous et qui pourtant se cache au fond de chacun[12]». Cette traversée du labyrinthe va permettre à Radegonde de se recentrer, de trouver une raison de persévérer dans l'existence. Après avoir tant tourné en rond, la jeune femme sort du labyrinthe comme un être transformé.

La spirale de la coquille de l'escargot ou du labyrinthe conduit à l'intérieur de soi-même, vers une sorte de sanctuaire intérieur et caché. Ce voyage symbolique se transforme en un voyage intérieur dont le but est la réévaluation de sa vie passée aussi bien qu'à venir. Comme l'écrit Jacques Attali: «Le jeu du labyrinthe aide à cette reconnaissance de soi, à surmonter la déception des impasses, à se découvrir et à se tolérer, à apprendre à vivre avec ses faiblesses, à se

---

12. Antonine Maillet, *Le chemin Saint-Jacques*, Montréal, Leméac, 1996, p. 67. Désormais, les références à cet ouvrage seront indiquées par le sigle *CSJ*, suivi du folio, et placées entre parenthèses dans le texte.

rendre disponible, à faire un ou plusieurs pas dans l'acceptation de soi. Pour avoir la force de persévérer[13] ». Dans *Pas pire*, l'exploration du monde intérieur du « moi » se veut un cheminement psychologique lié à la croissance personnelle et à l'acceptation de soi. Cet épanouissement de l'individu ne peut se réaliser que si la protagoniste reconnaît ses propres frontières et s'efforce de les dépasser.

Peu après avoir évoqué la symbolique de l'escargot (*PP*, 54), la narratrice-protagoniste de *Pas pire* qui est agoraphobe entreprend une série de démarches pour vaincre sa névrose, bien qu'elle ait peur d'affronter les difficultés liées à sa thérapie. Elle semble vouloir répondre à cette problématique évoquée dans un roman précédent, dans *Histoire de la maison qui brûle* (1985) : « Je m'aperçus alors que je n'avais aucune idée de ce que pourrait une fiction à partir de personnages qui ne voulaient plus bouger[14] ». Elle est tout à fait consciente que l'agoraphobe doit cesser de se réfugier dans l'évitement et qu'il « fuira toujours la situation qui éveille le conflit tumultueux enraciné dans son inconscient » (*PP*, 74). La croissance personnelle est essentiellement une lutte pénible de l'être avec lui-même. Étape par étape, lentement mais sûrement comme l'escargot, elle persévère et fait face au mal. Cette recherche est ardue, étant donné la présence de « digressions, de pistes plus ou moins claires, plus ou moins significatives » (*PP*, 54). Faisant preuve d'une « énergie hors du commun » (*PP*, 74), elle tente quelques déplacements, revient, repart, succombe au doute, recommence. La narratrice pourrait reprendre les paroles d'Élizabeth : « Plus j'avance, plus je doute. Et en même temps, plus je doute, plus j'avance » (*PP*, 141).

Pour cette agoraphobe qui hésite à parcourir les lieux les plus banals de son environnement immédiat, il s'agit de tout un programme. Elle débute sa « cure » par avouer qu'elle souffre d'agoraphobie à Marie Surette (*PP*, 63 et 66), puis elle achète un téléphone cellulaire pour appeler au secours si elle se trouve en situation de panique (*PP*, 64), consulte un psychologue (*PP*, 65), prend l'habitude de se déplacer en voiture dans la ville (*PP*, 103), tente de se rendre à une source à une quinzaine de minutes de route de chez elle (*PP*, 108

---

13. Jacques Attali, *Chemins de la sagesse*, Paris, Fayard, 1996, p. 168-169.
14. France Daigle, *Histoire de la maison qui brûle. Vaguement suivi d'un dernier regard sur la maison qui brûle*, Moncton, Éditions d'Acadie, 1985, p. 38.

et 128), téléphone à Camil Gaudain pour qu'il l'accompagne en France (*PP*, 139), s'entoure « d'articles sécurisants » dans l'avion : baladeur, granules homéopathiques, bijoux, livres, bouteille d'eau, nourriture, calmants, jeu électronique, papier et stylos, essence de lavande (*PP*, 163), se rend à l'entrevue à Paris malgré les couloirs, les foules, les « édifices qui penchent » (*PP*, 180), revient en avion à Moncton sans être assise à côté de Camil (*PP*, 193) et, à la dernière page, entrevoit la possibilité de faire un voyage à Londres, seule (*PP*, 202-203). La narratrice maîtrise son agoraphobie et songe à un voyage à Londres dont elle évoque le métro qui passe de l'« Underground » à l'« *above ground* » (*PP*, 203), métaphore de ce parcours du refoulement à la libération.

Les tournants et virages de la spirale reprennent les tournants et virages de la vie de la protagoniste, la tension qui existe entre deux forces extrêmes, centripètes et centrifuges. Elle parvient à surmonter ses contradictions et arrive à la connaissance et à l'acceptation de soi, à réconcilier les rêves de l'enfance avec la réalité de l'âge adulte. La spirale devient alors un véritable chemin de sagesse, un passage des ténèbres à la lumière, et la narratrice, ayant repris en main son existence, en sort en sachant ce qu'elle veut faire.

Les deltas présentent une autre image d'une lente évolution, du dénouement d'un long combat entre la terre fixe et l'eau mobile. Dans *Pas pire*, la description du développement de l'enfant et la présentation des différents types de deltas vont de pair, une section alternant avec l'autre, d'autant plus que « l'évolution morphologique de plusieurs d'entre eux [des deltas] est appréciable à l'échelle d'une vie humaine » (*PP*, 13). L'enfant, comme le cours d'eau, se forme en pigeant « de[s] choses utilisables et de[s] choses non utilisables » (*PP*, 14), peu à peu se frayant un chemin vers « la vraie vie », ce titre d'une œuvre antérieure de France Daigle.

De même, la formation des deltas présente une analogie à la lente guérison de la narratrice agoraphobe. Les deltas sont décrits comme des « territoires morcelés, qui avaient l'air de s'effriter, mais qui en réalité bâtissaient leurs assises, se consolidaient par le dessous, pour finir, un beau jour, par sortir de l'eau et avancer d'un pas sur la mer » (*PP*, 97). Enfin, les avancées et retours de chaque individu miment une dynamique de sinuosité et d'ondulation, révèlent les contours d'une topographie intimiste, modulée selon une série de réorientations. Dans tous les cas, il s'agit d'une gestation, d'une élaboration des principes générateurs d'une vie, que ce soit celle d'un delta ou d'une œuvre, « car chacun est investi d'une mission, d'un parcours unique » (*PP*, 17).

Dieppe et le chiac

Autre élément récurrent dans cette mise en scène et mise en place de l'espace : le tableau *Le dénombrement de Bethléem* (encore une référence aux nombres !) de Bruegel l'Ancien. La narratrice établit une comparaison entre le petit bourg flamand dépeint dans le tableau et la petite ville acadienne décrite dans le roman. Le « Dieppe de Bruegel l'Ancien » (*PP*, 32), comme elle définit sa ville, comprend lui aussi un paysage nordique, une rivière gelée et de la neige, et une profusion de personnages qui exercent une activité fébrile, « on pousse, on tire, on vaque à ses affaires » (*PP*, 32). Ce lien entre la ville moderne et la ville flamande est inattendu, mais il faut remarquer qu'il l'est tout autant que la présence irréelle de Marie et de Joseph dans le décor flamand de la fin du XVIe siècle du tableau. Quoi qu'il en soit, en établissant un lien entre le bourg flamand et la cité acadienne, l'auteure valorise la ville de Dieppe, qui n'est ni aussi isolée ni aussi insignifiante qu'on pourrait le croire.

Dieppe est le village, devenu ville, d'origine de la narratrice (et de l'auteure). L'œuvre est profondément ancrée dans cette ville du sud-est du Nouveau-Brunswick, accolée à Moncton, et qui depuis quelques années s'est autoproclamée « la municipalité acadienne la plus dynamique et urbaine au Canada[15] ». Dans les premières pages du roman, la narratrice évoque moins la municipalité en pleine croissance que le Dieppe de son enfance : « Je parle du vieux Dieppe, du Dieppe Centre, c'est-à-dire de la paroisse Sainte-Thérèse, avec l'église Sainte-Thérèse longeant la rue Sainte-Thérèse, à côté de l'école Sainte-Thérèse » (*PP*, 10)[16]. À quatre reprises, elle commence un paragraphe

---

15. Voir « Ville de Dieppe, Nouveau-Brunswick », en ligne : http://www.dieppe.ca (consulté le 2 juin 2015).

16. L'auteure France Daigle a habité avenue Acadie avec sa famille et a fréquenté l'école située en face de l'église Sainte-Thérèse à Dieppe. Comme le souligne Monika Boehringer, « bon nombre d'éléments biographiques se retrouvent transposés dans l'œuvre de France Daigle ». Voir France Daigle, *Sans jamais parler du*

par cet énoncé : « Je parle de Dieppe » (*PP*, 9, 19, 31 et 37). Il y a surdétermination des lieux avec la répétition de « Dieppe », mais aussi de « Sainte-Thérèse », « champs », « marais », « rivière » dans les premières pages. De même, la narratrice « parle » de ses amies d'école et dresse une véritable litanie de patronymes acadiens : « Cyrilla LeBlanc, Gertrude Babin, Debbie Surette, Louise Duguay, Charline Léger, Gisèle Sonier, Alice Richard, Lucille Bourque [...] » (*PP*, 19, voir aussi 30). Elle fixe avec des mots une réalité acadienne et lui donne une importance inattendue.

Il est assez amusant de voir Moncton et sa banlieue, majoritairement anglophone, se transformer sous la plume de France Daigle en une communauté francophone dynamique où l'élément anglophone est obnubilé au profit d'une culture acadienne rayonnante, ce qui relève véritablement de l'utopie dans le contexte monctonien : « Carmen et Terry se baladaient maintenant dans les jolies ruelles de la Coopérative du Coude. Ils montèrent la rue des Saules, puis bifurquèrent sur la rue des Toises, jusqu'à l'ancienne rue King, rebaptisée rue Royale » (*PP*, 137). Lorsque nous connaissons la difficulté de vivre en français dans la ville de l'ancien maire Jones, un tel passage est des plus ironiques[17].

C'est aussi dans *Pas pire* que Daigle introduit pour la première fois des dialogues en chiac, langue vernaculaire fortement influencée par l'anglais et parlée principalement parmi les jeunes générations de la région de Moncton. Terry et Carmen, de même que la plupart des personnages d'origine populaire s'expriment en chiac. De son côté, la narratrice-protagoniste mobilise plusieurs registres de français et ajuste sa langue aux interlocuteurs variés qu'il lui est donné de rencontrer, passant du chiac quand elle discute avec Marie Surette

---

vent. *Roman de crainte et d'espoir que la mort arrive à temps*, édition critique établie par Monika Boehringer, Moncton, Institut d'études acadiennes, coll. « Bibliothèque acadienne », 2012, p. XIX.

17. Au cours de son règne, soit de 1963 à 1974, le maire de Moncton, Leonard Jones a opposé un refus catégorique aux revendications des Acadiens. Ayant interdit à un groupe d'étudiants de s'adresser en français devant le conseil municipal, ceux-ci ont déposé, sur le perron de la maison du maire, une tête de cochon... C'est un peu grâce à lui, à cause de son refus de permettre aux Acadiens de s'exprimer dans leur langue, que ceux-ci se sont mobilisés et qu'ils ont commencé à demander des services en français et à exiger davantage le respect de leur langue à Moncton.

au français philosophique le plus abstrait et le plus épuré quand elle participe à *Bouillon de culture*, à la télévision française[18].

Le chiac n'est pas accepté par tous et présente des difficultés en littérature. France Daigle s'oppose à Antonine Maillet qui considère le chiac comme « une langue bâtarde ; c'est du "franglais acadien"[19] ». Dans l'œuvre de Maillet, les personnages, telle la Sagouine, parle « la langue populaire de ses pères descendus à cru du XVIe siècle[20] », du moins d'après l'auteure. Il s'agit d'un parler qui serait « bien demeurer le plus riche et le plus proche de l'ancien français qui soit parlé en Amérique du Nord. [... Il a] les qualités à la fois de permanence et d'originalité de cette langue, miracle et musée populaires[21] ». La Sagouine n'a pas fréquenté l'école, n'a pas appris à bien parler, mais elle dispose d'un riche vocabulaire emprunté à la langue populaire et au vieux français de Rabelais.

Est-ce à dire que la Sagouine, ou Terry une génération plus tard, parlent la langue acadienne ? Un nombre élevé de parlers se font concurrence dans ce qu'Alain Masson a appelé « un véritable grouille-ment linguistique[22] » et tenter de déterminer l'« acadianité » de cette langue serait une erreur. *La Sagouine* et *Pas pire* ne sont pas des études linguistiques. André Belleau note avec pertinence qu'« une oeuvre littéraire n'est jamais *essentiellement* un document [et] ne peut pas, ne doit pas être une description linguistique, le reflet suffisant d'un état donné du franco-acadien[23] ». Maillet elle-même précise qu'elle ne cherche pas à reproduire la langue de son pays : « Dès que je mets les pieds là [en Acadie] le vocabulaire me revient, mais ce n'est pas

---

18. Au sujet de l'emploi du chiac dans *Pas pire*, voir Raoul Boudreau, « Les français de *Pas pire* de France Daigle », Robert Viau (dir.), *La création littéraire dans le contexte de l'exiguïté*, Beauport, Publications MNH, coll. « Écrits de la francité », 2000, p. 51-63.

19. Robert Sénéchal, « Antonine Maillet parle de *La Sagouine* », *L'*Évangéline, 30 juillet 1971, p. 4.

20. Antonine Maillet, « Préface [le 7 janvier 1971] », *La Sagouine*, Montréal, Leméac, 1974, p. 47. Cette préface a été retranchée de l'édition de 1990.

21. Antonine Maillet, *Rabelais et les traditions populaires en Acadie*, Québec, Presses de l'Université Laval, 1971, 201 p. 133.

22. Alain Masson, *Lectures acadiennes : articles et comptes rendus sur la littérature acadienne depuis 1972*, Moncton, Perce-Neige/L'Orange bleue, 1994, p. 59.

23. André Belleau, « La langue de la Sagouine » [notes et hommages dans l'édition de *La Sagouine* de 1974], Montréal, Leméac, 1974, p. 35.

cette langue-là que je veux écrire, c'est la langue de la Sagouine, une langue plus dramatisée, plus exagérée, une langue grossie. L'œuvre doit être une recréation de quelque chose qu'on a connu[24] ».

Maillet et Daigle créent une langue qui n'est pas une transcription de l'ancien acadien ou de l'acadien contemporain, ni pure invention, mais un mélange, une transformation artistique d'une redoutable efficacité. Les personnages qui utilisent le chiac dans *Pas pire* incarnent les forces de vie. Il est à noter que Hans et Élizabeth se vouvoient, utilisent un français standard, et se quittent à la fin du roman. Terry et Carmen utilisent le chiac, élaborent des projets d'avenir et, dans les dernières pages, Carmen annonce qu'elle est enceinte. Carmen attend un enfant, comme Marie dans le tableau de Bruegel[25], alors que Hans trouve « quelque chose d'humain aux objets de la vie » (*PP*, 200) et se contente d'acheter un casse-tête qui représente le tableau de Bruegel.

Les mots sont trompeurs, compliqués, quelle que soit la langue utilisée. Le chiac a une valeur romanesque, permet de cerner les personnages et manifeste une identité particulière. Est-ce une langue facile à comprendre ? Pas plus que le français parisien. Lorsque le navire de tourisme est coincé dans l'aboiteau géant sur la Petitcodiac, un écrivain français aborde Terry, ce qui donne cette pièce d'anthologie mettant en relief les différences entre les deux territoires francophones :

— J'ai pas de veine.

— Un peu figé, Terry ne s'aventura pas à répondre, mais il jeta un coup d'œil furtif aux poignets de l'homme, à tout hasard.

— Ça ne vous ennuie pas, vous ?

Terry hésita.

— Si je m'ennuie ?

Le Français crut simplement que Terry n'avait pas bien entendu sa question.

---

24. Robert Guy Scully, « Le monde d'Antonine Maillet », *Le Devoir*, 29 septembre 1973, p. 13.

25. Faut-il voir dans ce lien Carmen/Marie un espoir de voir émerger à Dieppe une figure salvatrice, voire une génération complète, qui saura rompre le cycle de gens fermés pour s'ouvrir au monde ?

— Ça ne vous ennuie pas... de rester coincé comme ça, enfermé ?

Terry chercha une réponse simple.

— Non. Je dois être accoutumé.

— Moi je déteste. Ça me donne les boules.

Terray essaya de s'imaginer ce que ça pouvait vouloir dire d'avoir des boules. Il ne savait pas non plus quelle grosseur de boules imaginer. Il pensa simultanément à des boules à mites et des boules de billard. Comme l'homme à côté de lui restait là sans parler, il finit par le trouver plutôt humain, voulut l'encourager.

— Ça devrait pas durer trop longtemps. Y savont où c'est qu'est la faute.

— ...

— ...

— Je peux en tirer une ?

Terry comprit en voyant le paquet de cigarettes dans la main du délégué. (PP, 183)

La langue ne sert pas uniquement à raconter une histoire et encore moins à transmettre le pittoresque. C'est une matière à transformer la littérature et France Daigle réussit à maintenir un équilibre fragile entre réalisme et formalisme qui est devenu typique de son écriture. Cette langue devient un élément de plus dans la représentation de l'Acadie marquée par la complexité et l'ambiguïté, par la suspension du sens et le regard ludique.

Mais revenons à cette panne dans l'aboiteau géant sur la Petitcodiac. Dans le roman, le système de repérage électronique des courants a été mis au point par des ingénieurs de la compagnie J. D. Irving. Au Nouveau-Brunswick, cette compagnie contrôle des pans entiers de l'économie de la province (pétrole, foresterie, pâtes et papier, presse écrite, agriculture, agroalimentaire, transports, chantiers navals, etc.). Depuis plusieurs années, elle a institué des programmes de dons et de commandites aux communautés au sein desquelles elle est établie afin d'améliorer son image publique. Dans *Pas pire*, Daigle évoque l'Éco-centre Irving (la Dune de Bouctouche) et la prise en charge d'équipes de hockey (*PP*, 93). « Comme Dieu en créant le monde, elle vit que cela était bon » (*PP*, 90) et la compagnie toute-puissante continue de réaménager et de recréer le monde autour d'elle en mettant en valeur l'univers écologique et le passé historique de la rivière Petitcodiac grâce aux dernières avancées technologiques.

Tout comme la rivière qui est creusée, élargie, domptée par la compagnie Irving, la mémoire acadienne est aseptisée, commercialisée, vidée de toute substance. Lors des travaux, la compagnie est consciente que le danger d'enlisement est particulièrement grand dans le secteur du coude, à la jonction de Dieppe et de Moncton, où la rivière effectue un virage à quatre-vingt-dix degrés. Le Coude est le nom acadien original de Moncton et afin d'éviter tout danger les ingénieurs mettent au point un système de repérage électronique des courants qui assurent des trajets « à l'épreuve de la dérive » (*PP*, 94). On donne le nom de Beausoleil-Brossard, héros emblématique de la résistance acadienne, au navire de tourisme que pilote Terry et qui fait la navette entre Beaumont (lieu patrimonial acadien et site d'un cimetière mi'kmaq) et le centre-ville de Moncton. Il s'agit pour les Irving de plier à leur autorité la rivière et l'histoire.

Pourtant, les plans les mieux échafaudés ne sont pas toujours fructueux et même la technologie la plus moderne peut faire défaut. Pendant que les dignitaires de l'Organisation du sommet de la francophonie font une croisière sur la Petitcodiac, « quelque chose se dérègle » (*PP*, 181) au moment précis où le navire pénètre dans l'aboiteau géant. « Les courants réels et les courants artificiels se heurtèrent de plein fouet » (*PP*, 181), de sorte que le bateau reste coincé. L'histoire acadienne et le courant naturel d'une rivière ne peuvent être assujettis aux volontés des Irving. Terry s'affaire à chercher « une façon de sortir cette équipée de l'avenir de ce pétrin *historique* [je souligne] » (*PP*, 182), mais en vain : la rivière « n'est pas toujours d'humeur à se laisser harnacher » (*PP*, 181). Cette réflexion sur « l'impossibilité de concilier un passé banalisé et un présent commercialisé[26] » se double d'une autre réflexion, sur les limites de la science. Il est d'ailleurs ironique que ce système de repérage électronique des courants ait piqué de

---

26. Benoit Doyon-Gosselin et Jean Morency, « Le monde de Moncton, Moncton ville du monde. L'inscription de la ville dans les romans récents de France Daigle », *Voix et Images*, vol. 29, n° 3, printemps 2004, p. 75.

curiosité « jusqu'aux concepteurs du toit du Stade olympique de Montréal » (*PP*, 94), autre symbole notoire de l'échec de la technologie.

Personnages

Dans la première partie du roman, il est clairement indiqué que « le Personnage, s'il existe, demeure une énigme[27] » (*PP*, 55). D'après la narratrice, il ne peut s'agir que d'un « Très Éventuel Personnage », un TEP. Au féminin, cela donne une « Teppette, précédé d'un s » ou « Steppette » (*PP*, 55), ce qui, rétrospectivement, explique le titre de cette partie du roman : « Histoire de Steppette » (*PP*, 7). Cette première partie est effectivement une steppette, une « petite démonstration de prouesse, généralement exécutée dans l'espace » (*PP*, 55), un pas de danse, une acrobatie, voire même une improvisation afin d'épater la galerie, avec de nombreux sujets disparates qui pourtant sont reliés, tout comme les nombreux bras des deltas. Ce récit d'enfance d'un TEP (ou plutôt d'une Teppette) est celui d'un personnage en devenir qui se cherche malgré ses névroses et qui prendra toute sa place dans les parties subséquentes du roman.

La deuxième partie, « Thérapie d'exposition » présente une narratrice agoraphobe qui espère être invitée à se rendre à Paris afin de participer à l'émission de « Bernard Pivot », *Bouillon de culture*. Ce déplacement potentiel reflète les aspirations personnelles du personnage et son désir d'aller vers les autres, de sortir de son anonymat, mais aussi celui de vaincre sa peur de voyager et de « se trouver mal sans pouvoir compter sur l'appui de quelqu'un qui comprendra de quoi il s'agit du juste, ou qui donnera au moins l'impression de comprendre, et qui saura comment réagir » (*PP*, 66). Certes, pour se guérir, elle consulte un psychologue, confie ses craintes à des amis, s'achète un cellulaire, mais l'entreprise de voyager demeure hasardeuse. Parler, exposer sa phobie peut l'aider dans sa thérapie, d'où le titre de cette partie du roman. Mais le doute persiste.

Le désir de la narratrice de vaincre ses phobies, de voyager et de sortir de son milieu plutôt restreint se conjugue avec son désir de se retrouver à l'émission *Bouillon de culture*. Doublement marginalisé

---

27. Dans les premières œuvres de France Daigle, les personnages n'avaient pas de patronymes. Il faut attendre *La vraie vie* avant que les personnages aient des prénoms et des noms.

par son agoraphobie et son milieu littéraire exigu, à la périphérie de la littérature française, la narratrice traverse les frontières afin de recevoir la confirmation de son talent de romancière francophone lors d'une émission de télévision qui a consacré l'actualité culturelle pendant une dizaine d'années[28]. Lorsque la protagoniste exprime ses craintes à l'idée de se rendre à Paris, sa voisine Marie Surette lui rétorque : « Y faut que tu y alles. Tu peux pas *nous* [je souligne] faire ça » (*PP*, 79). Ce cri du cœur n'est pas sans rappeler celui d'Antonine Maillet qui après avoir remporté le prix Goncourt en 1979 avait déclaré qu'elle l'acceptait surtout au nom de son pays :

> C'est un grand jour pour le Canada français, pour l'Amérique franco-phone, pour l'Acadie qui fête son 375e anniversaire... C'est comme si la France s'était agrandie dans le temps et l'espace, à la francophonie d'outre-mer. [...] Le prix Goncourt est très important, moins pour moi que pour l'Acadie[29].

Le personnage de Marie Surette exprime le besoin de consé-cration que ressent (ou ressentait) la littérature acadienne (comme si elle avait besoin de cette reconnaissance d'autrui pour exister). Comme le souligne la narratrice, une vie littéraire peut exister hors Paris et rien n'empêche tout écrivain francophone d'habiter le champ littéraire mondial, cet espace « dans lequel évoluent les potentialités [...où] il y a dilatation vers l'infini et difficulté de localiser un centre » (*PP*, 54). Ce faisant, la narratrice évoque la possibilité d'une littéra-ture-monde, sujet qui suscitera[30] la controverse une dizaine d'années plus tard. Dans *Pas pire*, les notions de centre et de périphérie sont encore à redéfinir, à l'image de cette chambre où séjournent Hans et Élizabeth : « Cette chambre quelque part en Grèce était à nouveau devenue à la fois lieu quelconque et centre du monde » (*PP*, 148). Dans les romans subséquents, comme l'écrivent Benoit Doyon-Gosselin et Jean Morency, Daigle fera de Moncton « sinon le centre

---

28. L'émission *Bouillon de culture* de Bernard Pivot a été présentée sur Antenne 2 de 1991 à 2001.

29. [s.a.], « Le Goncourt 1979 à Antonine Maillet », *Le Devoir*, 20 novembre 1979, p. 1.

30. Voir Robert Viau, « La littérature-monde en français : l'historique de la querelle », Cécilia Francis et Robert Viau (dir.), *Trajectoires et dérives de la littérature-monde. Poétiques de la relation et du divers dans les espaces francophones*, Amsterdam/New York, Rodopi, coll. « Francopolyphonies », 2013, p. 73-110.

du monde, du moins un des centres du monde, en vertu du principe qu'il existe une infinité de centres du monde[31] ».

À mesure que progresse le roman, les personnages prennent progressivement plus d'importance et occupent davantage d'espace. La troisième partie du roman, « Gallimard ... Hot Stuff... », décrit l'amour naissant entre Carmen Després et Terry Thibodeau, leur première rencontre lors d'une excursion sur la Petitcodiac alors qu'ils discutent de deltas (leurs patronymes ne renvoient-il pas à l'image même du delta : la terre fixe/les prés et l'eau mobile) et du chiffre douze. S'ensuit le récit des événements entourant la vie du couple de Hans et d'Élizabeth, qui eux discutent de labyrinthes, de deltas et de diamants. Les histoires de la protagoniste, du couple de Carmen et de Terry, et du couple de Hans et Élizabeth sont développées séparément et ne s'entrecroisent pas. Seule exception, Élizabeth croise le couple de la narratrice et Camil à l'aéroport de Paris sans se parler, sans vraiment se reconnaître, et Camil aborde Élizabeth au casse-croûte de l'hôpital de Moncton (*PP*, 172 et 199).

À un autre niveau, les différentes histoires de ces personnages alternent dans le roman et le lecteur doit en déchiffrer le sens en effectuant des liens de section à section. L'alternance des histoires est à rapprocher de l'alternance de l'écriture romanesque et de son commentaire. Ainsi, « Bernard Pivot » interroge « France Daigle » sur son roman « *Pas pire* » qui ressemble étrangement à celui que nous sommes en train de lire. Il résulte de ces va-et-vient une poétique de la fragmentation qui met l'écriture au cœur de la quête de la narratrice.

Il est à noter que tous ces personnages sont obsédés par les deltas, la numérologie, l'astrologie, la ville de Dieppe, les déplacements ou la possibilité de voyager. De plus, ce n'est la première apparition de ces personnages ni la dernière. Le personnage d'Élizabeth avait déjà été présenté dans *La vraie vie* (1993) et *1953, chronique d'une naissance annoncée* (1995). Le personnage de l'écrivaine est « née » pour ainsi dire dans *1953*, qui raconte les premiers mois de celle qui allait devenir écrivaine, tandis que la première partie de *Pas pire* commence par décrire les souvenirs d'enfance de la protagoniste

---

31. Doyon-Gosselin et Morency, *op. cit.*, p. 76.

à Dieppe. Les romans suivants de France Daigle portent sur les mêmes personnages.

Dernière remarque, ces personnages connaissent des revers de fortune qui les transforment profondément. Terry, pendant très longtemps seul, peu motivé pour réussir, peu dynamique (s'agit-il d'une autre forme d'agoraphobie?) — sa vie «tournait autour de l'inexprimable, de l'incompréhensible» (*PP*, 87) —, connaît une série de succès inespérés. Sans emploi depuis quelques années, recevant des prestations d'aide sociale depuis longtemps, il devient capitaine d'un bateau de tourisme (emploi auquel il a postulé «sans trop y croire» *PP*, 98), se remet à lire et à parler aux gens, rencontre Carmen, connaît l'amour et s'exclame d'un «Yeesss!, solide, parfaitement maîtrisé» (*PP*, 197) en apprenant qu'il sera père.

Hans, en revanche, «savoure ce vouvoiement» (*PP*, 114) qui crée une distance avec Élizabeth et se renferme de plus en plus dans une quête intérieure de «quelque chose dont il ne pouvait avoir connaissance, et qu'il lui était par conséquent impossible de chercher» (*PP*, 165). À la suite de l'achat de douze petits diamants, Hans est porté par un sentiment de légèreté: «La vie avait changé. La chose manquante était apparue. [...] Tout cela était devenu quelque chose d'autre en lui. Il était devenu. [...] Comme par miracle. Comme si c'était possible» (*PP*, 122). Il prend alors le temps de «savourer» la vie et de se laisser «porter par elle» (*PP*, 191), tout en continuant d'errer de par le monde.

Élizabeth, de son côté, s'éloigne de Hans à la suite de son aventure amoureuse (qui aura duré le temps d'un voyage «entrepris sur un coup de tête» *PP*, 154) et revient à sa société et à son emploi: «Ce sentiment du temps retrouvé faisait aussi partie du confort d'Élizabeth: le temps était redevenu une bonne chose» (*PP*, 165). La protagoniste, de son côté, lutte contre son agoraphobie, passant de moments de panique à des moments de volonté de prise en charge de soi. Isolés ou engagés, seuls ou en couple, en famille ou poursuivant une carrière, partant en voyage ou en revenant, tel le mouvement des marées de la rivière Petitcodiac, les personnages vont et viennent, et connaissent des hauts et des bas qui se poursuivront dans les romans ultérieurs.

La littérature... Hot Stuff...

Pas pire n'est pas une œuvre de revendication nationale, comme pouvaient l'être les premiers écrits de Raymond Guy Leblanc et d'Herménégilde Leblanc. « Un livre ce n'est pas un drapeau[32] », affirme France Daigle. Il n'en demeure pas moins que *Pas pire* oscille entre le destin d'un « je » singulier et celui d'un « nous » collectif, entre un « je » qui cherche à guérir et un « nous » qui cherche à se définir. Par l'emploi du chiac, par cette répétition de noms de lieux et de patronymes typiquement acadiens, la narratrice ancre son récit dans un milieu acadien qui, du moins au début du roman, est encore flou, ambigu, instable. Un court dialogue résume cette indétermination. Camil confie à la protagoniste au sujet d'Élizabeth qui les dévisage à l'aéroport sans les reconnaître : « A doit pas savoir d'où c'qu'on d'vient », ce à quoi la protagoniste répond : « Quant à ça, je me le demande souvent moi-même » (*PP*, 173).

La quête individuelle s'inscrit dans une quête collective afin d'étayer une identité fragilisée. Les frontières se brouillent entre une narratrice aliénée dans son agoraphobie et qui craint de quitter son foyer, et un peuple vivant sur la défensive, tendant vers l'insularité, autre forme d'agoraphobie, après l'épreuve traumatisante de la Déportation. Alors qu'on s'attendait à la suite de la révélation du dérèglement psychique et physique de la narratrice à un roman familial, à une plongée psychiatrique freudienne axée sur le rapport parental, le roman porte davantage sur le développement du sujet dans l'environnement socioculturel du « vieux Dieppe », autarcique, fermé, prévisible.

Le vieux Dieppe est décrit comme un village replié sur lui-même où la vie quotidienne est réglée d'avance par le criard du poste de pompiers qui sonne à neuf heures tous les soirs pour indiquer aux enfants qu'il est temps de rentrer (*PP*, 20), la cueillette des petites fraises sauvages pendant les premiers jours de l'été (*PP*, 41), la tire offerte par madame Babin le soir d'Halloween (*PP*, 51), etc. Peut-on affirmer, comme le fait François Giroux[33], qu'il s'agit d'un paradis

---

32. France Daigle citée par Gérard Leblanc, « France Daigle, le trésor bien caché », *Le Journal*, 26 avril 1997, p. 18.
33. Voir François Giroux, « Sémiologie du personnage autofictif dans *Pas pire* de France Daigle », *Francophonies d'Amérique*, n° 17, printemps 2004, p. 50-51.

perdu où la narratrice (qui se revoit bébé) éprouvait « une sensation de chaleur et de bonheur » (*PP*, 52) ? L'enfance de la narratrice se déroule dans un lieu clos, marqué par la présence réconfortante, sécurisante, de la famille, des amis et des instituteurs, par des fraises et des bonbons, des jeux et des fêtes d'enfant.

Toutefois, « quelque chose s'est produit » vers la fin de l'enfance de la narratrice de sorte qu'elle a « complètement oublié de voler » (*PP*, 49). Devenue « terrestre » (*PP*, 49), elle a désappris à voler. Dans ce monde devenu figé, la narratrice fait souvent un rêve dans lequel elle « souffre d'une envahissante douleur aux jambes, qui fait en sorte que [s]es jambes ne parviennent qu'à grand-peine à [la] porter et à [la] faire avancer » (*PP*, 52). Reste au fond de l'âme comme une illusion perdue de sorte que, paraphrasant Lamartine, nous pourrions dire qu'elle est un ange déchu qui se souvient des cieux.

Certes, on peut établir un lien entre ce paradis perdu et l'Acadie de l'empremier, paradis mythique détruit lors de la Déportation, mais on peut aussi établir un lien entre la quête de la narratrice et celle de Radi/Radegonde dans *Le chemin Saint-Jacques*, roman que nous avons déjà évoqué. Dans le roman de Maillet, la jeune Radi a perdu son paradis qui était « un lieu fleuri, frais et embaumé » (*CSJ*, 16). Devenue adulte, Radi/Radegonde suit le chemin Saint-Jacques, cette voie de pèlerinage qui symbolise la Voie lactée, les étoiles, le rêve, mais aussi la route de la vie, de la connaissance et du bonheur. Radegonde traverse les continents et sa quête extérieure d'un paradis perdu se mue en quête intérieure. Au terme de ses voyages, la jeune femme est un être transformé. Elle a accompli ce qu'elle voulait faire, s'est réconciliée avec elle-même et son passé, et peut maintenant retourner en Acadie parfaire son œuvre : « Avec des mots, je pourrais rebâtir le monde, recommencer la Création laissée en plan, retracer le chemin parcouru depuis l'aube des temps, cogner, mais cette fois pour de vrai, aux portes du paradis. J'étais sauvée, Sophie, nous le sommes tous, si nous pouvons le dire » (*CSJ*, 356).

Dans *Pas pire*, le vieux Dieppe est un cocon enveloppant pour la jeune narratrice. La répétition des noms de lieux comme Sainte-Thérèse (*PP*, 10) ou Champlain (*PP*, 87) produit un effet comique, mais qui montre également le manque d'originalité d'une culture aussi concentrique, fermée sur elle-même. Pourtant, au sein même de cette ville, des éléments de mobilité font irruption : la rue

Champlain qui mène à l'aéroport (*PP*, 21), la rivière Petitcodiac qui coule sans bruit, le pétrolier Irving qui s'amène pour remplir les immenses réservoirs (*PP*, 28), les enfants qui se couchent sur le dos pour regarder le ciel et les avions qui le traversent (*PP*, 49). Il est même question d'une coupure dès la première page : « Des dizaines de fois j'ai repensé à ce vent-là, à cet été-là, où je me détachai des autres, qui mangeaient encore à table » (*PP*, 9). De même, le « défoulement collectif » (*PP*, 25) des enfants qui le soir allument des feux dans les champs n'est-il pas une forme de *tabula rasa* ?

À la fin de la première section, qui porte sur les souvenirs d'enfance, la narratrice évoque les travaux d'Hercule et la Maison VIII. Les travaux d'Hercule furent exécutés en « Arcadie, région idéalisée où l'on vivait en harmonie avec la nature et où florissaient le chant et la musique » (*PP*, 47), mais qui était aussi une région peuplée de monstres. La narratrice rappelle qu'Hercule dut affronter les oiseaux du lac Stymphale, « qui dévoraient les récoltes et tuaient les voyageurs » (*PP*, 47). Si Hercule est un héros en Arcadie, en Acadie la narratrice est davantage une victime qui cherche à guérir en affrontant ses peurs qui l'empêchent de voyager. Comme le souligne la narratrice, les travaux d'Hercule « symbolisent le long et douloureux processus d'auto-éducation de l'être pour accéder à la sagesse et à la sérénité » (*PP*, 47). De même, la Maison VIII est « la maison des transformations profondes, y compris la mort, prise ici dans son sens large, en ce qu'elle est séparation de ce qui est ancien […] pour prendre pleinement possession de sa destinée » (*PP*, 50).

La narratrice ne peut se contenter de se morfondre dans un passé révolu en Acadie/Arcadie. Le vieux Dieppe était un milieu réconfortant, mais aussi étouffant, auquel la narratrice doit échapper. Elle peut soit régresser, soit progresser, soit rentrer dans sa coquille comme l'escargot, soit affronter le monde dans sa diversité, car « le plus difficile n'était peut-être pas de naître, mais de naître à quelque chose » (*PP*, 18). Malgré la douleur, malgré ses peurs, ce « je » émergeant cherche à « aller de l'avant », à ne « pas rester en arrière » (*PP*, 66). Mais comment faire ?

Le voyage est l'élément perturbateur qui force les personnages à se déplacer, à quitter leur zone de confort et à secouer cette torpeur qui les étreint. Terry sillonne la Petitcodiac sur un bateau et côtoie des dignitaires étrangers venus à Moncton pour le Sommet de la francophonie; Carmen a séjourné à Toronto et esquisse des projets de voyage pour la Louisiane ou la France; Élizabeth, oncologue à l'hôpital de Moncton, entreprend un voyage de ressourcement en Grèce et en Israël; Hans, des Pays-Bas, poursuit son errance de la Grèce à San Francisco; Camil, sidéen, se rend à Paris et rêve de visiter la place de l'Étoile.

Ces personnages miroirs de la protagoniste illustrent toutes les variantes du voyage, qu'il soit réel, rêvé ou planifié. La distance parcourue est sans rapport entre Terry qui navigue sur une rivière et Hans qui vagabonde de par le monde. L'important, c'est de partir. Qu'en est-il de la protagoniste elle-même? L'élément perturbateur qui force la protagoniste à sortir de sa torpeur est le voyage à Paris qui va l'influencer durablement tant au point de vue psychique qu'artistique. Ce déplacement à Paris est à mettre en relation avec les pérégrinations de Bruegel, dont la narratrice avait évoqué le tableau *Le dénombrement de Bethléem*. Notons que le thème de base du tableau de Bruegel est lui aussi le déplacement, celui de Joseph, et de son épouse enceinte Marie, de Nazareth à Bethléem où Joseph est né afin de se faire inscrire conformément à l'édit de César Auguste.

Comme le rapporte la narratrice, Bruegel, à Anvers, avait du mal à gagner sa vie. Afin de parachever sa formation, il entreprit le traditionnel voyage en Italie des artistes et des penseurs de son époque. Ce voyage « marque le véritable début de la carrière artistique du grand peintre » (*PP*, 81), car son initiation à l'esthétique de la Renaissance, de même que sa traversée des paysages alpestres en France, en Italie et en Suisse, a influencé durablement son œuvre. Cinq siècles plus tard, la narratrice, malgré ses réticences, quitte ce qu'elle a surnommé le « Dieppe de Bruegel l'Ancien » (*PP*, 32). Elle est consciente que pour guérir de son agoraphobie et se faire connaître, elle doit partir : « On m'écouterait enfin. Et ce serait comme une seconde naissance, tout aussi importante, sinon plus, que la première » (*PP*, 60). Cette légitimation lui permettrait de faire connaître « ce que nous sommes aux yeux du monde et à nos propres yeux » (*PP*, 132). Il s'agit d'être reconnu, comme elle l'explique en jouant avec les mots : « Être et paraître », afin de « Par/être » au monde et d'« être par » l'écriture (*PP*, 132).

Ce voyage s'avère déterminant parce que la consécration institutionnelle de l'écrivaine en dépend. La rencontre concertée entre

« Bernard Pivot », un homme qui par son émission diffusée dans toute la Francophonie incarne l'autorité culturelle par excellence, et « France Daigle », une auteure marginalisée par ses origines, ses névroses et son genre sexuel permet à cette dernière d'avoir une visibilité insoupçonnée, de se faire connaître et de faire connaître son pays d'origine. Le tout s'inscrit sous le signe de la maison XII, comme le confirme « Bernard Pivot » lors de l'entrevue, signe qui est à la fois « la maison de la vie privée ou recluse, de l'enfermement, de l'emprisonnement, de la maladie » et « la maison de la condition humaine, avec tout ce qu'elle comporte de mort philosophique, de tentative de guérison intérieure, de contemplation » (*PP*, 146). Mais tout n'est pas figé, négatif, car cette maison est aussi celle « de l'abandon d'une certaine rigidité, y compris la rigidité du corps, pour une suite devenue désirable » (*PP*, 146).

Pour « Bernard Pivot », cette maison serait ni plus ni moins que « la maison de la tentation autobiographique » (*PP*, 186), avec tout ce qu'elle comporte de recherche et de progression vers le bien-être existentiel au double plan singulier et collectif. L'identité minorisée n'est pas récusée, mais valorisée, mise de l'avant difficilement, mais constamment, car « le plus difficile n'était peut-être pas de naître, mais de naître à quelque chose [...] dans la petite école Acadie » (*PP*, 18). L'affranchissement identitaire dans *Pas pire* est une recherche ardue qui épouse une dynamique à laquelle renvoie la figure du cheminement de l'escargot. De l'individuel, nous passons au collectif, à la nécessité d'affirmer une différence, celle de l'Acadie en pleine mutation, « fruit d'un vouloir et d'un projet » qui cherche à « répondre au besoin de l'univers en y apportant son savoir-faire unique » (*PP*, 17).

Se faire connaître

Dans *Pas pire*, l'histoire de la narratrice et l'histoire acadienne s'entrecroisent. La croissance de l'individu ne peut pas être séparée du développement de la conscience acadienne qui, elle aussi, se caractérise par un mouvement d'ouverture. Mais comment faire connaître un lieu à la périphérie du monde culturel francophone ? Dans sa description de la rivière Petitcodiac, la narratrice lui donne une « une dimension surréelle » (*PP*, 28) et joue dans la démesure afin de survaloriser la région. Elle insiste sur les courants « si forts qu'aucun bateau n'osait plus s'aventurer sur la Petitcodiac » (*PP*, 94), sur le système de repérage électronique des courants mis au point par les ingénieurs de la compagnie Irving, sur l'immense aboiteau dans lequel pénètre le bateau de tourisme pour faire comprendre aux visiteurs l'ingéniosité de ce système d'écluse (*PP*, 94-95). Cet épisode n'est pas sans rappeler l'œuvre de Rabelais par l'emploi de la démesure et du gigantisme pour faire connaître son coin de pays (Antonine Maillet, qui s'inspire de Rabelais, fait de même dans le cycle des *Crasseux* et de *Don l'Orignal*). Tout comme Rabelais qui avait fait de la Touraine un royaume, celui du roi Grandgousier et de son fils Gargantua, Daigle transforme la région de son enfance, Dieppe, en un pays acadien mythique.

La littérature peut faire connaître un tel lieu, malgré l'incrédulité de certains personnages secondaires. Avant de prendre l'avion pour Paris, la narratrice passe chez la coiffeuse qui s'étonne de découvrir l'existence même d'écrivains acadiens : « T'écris des livres ? Vraiment ? Geeee... je savais pas même qu'y'avait du monde qui faisait ça par icitte » (*PP*, 192). Si les auteurs acadiens ne sont pas lus chez eux, pourquoi aller à Paris promouvoir cette littérature ? Pourtant, à la suite de la diffusion en Acadie de l'épisode de *Bouillon de culture* auquel « France Daigle » a participé, Chuck Bernard, le motard local, lui téléphone afin de se procurer des exemplaires du livre : « Well ! C'est great ! Je crois ben qu'y va faulloir que je le lise asteure. Ça m'a mis comme curieux. Où c'est qu'on peut acheter ça ? » (*PP*, 198). Entendre son nom à la télévision française incite Chuck à s'intéresser à la littérature et à la façon dont sa communauté et lui-même (puisque l'auteure parle de lui dans son livre) sont représentés. Il éprouve tellement de fierté, « je suis manière de proud de toi », qu'il demande à l'auteure de lui amener deux exemplaires du livre, un pour la maison puis un « pour la shoppe » (*PP*, 199).

La littérature a une valeur identitaire, comme l'a démontré Antonine Maillet à qui la protagoniste rend hommage lors de l'entrevue à *Bouillon de culture* : « son œuvre nous aide beaucoup à nous lire nous-mêmes, comme peuple » (*PP*, 179). Malgré ce compliment, la narratrice cherche à créer une nouvelle forme d'art, qui n'ait plus aucun lien avec celle, beaucoup plus traditionnelle, de Maillet, et qui soit spécifique au lieu donné et à sa génération, tout comme le projet lancé par la mère de la narratrice, qui, une fois par année, lui propose de faire leur propre *root beer*. L'idée enthousiasme les enfants qui font mijoter la préparation liquide. Le résultat les surprend, car ils ont du mal à croire qu'il puisse sortir autant de *root beer* d'un « si petit flacon d'arôme » (*PP*, 23-24), d'un si petit lieu. Le *root beer* est ensuite embouteillé dans de grandes bouteilles de bière. Ces bouteilles enveloppées dans du papier journal et entreposées dans le grenier « étaient déjà une sorte d'œuvre d'art » (*PP*, 24). À partir d'éléments hétérogènes, les enfants produisent une œuvre originale et spécifique à leur lieu de naissance, le résultat est « pas pire ».

Tel que nous l'avons démontré, avant de poursuivre ce travail de création, la narratrice devra vaincre certaines entraves physiques et psychiques, dont celle de l'agoraphobie qui fait en sorte qu'elle se replie sur ses souvenirs d'enfance, peut difficilement avancer dans sa ville et s'y sent étrangère : « Je sentais bien qu'il fallait que je me décolonise, que je m'affranchisse, mais je ne savais pas par où commencer. Je me sentais grosse et divisée [...], affaiblie, envahie, mal coordonnée, primitive et paradoxale. Je ne savais même plus quoi être, quoi vouloir exactement. [...] Même les rues de mon quartier avaient quelque chose d'étranger et de menaçant, quelque chose d'irréel » (*PP*, 103). C'est toutefois en décrivant son quartier, son enfance, ses phobies qu'elle parviendra à écrire.

> Remonter le cours de l'histoire, descendre dans l'inconscient à la recherche de fondements, d'explications, de justifications, d'interprétations de sa propre existence dans des lieux où il n'y a parfois aucune autre manière d'être, d'exister, de voir et d'être vu, reconnu. Et enfin, peut-être que oui, pour toutes ces raisons, écrire (*PP*, 132).

En allant vers l'extérieur, vers d'autres espaces, la narratrice, de même que Terry et Carmen qui planifient un premier voyage à l'étranger, infirme la thèse voulant que le peuple acadien ait tendance à se renfermer. Une telle expédition mène à l'acceptation de soi et à l'affirmation de la voix acadienne, au désir de parler aux autres afin de se connaître et d'être reconnu.

Dans *Pas pire*, la narratrice-protagoniste tente de s'approprier l'espace afin de faire sien un monde fictionnel, et d'écrire en Acadie et sur les Acadiens dans leur langue, en ayant recours à une nouvelle écriture romanesque complexe qui a peu à voir avec celle des écrivains de la génération précédente. *Pas pire* illustre une nouvelle façon acadienne de voir le monde, qui n'est pas figée dans le passé, et qui se déroule dans un univers urbain radicalement différent du monde rural traditionnel (auquel on associe les œuvres de Maillet), un univers où les réseaux d'appartenance et d'identification sont en voie d'être redéfinis. L'Acadie qui est décrite dans ce roman est en muta-tion. Ce pays replié sur lui-même s'épanouit, semble s'accepter tel qu'il est, avec son caractère unique et ses limitations, et fait preuve d'une capacité à la fois d'accueillir l'étranger et d'aller à la rencontre du monde.

Autoréflexive, postmoderne, *Pas pire* met en œuvre l'hybridité des genres, une intertextualité très poussée avec des thèmes souvent inattendus, des jeux de langages, l'ironie et la parodie, la multiplicité de petits récits et la déconstruction des oppositions. C'est comme si France Daigle tentait de montrer que même en vivant à l'« extrême frontière » (titre d'un recueil du poète acadien Gérald Leblanc) de la francophonie et en parlant chiac, on peut quand même se questionner sur l'existence et produire des œuvres artistiques originales et modernes. Somme toute, l'auteure met en pratique ce qu'elle avait écrit à la dernière page de *La beauté de l'affaire* (1991) : « Et le Verbe s'est fait chair, et il a habité parmi nous[34] ».

---

34. France Daigle, *La beauté de l'affaire. Fiction autobiographique à plusieurs voix sur son rapport tortueux au langage*, Moncton/Outremont, Éditions d'Acadie/Éditions NBJ, 1991, p. 54.

Moncton, Maya, Micmac

Vortex de Jean Babineau

Y a des pays qui ne sont pas des pays, et c'est
peut-être ceux-là que je préfère[1].

Si France Daigle est fascinée par le caractère aléatoire des deltas
dans *Pas pire*, Jean Babineau préfère mettre en relief l'image mouve-
mentée, tourbillonnante du vortex dans le roman du même nom. Les
phénomènes des deltas et des vortex sont liés à tout ce qui se meut,
s'agite, se déplace et qui est en quelque sorte « liquide », ce qui n'est
pas sans rappeler la mer qui borde l'Acadie et qui joue un rôle capital
dans l'imaginaire collectif. Phénomène physique et météorologique,
un vortex est par définition un tourbillon en mouvement de rotation
autour d'un axe, rectiligne ou incurvé. Le vortex se forme dans des
fluides, tels les liquides ou les gaz. Par métaphore, un vortex est
souvent associé à une descente dans les bas-fonds, à une spirale qui
capte et entraîne une victime dans une déperdition de forces, à la
suite d'un crescendo d'infamie ou de violence. Mais ce mouvement
peut aussi avoir des aspects positifs. Le vortex arrache l'individu à

---

1. Jean Babineau, *Vortex*, Moncton, Perce-Neige, coll. « Prose », 2003, p. 175. Désormais, les références à cet ouvrage seront indiquées par le sigle *V*, suivi du folio, et
placées entre parenthèses dans le texte. Le roman a remporté le prix Antonine-
Maillet-Acadie Vie. Une première version de l'épisode sur l'Isla Mujeres, en français « standard », est parue sous forme de nouvelle : Jean Babineau, « La foulée »,
Maryse Condé et Lise Gauvin (dir.), *Nouvelles d'Amérique*, Montréal, L'Hexagone,
coll. « Fictions », 1998, p. 137-151. Le roman de Babineau, ainsi qu'une analyse
critique qui porte le titre *Ventanas : trois fenêtres de la création*, a été reçu comme
thèse de maîtrise en création littéraire, Département de français, Université de
Moncton, 2002, 297 p.

ses habitudes, le force à se déplacer, à se décentrer et à se mettre en question, à interagir de manière complexe et inattendue. C'est ce dernier aspect que développe Jean Babineau dans son troisième roman, *Vortex* (2003).

Le récit est en apparence tout simple : André Boudreau est commis de vente chez Wallco à Moncton. Il profite de ses vacances pour visiter le Mexique où il se blesse en tombant d'un quai. Il revient alors chez son frère à Boston pour se faire soigner, mais l'infection ne se résorbe pas de sorte qu'il doit subir une intervention chirurgicale à l'hôpital Georges-Dumont de Moncton. Pendant sa convalescence, il nourrit le projet d'ouvrir sa propre boutique. Le désir d'être son propre patron l'aiguillonne et le pousse à agir, à quitter la compagnie Wallco où il travaillait, à se marier et à retourner au Mexique pour y acheter des objets d'artisanat.

Le chiac

Si la voix narrative dans l'œuvre de France Daigle est en français standard et celle des personnages monctoniens, en chiac, dans *Vortex* le chiac imprègne l'œuvre, se retrouve à tous les registres. Alain Masson a déjà accusé Babineau de favoriser une écriture « soucieuse de harceler les langues[2] » et une première difficulté se présente effectivement au lecteur dès qu'il s'agit de lire *Vortex*. De nombreux termes et expressions chiac émaillent le texte : « je stuff mon bagage », « comme si j'accomplissais un getaway » (*V*, 14), « ma vision commence à fader un peu » (*V*, 15), « alle était right friendly » (*V*, 29), « le soleil qui me chauffe la couanne comme une patate bakée » (*V*, 53), etc. Le critique Raoul Boudreau a écrit au sujet du deuxième roman de Babineau, *Gîte*, et cela pourrait tout aussi bien s'appliquer à *Vortex* :

> [le roman] comprend aussi des phrases totalement en anglais, c'est-à-dire du *code-switching* [alternance de code linguistique dans un même discours et, dans ce cas précis, de langue], et une utilisation beaucoup plus importante du chiac, le *code-mixing* [intégration de différents éléments linguistiques] particulier au sud-est du Nouveau-Brunswick. Les traits de la langue orale acadienne, anglicismes et archaïsmes, sont présents partout et de manière constante, même

---

2. Alain Masson, « Écrire, habiter », *Tangence*, n° 58, octobre 1998, p. 42.

dans les passages attribués au narrateur [... ce qui] tend à imposer l'idée que le mélange des langues est la langue de communication[3].

Ce « mélange de langues » peut se présenter à l'intérieur d'une même phrase, entre deux phrases ou d'un paragraphe à l'autre. Les rapports entre les langues sont inclusifs. Tout au long du roman, des mots anglais apparaissent sans les guillemets qui les proscriraient, les placeraient hors-texte, hors-norme, « hors la loi ». Le chiac étant un vernaculaire qui mélange des langues et qui emploie principalement la syntaxe française avec du vocabulaire et des expressions anglaises, les termes anglais font partie intégrante du texte.

Le chiac est souvent difficile à comprendre pour les non-initiés. Dans *Vortex*, le problème de la portée du chiac ne se pose pas à quiconque connaît le français et l'anglais. Mais il faut connaître les deux langues. C'est peut-être pour cette raison que dans les rêves de Boudreau le diable s'exprime si bien en chiac : « avec sa langue four-chue, le chiac lui était tout à fait bienséant » (*V*, 54). Il y a aussi l'accent et il est fait allusion à la façon de parler acadienne ; tout en dégustant la dinde de Noël, Boudreau se demande si « l'Acadien gît dans le gosier » (*V*, 118). Babineau utilise dans son roman un chiac que l'on pourrait qualifier, en se servant d'un terme de cette langue vernacu-laire, de « soft ». Toutefois, l'utilisation de ce « bilangage », compris surtout dans le Sud-Est du Nouveau-Brunswick, peut être probléma-tique. Le premier roman de Babineau, *Bloupe*, était écrit en un chiac plus déconstruit, plus difficile à comprendre pour tout lecteur qui n'est pas de la région. Le désir de toucher le plus grand nombre possible de lecteurs francophones a peut-être influencé l'auteur à tendre (légèrement) vers le français normatif tout en ajoutant des éléments plus concis et plus précis du chiac dans son texte.

Ce qui ajoute à la complexité de lecture du roman est le « carac-tère anarchique de l'écriture » de Babineau, qui, comme le souligne Emmanuelle Tremblay, rassemble « des fragments divers : récits de voyage, délires oniriques, descriptions de clichés photographiques,

---

3. Raoul Boudreau, « Choc des idiomes et déconstruction textuelle chez quelques auteurs acadiens », Robert Dion, Hans-Jürgen Lüsebrink et Janos Riesz (dir.), *Écrire en langue étrangère. Interférences de langues et de cultures dans le monde francophone*, Québec, Nota Bene, 2002, p. 298.

souvenirs, associations libres, etc.[4] ». Ces fragments provoquent l'éclatement d'un texte déjà difficile à lire. À cette difficulté, il faut ajouter celle du passage constant et inattendu d'un niveau de narration à un autre, d'un narrateur homodiégétique à un narrateur extradiégétique, du « je » au « tu » et au « il ». Les divers niveaux s'entrecroisent systématiquement, déstabilisant le lecteur qui plonge dans le vortex des perspectives narratives adoptées par l'auteur pour présenter les faits rapportés dans le récit. André Boudreau s'analyse et se parle, se voit agir en rêve, se dit quoi faire, se questionne et propose des solutions, ce qui donne l'impression au lecteur d'être le témoin confus de l'évolution de sa pensée et de participer à sa quête identitaire.

Il ne s'agit aucunement de rendre le roman artificiellement complexe et de faire en sorte qu'il ne soit compris que de quelques « happy few ». Dans *Vortex*, le chiac sert à caractériser une région spécifique de l'Acadie et à exprimer la révolte du personnage principal. Le chiac, comme l'explique Marie-Ève Perrot, se définit essentiellement par son opposition à toute identité figée : « [le chiac] se définit par une triple opposition : 1) à l'acadien traditionnel (la "langue des ancêtres") ; 2) au "standard" (la norme scolaire) ; 3) à l'anglais (la langue dominante)[5] ». Le chiac a une valeur contestataire, car il se définit par le rejet des normes linguistiques. L'emploi de cette langue vernaculaire (et même la fluctuation de niveaux de narration) peut jouer un rôle positif dans le cas de Boudreau et être perçu comme un signe de quête identitaire, mais aussi d'ouverture à autrui par son refus d'imposer une seule langue.

En effet, dans les dialogues des personnages du roman, on trouve du français et de l'anglais, souvent imbriqués dans la même

---

4. Emmanuelle Tremblay, « Une esthétique de la ritournelle : la reterritorialisation par l'image chez Jean Babineau », Monika Boehringer, Kirsty Bell et Hans R. Runte (dir.), *Entre textes et images. Constructions identitaires en Acadie et au Québec*, Moncton, Institut d'études acadiennes, 2010, p. 191.

5. Marie-Ève Perrot, « Aspects fondamentaux du métissage français/anglais dans le chiac de Moncton », thèse de doctorat, Université de la Sorbonne nouvelle, 1995, citée par Chantal Richard, « La langue inachevée dans les romans de Jean Babineau et France Daigle », *L'œuvre littéraire et ses inachèvements*, Janine Gallant, Hélène Destrempes et Jean Morency (dir.), Québec, Groupéditions, 2007, p. 240.

phrase, mais aussi de l'espagnol et du micmac[6] (sans que les noms soient francisés, ainsi il écrit Cancún, Yucatán, etc., en conservant l'accent), le tout dans un vortex de mots et d'expressions. Même s'il ne comprend pas toujours ce que veulent dire les mots qu'il entend ou qu'il lit sur des affiches, Boudreau s'attarde aux sonorités, fait l'effort de comprendre, quitte à dévoyer les mots pour leur donner un sens. Ainsi, il se coupe le pied sur du corail à un endroit qui se nomme El Garrafón et il s'interroge avec ironie : « Ça signifie-tu qu'il faut prendre garde au fond ? » (*V*, 66). L'emploi de toutes ces langues représente une stratégie d'inclusion et une affirmation du refus de la dictature de la langue anglaise en vigueur chez Wallco. La compagnie américaine cherche à imposer à ses clients des besoins, des appétits, mais aussi une langue unique. À cela, Boudreau préfère la multiplicité des langues et des cultures.

Le vortex

L'image du vortex se précise à mesure que Boudreau se déplace à l'étranger. D'ailleurs, le Mexique qui l'attire vers le sud épouse la forme d'un vortex : « le Mexique par sa forme est le prolongement du vortex nord-américain [...]. Le Mexique est le début d'un maelström. Là où la vélocité s'accélère » (*V*, 34). Le tourbillon qui aspire Boudreau l'entraîne de plus en plus loin de son point d'origine, pour aboutir finalement dans le sud du Mexique. C'est là que Boudreau apprend à se connaître et à descendre en lui-même afin de prendre des décisions qui modifieront sa vie. Dans ce roman, le verbe « descendre » est conjugué à tous les temps, à tous les modes. L'avion de Boudreau descend sur Miami, puis sur Mexico, le personnage principal descend plusieurs étages de la station d'autobus de Mexico, l'autobus descend dans la vallée de Veracruz, etc. À la fin du roman, Boudreau descend la Main, ouvre la grille et descend dans sa boutique qui vend des objets du Mexique. Tout tourbillonne et Boudreau est emporté dans un mouvement qui l'emporte et le force à descendre dans sa conscience, à revoir ses anciennes façons d'agir et de penser.

Au fil des pages, le vortex s'impose sous plusieurs formes : la cime des pins et leur ballottement circulaire, la neige fouettée par le

---

6. À la différence de Le Bouthillier, Babineau utilise la graphie traditionnelle Micmac (et non Mi'kmaq).

vent en des « vórtices blancos » (*V*, 127), le petit maelström créé dans
le bol de toilette, le fait de regarder une rose ou la voie lactée, la chaîne
tordue de l'ADN, le sang qui tourbillonne dans les veines, le vertige
causé par le cochlée en forme de vortex, les Mayas en tant que vorti-
cistes, le film *Vertigo*, le vortex éolien qui se forme autour des ailes
de l'avion, le nom de la future boutique... Les pyramides mayas sont
même comparées à « des vortex à l'envers » (*V*, 71). Ce mouvement
en spirale est aussi lié aux émotions, Boudreau a l'impression de
« descendre dans le centre de la terre [...] de façon dantesque » (*V*,
23) et il éprouve un sentiment de vorticité qui ne le quitte pas. Le
vortex « agrandit sa circonférence [...] Spin tes tires sur les circonvo-
lutions » (*V*, 124), s'impose à l'esprit du personnage principal de façon
répétée, incoercible, obsessive. De cette série de vortex résulte un
kaléidoscope d'images déstabilisantes, angoissantes.

L'image du vortex est omniprésente. Pendant les fêtes de Noël,
Boudreau se laisse entraîner par son imagination et explore avec ses
frères le vortex de la boisson, des joints, de la cocaïne et de l'acide,
de sorte que le vortex prend des formes inattendues :

> En plus du Vortex de Janacek [le médecin qui le soigne], le vortex de
> la société se manifeste de plusieurs manières : la figure 8 couchée, le
> signe d'infinité (∞), la base de langage des abeilles, la Terre qui dessine
> ce chiffre avec le déplacement de son axe, ses deux pôles, tout en se
> promenant dans l'espace, source probable du vortex. Il y a aussi le
> vortex de rester chez soi à penser, à dormir, à rêver. Les vortex de la
> réalité ont ceci de consolant : tu as toujours, dans le néant des activités
> et des gens envoûtants, l'impression d'accomplir quelque chose d'utile,
> de préparer des ruines durables. (*V*, 117)

Les vortex deviennent « ces moments dans la vie où tout tournoie,
circule et t'attire dans le gouffre de la gravité, où tu dois te débattre
pour t'élever, te rendre plus léger, dans la tête comme dans le corps.
Mouvement des plaques tectoniques, trous noirs, les continents à la
dérive [...] » (*V*, 191-192).

Tout au long du roman, l'image du vortex servira à symboliser
soit des forces centripètes qui ramènent vers un centre, soit des forces
centrifuges qui dispersent vers la périphérie. Le vortex peut réduire
les différences, comme le fait la compagnie américaine Wallco, ou les
accentuer, comme le fait la boutique de Boudreau ouverte sur le
monde. Boudreau doit apprendre à contrôler et canaliser ces énergies

négatives ou positives pour éviter, comme le souligne Chantal Richard, « de se faire entraîner dans un mouvement qu'il ne peut ni diriger, ni contrôler[7] ». À la fin du roman, le personnage a subi divers mouvements, mais il a réussi à capter ces forces et à les dominer en donnant le nom de *Vortex* à sa boutique. Il a aussi choisi son camp, privilégiant « les forces centrifuges et hétéroculturelles [...] au détriment des forces centripètes et assimilatrices[8] ».

L'identité acadienne

Dans ce roman, Jean Babineau met en scène les particularités du Sud-Est du Nouveau-Brunswick où les francophones sont minoritaires et parlent chiac. Son personnage travaille au Wallco, ce qui renvoie à Walmart (aussi connu sous le nom de Mur-Mart dans la série animée *Acadieman*), compagnie bien implantée à Moncton. L'entreprise américaine multinationale est reconnue pour ses pratiques antisyndicales, ses bas salaires et ses bas prix. Ce géant de la grande distribution suscite de nombreuses critiques, dont celle de contribuer à la paupérisation croissante d'une bonne partie de la population par ce qu'on surnomme le *Wal-Mart Effect*[9]. L'implantation de magasins de grande taille comme Walmart peut en effet écraser et chasser les petits commerces d'une ville, réduisant la concurrence, uniformisant les produits, voire les esprits. Dans *Vortex*, Wallco/ Walmart devient le symbole de la domination financière d'une compagnie américaine qui néglige ou ignore les réalités locales dans sa quête incessante de profits.

La description du trajet qu'emprunte Boudreau pour se rendre au travail chez Wallco est révélatrice de l'aliénation qu'il ressent et de l'intransigeance de la compagnie qui surveille étroitement ses employés :

---

7. Chantal Richard, « Le *Vortex* inversé : étude d'un roman de Jean Babineau à l'ère de la mondialisation », Cécilia Francis et Robert Viau (dir.), *Trajectoires et dérives de la littérature-monde. Poétiques de la relation et du divers dans les espaces francophones*, Amsterdam, Rodopi, 2013, p. 189.
8. *Ibid.*, p. 189.
9. Voir Charles Fishman, *The Wal-Mart Effect : How the World's Most Powerful Company Really Works — and How It's Transforming the American Economy*, New York, Penguin Press, 2006, 294 p.

> Les feuilles que j'envoie promener... J'entre travailler. À pied. Descends
> la Highfield. Tourne à gauche sur la Main. Passe sous le subway. Les
> grosses lettres lumineuses : Wallco, apparaissent. Rouges. Agressives ?
> Tu ne peux pas les manquer et elles ne te manquent pas. Un champ
> de tir. [...] L'usure. Les nouveaux murs de briques. [...] Me rends à
> mon casier. Enlève mon manteau d'automne. Vais aux rayons à ranger.
> Regarde les haut-parleurs ronds enchâssés dans le plafond. Y a-t-il
> une caméra là-dedans ? (*V*, 9)

De l'extérieur, l'immeuble de Wallco se résume à un mur de briques
contre lequel viennent buter les rêves de Boudreau. Les lettres lumi-
neuses, rouges, de l'enseigne Wallco sont perçues comme agressives
par l'Acadien qui comprend qu'il n'est plus chez lui et que les territoires sont désormais délimités par les pouvoirs économiques.
L'entreprise est comparée à « une forteresse » (*V*, 220), à un bloc massif
qui bouche l'horizon. Même si les dirigeants de l'entreprise ont
effectué des rénovations pour améliorer l'aspect extérieur du
magasin, Boudreau considère qu' « ils n'ont que davantage rapproché
l'allure de leur façade de celle d'une prison genre Fort Knox » (*V*, 220).
Le lieu de travail est présenté comme un lieu d'aliénation, d'impuis-
sance et de frustrations.

Dans cet univers carcéral, Boudreau est exploité en tant
qu'ouvrier, mais il est aussi méprisé en tant que francophone. Le
surveillant du magasin (et de Boudreau), O'Reilly, est accusé de ne
pas aimer les Acadiens et d'être un membre actif du CoR, le
Confederation of Regions Party (parti politique qui a existé au Nouveau-
Brunswick de 1989 à 2002 et qui s'est opposé au bilinguisme officiel).
Ce « boss » d'origine irlandaise a perdu sa langue gaélique d'origine
et il est vecteur d'assimilation, n'acceptant pas ceux qui continuent
d'affirmer leur différence. Bien que la compagnie lui paie des cours
de français « afin de plaire à cette minorité qui devenait tranquille-
ment de plus en plus exigeante » (*V*, 10), O'Reilly est peu sympathique
à la langue française et il suffit qu'il en entende quelques phrases
pour que « son être en ébullition fesse le plafond » (*V*, 11). N'a-t-il pas
été jusqu'à chasser du travail un employé qui s'entêtait à lui parler
français, quitte à le réembaucher après s'être calmé ?

Bien que les mots en anglais soient facilement intégrés et
appropriés dans la langue de Boudreau, ce n'est pas le cas pour O'Reilly
qui refuse la langue française. Le mur de briques rouges de Wallco
symbolise ce caractère fermé, homogène du Moncton anglophone.

O'Reilly convoque « Boodrow », comme il le surnomme, et lui promet une promotion au rang de « assistant supervisor », ce dont doute le principal intéressé, et lui annonce par la même occasion qu'il a droit à des vacances. En fait, comme l'explique Boudreau, ces vacances sont tout à l'avantage de O'Reilly qui aura le plaisir « de ne pas [l]'avoir dans sa face à lui parler français pour un bout de temps » (V, 11).

Boudreau éprouve de la difficulté à faire accepter sa langue et à se faire respecter. Bien qu'il détienne un baccalauréat en commerce, il est toujours simple commis de vente ou « shelf stocker » (V, 75) après huit ans de service chez Wallco. N'a-t-il pas vu « des unilingues anglais qui détenaient aucune formation universitaire monter l'échelle » (V, 37) alors qu'il est resté petit employé à la merci des sautes d'humeur de son patron ? La compagnie l'exploite et refuse même de rembourser ses frais médicaux à l'hôpital Georges-Dumont de Moncton : « No union. Not automatically insured. No sick benefits » (V, 136). Boudreau pourrait faire sien le commentaire des Micmacs coincés entre Irving et la pawnshop, et qu'il rencontre lors de sa visite à Big Cove : « I work many long years and what do I get / I owe my soul to the company store » (V, 181).

Boudreau est conscient de sa condition d'exploité, de main-d'œuvre à bon marché, de citoyen de seconde classe. Il n'y a pas d'égalité d'accès aux chances de réussite pour les francophones. Pourtant, il faut se rappeler que Louis J. Robichaud, premier ministre du Nouveau-Brunswick durant les années soixante, avait mis sur pied le programme « Chances égales pour tous » afin d'aider les plus pauvres de la province et avait fait voter des mesures sociopolitiques afin d'améliorer le sort d'une minorité francophone ayant peu d'institutions et n'obtenant que très difficilement des services en français. De plus, le Nouveau-Brunswick est officiellement bilingue depuis l'adoption de la Loi sur les langues officielles en 1969. Dans *Vortex*, cette question d'égalité des chances et des langues est loin d'être réglée, surtout pour les « queleques [sic] francophones [qui] crapautent [...] entre Moncton et Riverview » (V, 170).

Tout semble s'être compliqué et brouillé, en particulier à cause du libre-échange avec les États-Unis et de la mondialisation. L'Acadien minoritaire est au service d'intérêts extérieurs qui dictent son mode d'existence. L'universalisme permet de refuser les particularismes et de vouloir imposer une seule façon de faire et de penser. La société marchande, telle qu'incarnée par Wallco, est vouée à la standardisation des différences culturelles. La compagnie américaine agit en fonction de ses intérêts et elle a toute liberté de faire travailler Boudreau ou de le réduire au chômage. La notion de progrès est accolée au productivisme et Boudreau n'est qu'un pion interchangeable sur l'échiquier économique mondial. Même les livres qu'il veut acheter ne se trouvent que chez Chapter's de sorte que Boudreau finit par concéder : « Les Étatsuniens vont finir par nous avoir » (V, 144). Enfin, quand la boutique de Boudreau est ouverte, O'Reilly vient « jeter un regard noir sur ce qu'il appelle l'éventuelle faillite de [l']entreprise, car, selon lui, le monde des affaires est l'affaire du grand monde et le grand monde ce sont les Étatsuniens » (V, 218). Mais rendu à ce stade, Boudreau ne s'inquiète plus, car il sait qu'il « ne peu[t] plus blâmer Wallco pour [s]es malheurs » (V, 218).

L'étranger

Au début du roman, Boudreau est un colonisé, un étranger en son propre pays de sorte qu'il pourrait reprendre à son compte le titre du recueil d'Aragon, *En étrange pays dans mon pays lui-même*. Le personnage reste sous l'emprise économique d'un conglomérat américain, tout en étant trop épuisé, trop vidé pour mettre fin à l'exploitation dont il est victime. Il subit la domination de la langue anglaise au quotidien et celle d'une culture américaine de masse. Incapable de se définir clairement par rapport aux différentes formes de pouvoirs qui s'exercent, il devra partir, quitter le lieu initial du malaise, Wallco et Moncton, afin de prendre conscience que la situation ne peut plus durer. Dès lors, sa vie « prend la forme d'un vortex, d'un maelström » (V, 100) où les éléments conflictuels engendrent des états de tension émotionnelle, où le déracinement va rendre possible une nouvelle forme de réenracinement. Pour reprendre un jeu de mots utilisé par François Paré dans *La distance habitée*, Boudreau doit suivre les « routes » pour retrouver ses « roots[10] ».

Ayant traversé la frontière américaine, Boudreau devient doublement un étranger, « un étranger acadien dans une terre étrangère » (V, 16). Certes, Boudreau s'était montré critique à l'égard de

---

10. François Paré, *La distance habitée*, Ottawa, Le Nordir, coll. « Roger-Bernard », 2003, p. 87-88.

l'américanité, telle qu'incarnée par Wallco, mais il se retrouve maintenant dans ce à quoi pourrait ressembler l'Acadie si elle perdait son caractère spécifique. À Boston, André/Andrey/Andy retrouve ses frères Henri/Henry et Antoine/Tony qui ont épousé des Américaines et adopté le style de vie américain avec maison de banlieue, grosse Cadillac « symbole de l'apothéose du succès » (*V*, 96), dinde de la Thanksgiving, scotch et vodka, etc. N'incarnent-ils pas l'abandon de l'identité acadienne et l'assimilation aux valeurs dominantes ? Comme le confirme Boudreau : « Il est vrai qu'Henri a un sérieux problème d'assimilation, mais il a un char et une maison comme compensation. Faut-il à tout prix se vendre pour s'avancer ? » (*V*, 123).

Depuis de nombreuses générations, les Acadiens quittent leur province pour trouver du travail ailleurs, et en particulier aux États-Unis. En littérature, l'abbé Arthur Melanson, à titre d'exemple, a publié deux romans, *Retour à la terre* (1916) et *Pour la terre* (1918), pour contrer cette émigration vers la ville et prôner le retour à la terre. James Branch a publié sa pièce de théâtre *L'émigrant acadien* (1929) pour endiguer cette vague de désertion au « mirage trompeur des États[11] ». Nous pouvons retourner à une des sources de la littérature acadienne pour comprendre ce phénomène. Henri et Tony sont des figures de la diaspora acadienne qui ne sont pas sans rappeler Basile Lajeunesse dans *Evangeline* (1847). Dans le poème de Longfellow, les Acadiens qui viennent d'arriver en Louisiane envient la richesse nouvellement acquise de l'ancien forgeron : « On s'émerveillait beaucoup à voir la richesse du ci-devant forgeron, / Tous ses domaines et ses troupeaux et sa patriarcale prestance. / On s'émerveillait beaucoup à entendre ses récits sur le sol et le climat, / Et sur les prairies dont les innombrables troupeaux étaient à qui voulait les prendre ; / Chacun songeait en son cœur que lui aussi viendrait volontiers faire de même[12] ». Dans *Evangeline*, les États-Unis sont un pays où tout immigrant, quelles que soient ses origines, s'il donne du cœur à l'ouvrage, peut s'enrichir en peu de temps, à condition de se fondre dans le creuset américain.

---

11. James Branch, *L'émigrant acadien*, Gravelbourg, Imprimerie Amateur, [1929] 1937, p. 8.
12. Henry Wadsworth Longfellow, *Évangéline*, traduction de Paul Morin, Montréal, Bibliothèque de l'Action française, 1924, p. 59.

Au paradis perdu de Grand-Pré succède l'utopie du dollar aux États-Unis. Boudreau observe ses frères qui ont quitté le Nouveau-Brunswick et, à la différence des déportés dans le poème américain *Évangéline*, il n'envie pas particulièrement ces « self-made men », et en particulier Henri qui a réussi par ses propres moyens à atteindre un degré enviable de confort économique, mais au prix de son acadianité :

> À Newark, André téléphone à son frère Henri afin de lui demander s'il pourrait venir le chercher à Logan Airport. Il n'aime pas demander des services à son frère, car Henri est plus riche que lui, s'est toujours débrouillé tout seul, et ne manque pas l'occasion de lui faire sentir qu'il est incapable de se débrouiller, de se trimer, de s'arranger comme i'faut. De faire pousser des patates dans les plus hauts lieux. De s'engraisser. De s'enjoyer à travailler. De ramasser ses pinottes. De faire bin. De s'organiser. De se rouler dans le beurre. Donc, lorsqu'il parle à son frère, il a la hantise prémonitoire de le voir arriver avec son gros char et son sourire condescendant. (*V*, 94)

Il est d'ailleurs symptomatique que dès qu'il traverse la frontière du Maine, Boudreau n'évoque pas la figure de Longfellow (qui est né à Portland et qui a grandi et a enseigné dans le Maine), mais celle de Henry David Thoreau. L'auteur de *La désobéissance civile* (1849) et de *Walden ou La vie dans les bois* (1854) a refusé de payer ses impôts et s'est retiré dans les bois pour se pencher sur sa vie et vivre dans l'authenticité. De même, Boudreau quitte Wallco afin de résister à une compagnie trop impliquée dans sa vie (et qui lui impose les heures de travail, un salaire minimum, la langue dans laquelle il doit s'exprimer, quoi penser, etc.) pour affirmer son indépendance face à cette dernière. Il y a dans l'errance de Boudreau une forme de désobéissance face à la pensée unique en vigueur chez Wallco.

Mais comment peut-on résister à l'hégémonie américaine ? La situation peut-elle être inversée par une alliance continentale de peuples exploités ? Le Mexique représente-t-il une possibilité de briser le confinement géographique de l'Acadie à une Amérique du Nord essentiellement anglo-saxonne ? C'est du moins la voie que Boudreau décide d'explorer. Au Mexique, Boudreau sait qu'il y a « des Mexicains qui n'aiment pas les Blancs qui ne parlent pas espagnol » (*V*, 54) et il ne les blâme pas, car il a connu une situation semblable à Moncton. Toutefois, à la différence de O'Reilly, Boudreau fait l'effort de parler la langue du pays et tente de se faire comprendre des Mexicains : « Tu comprends que cela n'offusque pas ces gens que tu prononces mal leur langue, au contraire, ils trouvent ça bien comique et ils prennent le temps de te corriger plusieurs fois » (*V*, 28). Cependant, malgré ses efforts d'intégration, il demeure aux yeux des Mexicains l'autre, l'*étranger*.

Ce sentiment d'étrangeté que ressent Boudreau atteindra son paroxysme dans le Yucatán. Le «gringo» est «l'Étranger», avec un É majuscule, le seul Blanc «parmi des milliers de Mexicains foncés [...] car yes I stick out in the crowd here. I am the clown, etc. [...] tu deviens sans le vouloir le signe de l'oppresseur» (*V*, 23-24). Celui qui n'était qu'un simple commis de vente chez Wallco devient à cause de la couleur de sa peau le symbole de celui qui exploite et, pour cette raison, celui que l'on n'hésite pas à voler : «C'est le complexe du Nord-américain face aux Mexicains ; on a toujours peur de se faire rouler, car on passe notre temps à rouler les autres» (*V*, 24). On menace même de l'abattre dans le désert et d'offrir son cadavre aux dieux : «They like gringo baked» (*V*, 26).

Malgré ces premières impressions négatives, Boudreau réussira à établir des contacts avec les autochtones mayas en misant sur un sentiment de solidarité entre peuples minoritaires et en revendiquant son identité acadienne et métisse. Rechercher de nouveaux partenariats pour sa boutique lui permet de renforcer la dynamique identitaire acadienne dans une attitude d'ouverture, de panser les blessures du passé et de se frayer un chemin dans une société globale qui tend à marginaliser les minorités. Parce qu'il a transcendé les frontières territoriales, Boudreau parvient à créer un espace qui lui est propre, à mener à bien un projet d'indépendance personnel et à s'affilier aux nations autochtones afin de résister à l'hégémonisme états-unien.

Sur la route

Vortex est un «roman sur la route», le périple routier étant le fil conducteur du roman. Boudreau part en voiture, ce qui lui assure la mobilité individuelle, mais la voiture est aussi considérée, du moins en Amérique, comme un symbole de liberté. Boudreau suit les autoroutes qui le mènent de l'Acadie au Massachusetts où ses frères Henry et Tony habitent respectivement à Waltham et Fitchburg. À Boston, il prend un avion pour Newark, Miami, puis Mexico. Il se rend ensuite en autobus à Veracruz, Coatzacoalcos, Campeche, Mérida, Chichén Itzá, Cancún, puis Puerto Juárez. À Punta Sam, il prend le traversier pour Isla Mujeres, le soleil et les plages.

Pendant tout ce voyage, il est seul. Sa compagne Micheline a un nouvel emploi en tant qu'infirmière à l'hôpital Georges-Dumont et se trouve dans l'impossibilité de l'accompagner. Le déplacement hors Moncton et le fait qu'il est seul, curieux et avide de rencontrer les gens font en sorte que Boudreau est ouvert d'esprit, prêt à tenter de nouvelles expériences et à découvrir de nouveaux horizons. Il réussit à se décloisonner, à échapper au confinement de Wallco, où il passait des journées à ranger des objets sur les étagères, afin de parcourir un espace nettement plus vaste, continental. Il est dans un état d'attente et de disponibilité totale, éloigné de son milieu et de sa vie quotidienne, routinière. Le voyage transforme ses repères usuels. À la vision négative du lieu d'origine s'oppose un ailleurs qui offre un potentiel de renouvellement. La traversée des frontières lui permet de traverser les frontières culturelles ou psychologiques, d'échanger avec l'autre, ce qui était impossible avec O'Reilly. La traversée des frontières permet aussi la confrontation de son identité avec celle d'autrui dans la perspective d'une possible reconnaissance mutuelle, dépourvue de toute tentative d'exploitation de l'autre.

Vortex est aussi un *Bildungsroman*, un roman d'apprentissage, en ce sens que le personnage connaît un cheminement évolutif. Le voyage est une traversée intérieure guidée par une quête de redéfinition d'un sentiment d'appartenance. Boudreau croit partir en vacances, mais en réalité, c'est une conception de la vie en elle-même qu'il se forge progressivement et qui, par la même occasion, remet en question son passé. Le voyage au Mexique est susceptible de régénérer Boudreau dont l'esprit a été dégradé par un travail répétitif et rébarbatif. À son arrivée à Veracruz, il fait un rêve prémonitoire où il voit imprimé sur la première page d'un document : « Il est temps que cet individu fasse quelque chose avec sa vie. Qu'il se fasse un plan pour la réussite personnelle de ses objectifs. Un plan de vente. De mise en marché. Un inventaire de son propre stock, if you will » (*V*, 29). Il s'agit dès lors de décider de ce qu'il veut faire : « Que faire avec ma vie ? J'ai décroché le rôle principal, mais je connais pas mon texte » (*V*, 58). Boudreau est conscient qu'il lui faut « un plan ! Une route à suivre. Un projet. Deviens autonome. Apprends ton texte. Lis tes hiéroglyphes. Idéogrammes » (*V*, 58), qu'il lui faut « faire [s]on frigging ménage de tête » (*V*, 59).

Peut-on comparer le voyage de Boudreau aux fameuses crises de changement de vie dans la littérature ? Est-il un Don Quichotte acadien qui abandonne sa routine pour se mettre en quête d'aventures, rêvant d'un âge pré-mondialisation qui n'existe plus ? Sa lutte contre Wallco n'est-elle pas une bataille contre des moulins à vent qu'il n'a aucune chance de vaincre ? L'ouverture d'une boutique d'artisanat ne dérange en rien l'ordre du monde, mais tout cela est secondaire, car c'est l'attitude morale et l'intention qui comptent beaucoup plus que le succès, du moins dans ce roman.

Pour développer cette tournure d'esprit, le personnage doit entreprendre un voyage pour échapper à la routine, au quotidien qu'il ne remarque même plus. Au début, Boudreau se pose la question : « Faut-il voyager pour réveiller the life of the mind l'innocence, l'illusion du regard neuf, l'éblouissement ? » (*V*, 40). Ce qui ne devait être qu'un simple voyage touristique se transforme en une révélation. Voyager lui permet de faire une « réévaluation constante des paramètres de l'existence » (*V*, 54). Il faut préciser que Boudreau ne va pas en Floride ou dans un de ces lieux de plaisance américains climatisés et aseptisés. Il ne s'agit pas d'un tourisme basé sur l'hédonisme et les loisirs. Boudreau fréquente des lieux où ne vont pas nécessairement les touristes (comme Coatzacoalcos, ville industrielle où l'on raffine du pétrole) et cherche à établir des contacts avec les autochtones, à rencontrer l'autre afin de mieux le connaître. Un « aimant immense » emporte Boudreau « vers le Yucatán, la terre des Mayas et des cités sacrées » (*V*, 38), vers ces peuples colonisés par les Espagnols. Il va se perdre au Mexique « parmi le monde hispanique pauvre » (*V*, 40) qui n'est pas sans rappeler le monde acadien pauvre de sorte qu'une véritable conscience continentale s'instaure entre les classes sociales exploitées.

Pendant son séjour au Mexique, le protagoniste découvre la culture autochtone et en particulier, la culture maya. De nombreux liens unissent les Mayas aux Acadiens. Ce sont deux civilisations qui ont « passé au blender » (*V*, 47), comme l'explique Boudreau, ayant connu destructions et massacres. De plus, le voyage lui fait prendre conscience que la culture autochtone a été évacuée de l'histoire contemporaine, trop souvent réduite à une note en bas de page, comme on a tenté de le faire avec la culture acadienne.

Devant son miroir de chambre d'hôtel, Boudreau est attiré par ce vortex du passé colonial et il établit des liens entre son identité acadienne et la culture autochtone : « Les cheveux noirs et raides. Des séries de lignes passent devant ma face. Ce sont les lignes de mon passé qui s'étirent, se tissent et se mettent à tournoyer. J'ai des traits amérindiens même si mon teint est plutôt pâle. Oui, il y a un peu de jaune ou de brun dans ma peau. Mets-en. Ma grand-mère. Non, ma grand-grand-mère » (*V*, 51). Sa compagne Micheline est elle aussi décrite à plusieurs reprises comme ayant les traits physiques d'une femme autochtone : « Micheline, ses yeux foncés, ses cheveux noirs, raides, sa tache de beauté sur la joue gauche, ses pommettes hautes, nanties, ses yeux en amande. Elle aussi de sang micmac ou malécite » (*V*, 191). D'ailleurs, la majorité des Acadiens aurait ces traits génétiques : « 50 % ? 60 % des Acadiens ont ce sang ? » (*V*, 191). Grâce à ces lignes du passé, à ces traits amérindiens, précise Jean Morency, Boudreau et sa conjointe

> se découvrent ainsi une filiation symbolique qui leur permet d'échapper à ce qui serait peut-être leur destinée étatsunienne, figurée dans le roman par les deux frères d'André Boudreau qui habitent au Massachusetts, c'est-à-dire au cœur du vortex, dans une espèce de degré zéro de la culture, dans un espace caractérisé par la déréliction. Au contraire, le Mexique semble synonyme de vitalité et d'authenticité[13].

À la suite de cette « initiation à [s]on indigénité » (*V*, 66), Boudreau, de retour en Acadie, tente de nouer des liens avec les artisans micmacs de la réserve de Big Cove (la Première nation d'Elsipogtog) et par la même occasion avec une partie de son passé familial, celui de sa « grand-grand-mère. Quelle était cette histoire ? » (*V*, 51). La réserve micmaque n'est qu'à quelques kilomètres de Moncton, mais Boudreau se sent aussi « Étranger » (*V*, 186) à Big Cove qu'au Mexique. À l'école, on lui a rarement parlé de ce peuple

---

13. Jean Morency, « Perdus dans l'espace-temps : figures spatio-temporelles et inconscient diasporal dans les romans de France Daigle, Jean Babineau, Daniel Poliquin et Nicolas Dickner », Martin Pâquet et Stéphane Savard (dir.), *Balises et références. Acadies, francophonies*, Québec, Presses de l'Université Laval, coll. « Culture française d'Amérique », 2007, p. 504-505.

et lorsque l'enseignant a annoncé son intention d'inviter le chef de la réserve, les élèves ont réagi négativement : « Pourquoi tu veux inviter un Sauvage icitte ? Ça va seulement starter la chicane » (*V*, 172). Boudreau veut interpréter autrement le passé familial, ou du moins faire éclater le silence entourant la présence autochtone.

En route pour la réserve, Boudreau se rend compte qu'il en connaît davantage sur les Mayas que sur les Micmacs et il décide de découvrir les lieux de la présence autochtone. Au nom de son identité acadienne métisse — « Métis que je suis, sans façon de le prouver, et Chiac en plus (*V*, 178) —, il refuse d'endosser la pratique de la ségrégation telle qu'elle lui a été enseignée, et de pratiquer la discrimination. La traversée de la frontière de la réserve met en scène la confrontation de l'identité et de l'altérité dans la perspective d'une réconciliation et d'une médiation qui puisse mener à une alliance. Plus il se renseigne, plus Boudreau se sent impliqué dans la cause amérindienne, entre autres dans le conflit sur les droits de coupe de bois, et il n'hésite pas à affirmer que « toute la question des Micmacs [le] concerne » (*V*, 178). Il décide alors d'établir des liens de confiance, d'amitié et d'entraide avec les Micmacs.

Boudreau souhaite vendre des objets d'art micmacs dans sa boutique, mais « rien de rinky-dink, de kitsch, comme de nombreux objets qu'on vend aux touristes à la Côte magnétique » (*V*, 179). Il établit une nette distinction entre les objets qui ne sont qu'une forme d'exotisme dégradé par la commercialisation, comme on peut en trouver sur les rayons de Wallco, et l'objet d'art authentique. Boudreau invitera « des artistes amérindiens de Big Cove, des artistes acadiens et n'importe qui jugé talentueux » (*V*, 189) à décorer sa boutique dans un vortex de couleurs et d'influences diverses. Il s'associe aux Mayas, aux Micmacs, aux marginaux afin de mettre en valeur l'hétérogénéité de l'Amérique, de ses populations et de son histoire. Comme l'écrit Marie-Hélène Boucher : « C'est en traversant les frontières, en s'associant à des figures marginales telles que Thoreau et la population autochtone, et surtout en redéfinissant l'origine de son identité acadienne et en constatant les ressemblances qui le lient aux

Amérindiens qu'il peut mieux se détacher de la culture de masse qui l'étouffe[14]».

Sa boutique sera un résumé de «continents à la dérive, [...un] lieu qui en contient plusieurs» (*V*, 191-192), une condensation de plusieurs lieux et de plusieurs cultures minoritaires qui refusent l'homogénéisation du continent. Devant la façade figée de Wallco, la boutique Vortex est un espace qui permet le mouvement: «a place to come and go» (*V*, 138). La boutique permet à Boudreau d'actualiser son désir de vivre l'Amérique à sa manière, au cœur de Moncton, en s'ouvrant à de nouveaux questionnements identitaires liés à une appartenance continentale. Somme toute, l'identité initialement troublée de Boudreau parvient à atteindre une forme de sérénité à travers l'expérience du voyage et de partage avec des cultures différentes, et plus précisément avec des cultures amérindiennes, mayas et micmaques, dans un lieu de rencontre et d'échange face à un Wallco qui se réduit à un mur de brique, intransigeant et imperméable.

L'accident

Pendant ses vacances, Boudreau étourdi par une exposition trop longue au soleil du Mexique (aspiré par un vortex lumineux?) tombe du quai et se coupe le pied sur du corail à un endroit qui se nomme El Garrafón. C'est à la suite de cette immersion dans l'eau de la mort qu'il renaît à la vraie vie, celle de vivre pleinement et d'être à son propre compte. Pendant le repos forcé dû à sa blessure, Boudreau élabore le projet d'ouvrir «un petit commerce et y apporter quelque chose de créatif» (*V*, 68). Il a suffisamment travaillé chez Wallco et il souhaite maintenant créer quelque chose de plus personnel, de plus valorisant. Il envisage d'ouvrir le magasin *Chez André*, qui se nommera plutôt *Vortex*, et de proposer aux clients des objets exotiques, uniques, et non des objets standardisés, comme ceux exposés dans tous les Wallcos du monde.

Ce projet implique aussi un retour à l'idée d'implication territoriale (il s'installe de l'autre côté de la rue où se trouve Wallco) et d'une consolidation des frontières qui mettra de l'avant le concept

---

14. Marie-Hélène Boucher, «Dynamiques spatiales dans la littérature acadienne contemporaine: le cas du roman *Vortex* de Jean Babineau», Mémoire de maîtrise en études littéraires, Université du Québec à Montréal, 2013, f. 32.

de l'acadianité et de la différence face à l'uniformité états-unienne. En fin de compte, la chute dans l'eau le réveille brusquement du cauchemar Wallco et l'incite à prendre des chances : « Le jour où j'aurai mon propre commerce, l'idée de commencer une famille m'épeurera moins » *(V,* 69). L'instabilité momentanée qui le projette dans la mer fait en sorte qu'il tient désormais « son destin entre [s]es dents » (*V,* 76).

À la suite de l'accident, son pied tarde à guérir et le docteur Janacek de la *Worcester* (« a place to get worse ? » *V,* 123) *Bowling Green Institute of Holistic Health Care* attribue la chute de son client à un « manque d'ancrage », ce qui explique pourquoi il a été attiré par le calcium de la roche calcaire du corail. Il faut « ancrer le corps, et, ainsi, l'esprit qui l'habite » grâce à la machine à vortex du docteur : « Cette merveille composée d'un amalgame de cristaux multicolores identifiait les lieux par où l'énergie s'échappait, c'est-à-dire les fuites, ainsi que les réceptacles de négativité, ces poches de succion vorticielles qui attirent et attisent les grincements cosmiques » (*V,* 102). À cause de ce charlatan, le pied de Boudreau ne guérit pas et il doit revenir à Moncton se faire soigner. Il est symptomatique que sa blessure ne fait qu'empirer aux États-Unis, confirmant que la réponse à sa quête n'est pas en territoire américain.

C'est en Acadie, en attendant son opération au pied et pendant sa convalescence que Boudreau met en œuvre son projet d'ouvrir une boutique qui proposerait aux clients des objets et des vêtements du Mexique, mais aussi des objets fabriqués par les Micmacs. Ce projet représente pour lui une trajectoire hors du vortex, « un point d'arrêt. D'accrochage. D'ancrage » (*V,* 171) qui lui permettrait d'affirmer sa destinée, de s'ancrer à Moncton avec sa fiancée Micheline. Boudreau finit donc par trouver son équilibre et son axe malgré des vacillements initiaux. Il a appris qu' « il faut faire les choses soi-même. Ta boutique est petite, mais elle est jolie et à toi » (*V,* 221).

Boudreau met fin à l'aliénation résultant de ses années de travail à Wallco et participe à l'ancrage identitaire que rend possible son acadianité : « Son magasin sera sa manière de croire qu'il contrôle les forces de son vortex et de crier victoire face aux forces universelles qui réduisent tout en poussière » (*V,* 117). Le voyage et l'accident permettent à Boudreau de se recentrer et de se réapproprier « une parcelle de la Main » (*V,* 219), à côté du viaduc (qui permet de contourner la rue principale), face à Wallco, et ainsi de proposer autre chose que la culture de masse et une langue anglaise envahissante : « Le but, c'est d'être maître de son propre destin. L'important, c'est de ne pas trop se laisser emporter par les actes et la vie des autres. Vise l'autonomie par tel ou tel chemin. Mais pour l'instant, j'ai du stock en main. Knock on wood » (*V*, 190). La boutique est alors perçue comme un espoir d'originalité, un refus de se soumettre à une forme économique de l'impérialisme et à l'acculturation des Acadiens aux valeurs américaines.

Dans sa boutique sur la Main, comme Thoreau dans sa cabane dans le Maine, Boudreau prend ses distances face au symbole d'homogénéisation que représente Wallco et choisit sa propre voie. Cette volonté de refaire le monde peut verser dans l'utopie (un « multiculturalisme de boutique ») ou être condamnée à l'échec (c'est du moins ce que souhaite l'unilingue O'Reilly), mais une telle fin n'est pas envisagée dans le roman. L'action polémique de Boudreau en tant que sujet minoritaire est enracinée dans un futur risqué dans la parole de l'autre, dans la foi en la variété, la constellation des langues et des cultures. Le fait essentiel est que l'entreprise de domination qui avait cours au début du roman et qui ne cherchait qu'à occulter la différence acadienne est remplacée par des rapports interculturels qui permettent une forme d'émancipation identitaire. La boutique *Vortex* traduit la volonté de contestation et de résistance aux hégémonies qui composent le continent. Le roman se clôt par la répétition du mot « Bienvenue » suivi de trois prépositions différentes, illustrant par un ultime jeu de mots l'ouverture à autrui et le refus du message hégémonique de Wallco.

Bienvenue au Vortex. Ici...

Bienvenue dans le Vortex...

Bienvenue chez Vortex, ici on... (*V*, 227)

Voix nouvelles

Les inventions d'inconnu réclament des formes
nouvelles[1]

Vertiges de Fredric Gary Comeau

Après les succès littéraires de Maillet, Le Bouthillier, Savoie, Leblanc, Daigle, Babineau, comment un jeune romancier peut-il se démarquer? S'il existe une avant-garde acadienne, comment se définit-elle, qui en sont les principaux représentants? Face aux romans qui viennent de paraître, le critique n'a pas assez de recul pour considérer l'ensemble et évaluer les nouvelles œuvres en fonction des justes proportions. Réduit aux hypothèses, il doit conjecturer, avancer quelques titres, quitte à se tromper dans son appréciation. Récemment, deux romans ont connu un certain succès, pour ne pas dire un succès certain, il s'agit de *Vertiges* (2013) de Fredric Gary Comeau et *Le cinquième couloir* (2015) de Daniel LeBlanc-Poirier[2].

Dans *Vertiges*, Fredric Gary Comeau échafaude une œuvre multipiste qui mène de front le destin de différents personnages, les amène à se mêler et à se croiser, à poursuivre un bout de chemin

---

1. Arthur Rimbaud, «À Paul Demeny» [lettre datée le 15 mai 1871], *Œuvres*, Paris, Pocket, 1998, p. 320.
2. Fredric Gary Comeau, *Vertiges*, Montréal, XYZ, coll. «Quai n° 5», 2013, 190 p. Daniel LeBlanc-Poirier, *Le cinquième corridor*, Moncton, Perce-Neige, coll. «Prose», 2015, 111 p. Désormais, les références à ces ouvrages seront indiquées par les sigles *Ve* et *C*, suivi du folio, et placées entre parenthèses dans le texte.

ensemble ou à passer l'un à côté de l'autre en allant dans une direction différente. Le premier roman de ce poète et auteur-compositeur-interprète[3] vient d'ailleurs de remporter le prix Jacques-Cartier, remis pour la troisième fois aux Entretiens Jacques-Cartier, à Lyon. La présidente du jury, la poète, romancière et dramaturge québécoise, Nicole Brossard[4], a souligné lors de la remise du prix que l'auteur offre, « dans une langue habitée d'une parfaite tension poétique, une constellation de destins dans laquelle se déploie la modernité d'une écriture et d'un art de la vie devant soi, quels que soient les vertiges et les obstacles[5] ». Un tel panégyrique ne peut qu'éveiller l'intérêt du lecteur et susciter la curiosité du critique.

L'écriture du roman a débuté en 1992, mais Comeau a suivi d'autres chemins qui l'ont éloigné de l'écriture et « de malchanceuses pertes de manuscrits[6] » ont, semble-t-il, retardé la publication de l'œuvre. Ce serait grâce à son ami Tristan Malavoy, qui lui aurait proposé de le publier dans sa toute nouvelle collection, Quai n° 5, chez XYZ, que le roman aurait enfin vu le jour, vingt et un ans après que Comeau en a tracé les premières lignes.

Sous le signe du hasard

Le roman est divisé en 170 tableaux de longueur variable, de quelques lignes à quelques pages. Ce sont des « flashes » qui ressem-

---

3. Fredric Gary Comeau est l'auteur de douze recueils de poésie depuis 1991 et de quatre albums. Presque tous les titres de ses recueils sont composés d'un seul nom au pluriel : *Souffles* (2011), *Vérités* (2008), *Aubes* (2006), *Naufrages* (2005), etc., tout comme le titre de son roman *Vertiges*.

4. Il est ironique de noter que dans le roman le personnage du « jeune poète acadien », Antoine, cite Nicole Brossard (*Ve*, 70).

5. « Le prix Jacques-Cartier, extension lyonnaise du Grand Prix du livre de Montréal, est accordé, parmi les livres inscrits au Grand Prix du livre de Montréal, excluant le gagnant, par le même jury, à une œuvre susceptible d'enrichir "le patrimoine littéraire de la francophonie". Une bourse de 5 000 $ est octroyée au lauréat ». « Le prix Jacques-Cartier à Fredric Gary Comeau », *Le Devoir*, 28 novembre 2013, en ligne : http://www.ledevoir.com/culture/livres/393803/le-prix-jacques-cartier-a-fredric-gary-comeau (site consulté le 2 juin 2015).

6. Josée Lapointe, « Fredric Gary Comeau : profondeur de champ », *La Presse*, 30 septembre 2013, en ligne : http://www.lapresse.ca/arts/livres/entrevues/201309/30/01-4694718-fredric-gary-comeau-profondeur-de-champ.php (consulté le 2 juin 2015).

blent à de «petites cartes postales[7] », juge l'auteur. Une «chorégraphie ample aux 170 pas de danse [...] à allure syncopée[8] », d'après une blogueuse. Une panoplie de personnages «comme avec Facebook[9] », écrit une autre. Cette forme fragmentée du roman permet à l'auteur de décrire l'univers de ses personnages saisis dans l'instant alors qu'ils sont tous plus ou moins pris de vertige.

Les phrases courtes et simples des tableaux s'opposent à la complexité de l'intrigue, aux fils croisés du destin de tous ces personnages qui fuient, bifurquent, se croisent et s'entrechoquent. Dans ses pérégrinations, Hope, le personnage principal (si on peut ainsi qualifier un personnage dans ce roman), se retrouve par hasard assise à côté de Victor à la gare Montparnasse (*Ve*, 14), parle à Jesús dans Central Park à New York (*Ve*, 31), lit un article de Kazuo dans l'avion pour le Canada (*Ve*, 40), croise Naguib sur l'avenue Bernard à Montréal (*Ve*, 55), est regardée par Antoine chez Eaton (*Ve*, 61), sent le regard d'Antoine et de Naguib sur elle dans un café à Halifax, mais ne se retourne pas (*Ve*, 97), etc. Tout au long du roman de telles rencontres inopinées se succèdent. Autre exemple, la directrice d'une galerie de Santa Fe (ou habite Grace, la mère de Hope), veut convaincre le peintre Victor d'y exposer sa série de toiles inspirées de poèmes de Kazuo (*Ve*, 101). On assiste à une série de brèves rencontres, ou plutôt à des frôlements furtifs, entre les personnages, mais celles-ci n'aboutissent pas à une scène de reconnaissance où des liens sont créés. Le roman met en scène le hasard, une série d'événements fortuits par lesquels les personnages se trouvent dans telle ou telle situation, observent ou rencontrent dans de curieuses circonstances d'autres personnages, puis poursuivent leur chemin.

Les personnages se retrouvent souvent de ville en ville, de tableau à tableau, sans se parler ; ils peuvent même se croiser de façon incongrue dans une seule phrase, ce qui nécessite une certaine virtuosité (et de la part du lecteur, la capacité de faire des liens) : « Il [Naguib] ne se doute pas que le garçon [Olivier] qui vient de marcher sur son pied prend son pied avec celle [Hope] qui est censée être la

---

7. Lapointe, *op. cit.*
8. Venise19, «Vertiges de Fredric Gary Comeau», en ligne : http://www.paperblog. fr/6924826/vertiges-de-fredric-gary-comeau/ (consulté le 2 juin 2015).
9. Libris québécis, «Les noces de l'éternité», 15 novembre 2013, en ligne : http:// www.critiqueslibres.com/i.php/vcrit/38813 (consulté le 2 juin 2015).

femme de la vie de son meilleur ami [Antoine] » (*Ve*, 42).
L'entrelacement de vies parallèles qui glissent l'une à côté de l'autre
ou qui se tissent en un lien difficile à défaire illustre cette complica-
tion dans les ressorts de la vie. Agissant et réagissant les uns sur les
autres, les couples se forment ou se défont dans une quête de sens
(je ne dirais pas dans une quête de l'amour tant ce sentiment est
évanescent dans ce roman) difficile à cerner.

Chaque court récit approfondit le récit précédent, reprend des
thèmes qui reviennent de tableau en tableau, de façon régulière,
jamais de façon identique, comme des vagues sur la plage, et qui peu
à peu permettent d'élaborer une signification. C'est donc au lecteur
de dégager le fonctionnement du texte et de dévoiler le sens qui
ressort de tous ces microrécits, ce qui n'est pas toujours facile. Dans
Vertiges, les lieux sont sans cesse changeants, la temporalité difficile
à saisir, les personnages obsédés par la mort et l'érotisme, l'illusion
de la représentation mise en cause... Par pitié pour le lecteur, voici
quelques pistes de lecture.

Hope Fontaine (personnage au nom ironique : « la fontaine de
l'espoir ») est une jeune femme « trop belle » (*Ve*, 11) qui « a tout d'un
être en attente, pétri d'impossible » (*Ve*, 12). Son père est marchand
d'art contemporain dans le Marais, à Paris. Elle le considère comme
un « salaud », un faible, de « la faiblesse des hommes » (*Ve*, 12), tandis
que Grace, sa mère, a fui Paris pour se réfugier dans le désert, près
de Santa Fe (la ville de la « sainte foi »), au Nouveau-Mexique, où elle
cherche des réponses à ses questionnements métaphysiques dans
l'étude des cultures dites primitives.

Hope, en dépit de son patronyme, n'entretient plus d'espoir,
n'attend personne et rêve de disparaître dans le Sahara ou dans le
désert blanc des glaciers : « Elle pense à l'horizon contemplé les matins
d'automne dans un désert, à la musique qui naît en elle quand le
soleil s'étend jusqu'au sable, au sentiment de flottement quand le
lointain lui rend le chant de ses offrandes » (*Ve*, 18). Par sa seule
présence, Hope éveille des sentiments, ressuscite des souvenirs,
rappelle des êtres aimés, mais disparus. Les gens la regardent et sont
confrontés à la mort de l'espoir, de l'amour et à leur « vie morne et
dans la norme » (*Ve*, 19-20). Hope ne s'accroche à rien. Comme le
souligne un personnage : « Rien de ce qu'elle voit n'a de sens [...] Elle
porte en elle des *requiem* » (*Ve*, 16-17). Le monde de Hope est un
monde scellé dans l'absence.

Afin de lui donner un soupçon d'espoir, sa mère lui remet un recueil, *Sahel sans elle*, qu'elle a trouvé par hasard dans le désert. Ce recueil a été déposé dans le désert par Naguib, à la demande d'un jeune poète acadien, Antoine, qui considérait ce geste comme étant l'équivalent de lancer «une bouteille à la mer» (*Ve*, 34)[10]. Après avoir consulté «la numérologie, l'astrologie grecque, chinoise, maya et micmaque, ainsi qu'un jeu de tarot et le I-Ching», la mère convainc sa fille que l'auteur du recueil est possiblement «l'homme de sa vie» (*Ve*, 32). Il est assez ironique de constater que cet ensemble de références occultes renvoie de façon ludique à l'œuvre de France Daigle et de Jean Babineau, d'autant plus que le poète en question habite Moncton. Parce que le recueil d'Antoine a été déposé par Naguib dans le désert, il s'ensuivra une série d'événements déconcertants et tous les personnages se retrouveront en Turquie.

Parmi les sept autres personnages importants (plusieurs personnages secondaires occupent quelques lignes ou quelques pages, dont Frida, Eva, Vera, Donna...), Victor Bouquet assiste, en compagnie de Hope, à un attentat à la bombe à la gare Montparnasse qui fait une seule victime, son petit-fils. L'histoire pleine de promesses de ce garçon a été happée par une autre histoire de nationalisme et de terrorisme, «une histoire interminable, aveuglante d'arrogance» (*Ve*, 16). À la suite de cette tragédie, Victor est obsédé par l'idée d'exercer sa vengeance. Il poursuit le terroriste basque Peio Xuri jusqu'en Turquie, le jette d'une montgolfière en ascension, puis plonge à son tour dans le vide.

À Montréal, Naguib est un gynécologue qui lit Sade et qui, à l'instar des personnages des romans du «divin marquis», a des pulsions meurtrières et des fantasmes d'une rare violence. Ce médecin spécialiste de la physiologie de la femme, des accouchements, et qui en un mot aide à donner la vie ne trouve «rien de sublime qui ne soit pas nébuleux» (*Ve*, 29). «L'amour est un art» qui, à ses yeux, doit «être dévastateur [...] un affront à Dieu. Un crachat vers le ciel» (*Ve*, 29).

---

10. Comme l'indique l'auteur dans les «Remerciements» (*Ve*, 191), cette anecdote est basée sur un fait réel. Fredric Gary Comeau avait demandé à son ami Nabeel El-Bardeesy de laisser un exemplaire de son recueil *Intouchable* dans le désert du Nouveau-Mexique en 1992.

Il faut dire que l'amour n'est pas un terme souvent utilisé dans ce roman et que l'acte physique de faire l'amour, «sous toutes les coutures» pour ainsi dire, remplace souvent toute marque d'affectivité. Olivier, un jeune Outremontais d'une quinzaine d'années, explore la sexualité avec Hope qui est «partie paresseusement à [l]a recherche» (*Ve*, 34) d'Antoine, sans trop y croire, en passant par mille détours. Celui-ci aimerait trouver «un corps pour apaiser les chiens qui hurlent en lui depuis la fin de sa dernière relation» (*Ve*, 33). Kazuo a «envie de prendre une femme» (*Ve*, 44). Jesús est ligoté et dominé par une femme «qui cherche à la fois à lui faire mal et à lui faire plaisir» (*Ve*, 74), puis il se laisse «prendre pour la première fois par une femme» (*Ve*, 100). Antoine regarde une jeune femme et «pense aux draps fraîchement lavés qui n'attendent qu'elle» (*Ve*, 76). Hope choisit «un ou deux, ou trois» marins, «pour faire le vide, simplement pour faire le vide» (*Ve*, 87). Grace, sa mère, préfère les femmes (*Ve*, 82).

Les personnages ne sont pas faits pour vivre à deux, bien qu'ils pensent le faire, et n'hésitent pas à assouvir leurs pulsions en se masturbant. «À chacun de sculpter ses propres illusions» (*Ve*, 35), comme le résume Antoine. La sexualité est rarement synonyme de douceur et la douleur est possiblement la seule chose qui «unisse vraiment» (*Ve*, 21) les personnages. Certes, il se peut que «l'esprit se manifeste quand le corps s'oublie juste assez» (*Ve*, 132), mais c'est assez rare dans ce roman. Avec toutes les perversions qu'il déploie, avec cette pointe d'imagination sadique que revendiquent Naguib et Jesús, le roman dérange.

Ces personnages évoquent leurs désirs sans ambages. Qu'ont-ils en commun outre le fait d'avoir partagé quelques instants ou de s'être frôlés comme des fantômes dans une ville étrangère? D'ailleurs, si Hope fait l'amour avec beaucoup d'hommes, c'est parce qu'«ils sont tous le même homme» (*Ve*, 121). Le désir persiste, les corps sont interchangeables. Il faut préciser que l'auteur nous avait avertis : «À dix-neuf ans, on ne pense qu'à trois choses : la fin du monde, le bout du monde et le sexe» (*Ve*, 12-13).

À la conclusion du roman, ces trois choses se réaliseront ou seront remises en question. Victor et Peio connaissent la fin de leur monde à la suite d'un meurtre-suicide. Tous les personnages importants se retrouvent au bout du monde, à Göreme, en Cappadoce. Pourtant, Naguib n'ira pas au bout de ses perversions sexuelles et

Jesús rencontre une femme qui pourrait lui donner une raison d'espérer. Enfin, le désir sexuel, bien qu'il soit toujours aussi impérieux, laisse entrevoir une faible lueur d'espoir d'amour lorsque Hope rencontre enfin Antoine dans l'église à la Boucle, face à une fresque représentant l'Annonciation. Le roman qui débute par une trop belle jeune femme «en attente, pétri d'impossible» (*Ve*, 12), un attentat à la bombe et un recueil déposé dans le désert se termine par Hope qui «ne veut plus résister à la vie» (*Ve*, 184), la vengeance d'une victime de l'attentat et la rencontre avec l'auteur du recueil.

Un kaléidoscope

Dans *Vertiges*, les personnages sont comme les fragments mobiles d'un kaléidoscope qui, à la suite d'un ensemble de mouvements, de relations, de rapprochements, produisent des combinaisons de résultats fortuits. L'excès de ces rencontres et de ces possibilités fait en sorte que l'image qui se dégage du roman n'est plus celle d'un mouvement, mais d'un tourbillon. Là aussi on «tourne», mais si ce kaléidoscope donne la sensation de l'animé, il donne aussi le vertige et on s'attache peu aux personnages. D'ailleurs, nous n'en avons pas le temps, car ils apparaissent avec une rapidité fulgurante dans une série de courts tableaux.

Si on ne compte que la participation (et non la mention) d'un personnage dans un tableau, Hope est présente dans quarante-trois tableaux (surtout les premiers), tandis que les autres personnages interviennent dans une vingtaine de tableaux, sauf Antoine, présenté au début du roman sous le nom du «jeune poète», qui revient dans trente tableaux (surtout les derniers). Il est rare qu'un personnage survienne dans deux tableaux de suite puisque les personnages et les lieux alternent constamment. Toutefois, tous les personnages sont réunis dans les derniers tableaux, en Cappadoce.

L'auteur parsème le récit des noms de ses personnages, mais aussi de noms célèbres. En lisant ce roman, on croirait feuilleter un dictionnaire de noms propres avec cette succession de patronymes qui relèvent du gotha littéraire, artistique et historique. D'aucuns y voient un excès de *name-dropping*, d'autres, comme Clint Bruce, une possibilité de s'instruire, «une invitation à la découverte, interrompant çà et là la lecture de *Vertiges* pour suivre des pistes sur

Wikipédia[11] ». Au détour d'une phrase s'alignent des noms dans un encombrement terrible : Staline, Georgia O'Keefe, Paul Bowles, Górecki, Elgar, Sade, les Ramones, Buñuel, Carlos Gardel, António Lobo Antunes, Nina Simone, Édouard Lock, Richard Long, Whistler, Kerouac, Neruda, Seamus Heaney, Allen Ginsberg, Dead Kennedys, Douglas Coupland, Pessoa (alias Alberto Caeiro), Camões, The Fall, John Barth, Borges, Ménélas, Tony Cragg, Francis Bacon, Richard Serra, Garcia Lorca, Jean McEwan, Eric's Trip, Benjamin Britten, Bernard Heidsieck, Francis Picabia, Gertrude Stein, Fritz Lang, Ferré, Genghis Khan, Nicole Brossard, Chet Baker, Jana Sterbak, Normand Bethune, Matisse, McCoy Tyner, Van Gogh, Salmonblaster, Kieslowski, Nicola de Maria, Francesco Clemente, Louise Bourgeois, Townes Van Zandt, Charlie Parker, Robert Ryman, Chögyam Trungpa Rimpoche, Allen Ginsberg, Jean Genet, Eugène Leroy, Clifton Chenier, Nusrat Fateh Ali Khan, Herménégilde Chiasson, Courbet, Henry Cowell, Wim Wenders, Thrush Hermit, Portishead, Christo et Jeanne-Claude, Jeff Wall, Rober Gober, Christian Boltanski, Jackie Winsor, Damien Hirst, Giuseppe Penone, Vito Acconci, Michael Snow, Bill Viola, Mercan Dede, Leonard Cohen, Bill Evans, Sebadoh, Dan Flavin, Paul Auster, Harvey Keitel, William Klein, Nan Goldin, Thierry Delva, Juan Rulfo, José F.A. Oliver, Paul Bossé, Joan Mitchell, John Coltrane, Nâzım Hikmet, la Callas, Tom Waits, Susan Rothenberg, Don DeLillo, Margaret Atwood, Eulalia Valldosera, Mevlana Djelal-Eddin-I-Roumi, Bill Evans, Johnny Cash, Gérald Leblanc, Sor Juana Inés de la Cruz, et j'en passe. C'est un vertige dont on ne sort pas.

Cette nomination excessive, le simple heurt phonique des noms, la mobilité des genres qui oscillent entre la musique, le jazz, la peinture, la photographie, la sculpture, l'écriture, cela suffit pour que le lecteur se perde dans les arcanes de l'art, surtout l'art contemporain. Comeau ne s'inspire pas de l'art traditionnel, mais de l'art contemporain, conceptuel, souvent peu prisé du grand public, cependant essentiel à quiconque veut ouvrir de nouvelles voies d'exploration et voir surgir une dimension nouvelle. Le monde des êtres à la dérive se lie à cette quête artistique. Tout reste vague hormis quelques indices esquissés, comme la pensée émergente, la conscience du

---

11. Clint Bruce, « La nostalgie cachée d'un roman qui nous emporte », *Astheure*, 17 février 2015, en ligne : http://astheure.com/2015/02/17/la-nostalgie-cachee-dun-roman-qui-nous-emporte-clint-bruce/ (page consultée le 2 juin 2015).

destin ou le conflit des exigences qui motive les artistes à persévérer et les personnages à progresser dans leur quête. Tout se fait dans ce roman par analogie, entre des démarches artistiques, entre des modes d'expressions, entre des créateurs et des personnages d'horizons divers.

Les personnages de *Vertiges* sont constamment mouvants, en quête d'eux-mêmes, en quête de sens. Ils se déplacent d'une ville à l'autre, à pied, en taxi, en avion, en montgolfière, n'importe comment pourvu qu'ils puissent être ailleurs. Derrière l'exotisme apparent de ce roman, les personnages ont besoin de trouver une étrangeté plus grande que la leur pour chercher à atteindre pleinement à l'existence. Pourtant, le destin semble se moquer d'eux, leur quête est sans fin et l'espoir a goût de cendres. Le repos pour ces êtres angoissés ne réside jamais dans la fixité, mais dans un équilibre temporaire et précaire :

> Hôtel Outremer [Istanbul]. Hope fume une autre cigarette en buvant du thé à l'orange sur le toit de l'établissement. Elle est seule, perdue dans ses pensées. Elle revoit le Paris de son père, le Nouveau-Mexique de sa mère, le Tokyo de l'homme aux cheveux blancs, le Montréal d'Olivier, l'Halifax de tous ces marins égarés, le Moncton du jeune poète qu'elle a seulement entrevu depuis sa cabine du train *Océan* et, enfin, son Istanbul à elle et rien qu'à elle. (*Ve*, 146)

Dans ce roman de l'errance entre Paris, Montréal, Santa Fe, Belle-Île-en-Mer, Tokyo, Cordoue, Grenade, Séville, Hawaii, Toulouse, Toronto, Vieil-Antibes, New York, Moncton, Halifax, La Rochelle, Kyoto, Berlin, Mexico, Boston, Istanbul, San Francisco, Santiago, Konya, Göreme (et la liste de noms est elle aussi très longue), les huit personnages sont reliés par des fils, souvent distendus. « Ce qu'ils ont en commun, précise Comeau, c'est qu'ils cherchent tous à se transformer, ou bien ils se transforment bien malgré eux. Et chacun pense qu'il prend le bon chemin pour trouver ce qu'il cherche, alors que c'est autre chose qui l'attend. Ils se trompent, mais c'est bon de se tromper parfois, et ça force à se redéfinir[12] ».

Le vertige dans ce roman se conjugue de diverses manières : multiples personnages, intrigue parcellaire, changement constant de lieux, liste nominale d'auteurs, de peintres, de musiciens, de villes,

---

12. Lapointe, *op. cit.*

sexualité trouble et débridée, quête insatiable de sens, etc. Les personnages subissent tous le vertige : vertige de l'écriture, vertige de la vengeance, vertige de la sexualité, vertige de la violence. Le lecteur est aussi pris de vertige lorsqu'il cherche à distinguer quelques-unes de ces grandes lois qui ordonnent la complexité du roman. D'ailleurs, y en a-t-il ? S'agit-il de coïncidences ? de concours de circonstances ? de personnages qui tels des pions se déplacent sur un échiquier inventé par un esprit tordu ? D'après Daniel Laurin, critique littéraire au *Devoir* : « Il ne faudrait pas trop chercher à tout comprendre. Il faudrait juste rester alerte, ouvert à l'aventure, aux rencontres. Il y aurait ce qui nous apparaîtrait comme des invraisemblances. Tellement de hasards, de coïncidences[13] ». Dans ce roman, tout est aléatoire, tout est fortuit, tout virevolte (ce mot revient sept fois dans le texte). Tentons tout de même de comprendre. Peut-on parler, entre autres concepts, de « synchronicité », telle que cela est évoqué dans le roman (*Ve*, 121 et 175) ?

D'après Carl Gustav Jung, la synchronicité est l'occurrence d'événements sans lien de causalité, mais qui prennent un sens pour la personne qui les perçoit. Ces événements peuvent avoir une telle signification pour cette personne qu'elle s'en trouve « transformée ». Jung donne l'exemple d'une patiente dont l'approche très rationnelle de la vie rendait toute thérapie particulièrement difficile. Alors qu'elle raconte un rêve où elle reçoit un scarabée d'or, un coléoptère cogne contre la vitre du bureau, voulant pénétrer dans la pièce. Jung ouvre la fenêtre, saisit l'insecte et le présente à la patiente en disant : « Le voilà, votre scarabée ! ». La patiente reçut un choc à la suite de cet incident fortuit qui lui permit de progresser dans sa thérapie.

Cette anecdote explique un passage de *Vertiges* qui peut sembler déconcertant. À la suite d'une série de heureux hasards, Hope s'insurge : « Synchronicité ? Elle s'en fout éperdument. Ce qui se passe lui plaît, simplement. Elle ne cherchera pas à voir son scarabée d'or » (*Ve*, 175-176). Hope refuse de poursuivre dans cette voie, refuse le « scarabée d'or ». Il faut préciser que son enfance a été bercée par « les envolées jungiennes de Grace » de sorte qu'elle « ne veut plus chercher

---

13. Danielle Laurin, « Une virevolte existentielle perpétuelle », *Le Devoir*, 5 octobre 2013, en ligne : http://www.ledevoir.com/culture/livres/389071/une-virevolte-existentielle-perpetuelle (page consultée le 2 juin 2015).

à comprendre quoi que ce soit » (*Ve*, 176). De plus, cette synchronicité est trop liée dans son esprit au « i-ching et les astrologies grecque, chinoise, micmaque et Dieu sait quoi d'autre » (*Ve*, 176) auquel sa mère prête foi. Hope évoque la synchronicité en tant que forme de mysticisme pour mieux la rejeter.

> Hope a décidé aujourd'hui de ne plus chercher à comprendre, de laisser les vagues de la vie l'emmener jusqu'au bout du monde ou jusqu'au bout de la nuit. Elle a décidé d'être molle, malléable, de se laisser façonner par toutes sortes de forces dont elle ne connaîtra jamais les lois. Elle en a marre de faire des choix. Que le diable l'emporte, elle ne se débattra plus. Ne regardera plus que l'horizon. (*Ve*, 125-126)

Enfin, malgré les coïncidences qui composent le monde fictionnel, toute rencontre n'entraîne pas nécessairement une conséquence inéluctable. Il y a des « révélations » ou plutôt des « non-révélations » qui n'engagent pas une « transformation » des personnages. À titre d'exemple, Hope devait assister à la première du film *Les années noires* d'Herménégilde Chiasson à Halifax, mais elle change d'idée de sorte que « l'histoire et le destin s'en trouveront moins étroitement liés » (*Ve*, 90).

Le romancier s'amuse à créer des attentes qu'il s'applique ensuite à tromper ou à décevoir. Il s'agit d'un jeu avec les conventions romanesques qui fait en sorte que les aspects demeurés inexpliqués nourrissent l'imagination du lecteur qui poursuit sa lecture afin de savoir comment va se résoudre ce casse-tête. Le mot de la fin revient à Eva, un personnage secondaire qui observe Jesús dans une salle d'exposition sans lui adresser la parole, et qui ne se fait pas d'illusions : « Le destin n'existe pas, ce n'est qu'un leurre. Tout le monde le sait. Malgré cela, tout le monde a l'intime conviction qu'il faut croire en quelque chose » (*Ve*, 119). Et s'il n'y avait rien ? À la suite de la remarque d'Eva, dans le tableau suivant, une phrase résume l'esprit de ce roman : « Les corps dérivent et ne s'attendent à rien » (*Ve*, 119).

L'Acadie ?

Et l'Acadie ? À première vue il y a peu d'éléments acadiens dans l'univers imaginaire de ce roman, et pourtant l'Acadie s'y trouve au détour d'une phrase, d'une rencontre ou d'une citation. L'errance fait partie de la psyché acadienne. Elle est intimement liée à l'image d'Évangéline, de Pélagie-la-Charrette, incarnée par les personnages des *Marées du Grand Dérangement* ou de *Vortex*. L'acadianité est liée à l'expérience de l'arrachement, de l'exil et de l'étrangeté, à cette impossibilité de se stabiliser, comme le ressentent les personnages de *Vertiges*.

Dans le texte même, quelques patronymes acadiens surnagent dans la logorrhée de noms d'artistes et d'écrivains. Herménégilde Chiasson est défini comme « possiblement le père spirituel du jeune poète acadien » (*Ve*, 88). Antoine rencontre son ami « Paul Bossé » le soir du lancement de son dernier recueil (*Ve*, 131). À Göreme, Antoine monte sur une table et récite le poème « Mouvance » de Gérald Leblanc qui est présenté comme « celui qui fut le plus important passeur de culture en Acadie pour au moins trois générations d'artistes » (*Ve*, 172). Inversement, il est intéressant de noter que Gérald Leblanc dans *Complaintes du continent* (1993) avait dédié un poème à Fredric Gary Comeau, poème qui semble annoncer la thématique de *Vertiges* :

> La curiosité alimente la soif
>
> Les villes nous accueillent
>
> comme autant de refuges temporaires
>
> nos mots s'immiscent autour d'un autre départ
>
> alors que le dedans chavire
>
> jusqu'au prochain poème[14]

Dans *Vertiges*, l'Acadie est aussi un lieu géographique, nommé en fonction de sa topologie, défini par sa langue. À Moncton, Antoine habite tout près de la rivière Chocolat (*Ve*, 74), surnom de la rivière Petitcodiac en raison de sa couleur brune. Les personnages évoquent chez Jean's, la rue High, le café Terra Nova, la galerie Sans Nom, le centre Aberdeen, Le Coude... Madeleine Bourque explique en chiac à Jesús éberlué qu'elle l'a ramené à Moncton grâce à la magie de la Mariecomo[15] : « Dis donc, mon petit... T'as l'air d'être *right fucking* perdu. Tu te rappelles peut-être pas tout' c'qui s'est passé hier soir » (*Ve*, 109). À la différence de Jesús qui se réveille à Moncton sans

---

14. Gérald Leblanc, « Jusqu'au prochain poème », *Complaintes du continent. Poèmes 1988-1992*, Moncton/Trois-Rivières, Perce-Neige/Écrits des Forges, 1993, p. 14.
15. Au sujet de cette sorcière du folklore acadien, voir Régis Brun, *La Mariecomo*, Montréal, Éditions du Jour, 1974, 129 p.

savoir où il se trouve[16], Hope, qui semble tout faire pour éviter de rencontrer le poète acadien, refuse de débarquer du train à Moncton et continue son voyage jusqu'à Halifax. Au comble de l'exaspération, elle se révolte contre son «destin», contre ce «petit con d'Acadien qui écrit ses petits cons de poèmes dans un coin perdu du monde qui n'intéresse personne» (*Ve*, 85). Cette description négative de Moncton sera corrigée par Madeleine pour qui Moncton n'est «pas juste une autre ville. Un autre pays à l'intérieur d'un autre pays. T'es en Acadie, *honey*. C'est plus qu'un pays, c'est un *fucking freaky state of mind*!» (*Ve*, 110).

À la différence des romans de Leblanc et Daigle, l'intrigue ne se limite plus à la région de Moncton, mais se déroule dans une série de centres culturels disséminés sur le globe. De tous ces lieux, un seul, comme dans *Vortex*, présente un réel danger: les États-Unis. Comme l'expliquent Donna et Antoine: «parce que c'est près de nous, parce que c'est si familier, c'est dangereux [...] Pour le corps, la langue, l'esprit». L'Acadie, en revanche, est propice à un «état de flottement qui me [Donna] force à confronter mes gestes et ma langue. [...] Être Acadien, c'est exactement ça. Une virevolte existentielle permanente» (*Ve*, 139-140). *Vertiges* met en relief toutes ces rencontres fortuites qui participent au «fulgurant vertige de la vie», comme l'évoque Herménégilde Chiasson, cité dans le roman (*Ve*, 88). Dans ce cas, *Vertiges* qui raconte l'angoisse que provoque le hasard chez de jeunes personnages en quête de sens est un roman foncièrement acadien.

L'art que professe Fredric Gary Comeau veut se libérer de la gangue du passé, de la Déportation, mais aussi de Moncton «capitale culturelle», pour développer un style qui n'aurait rien à voir avec l'exotisme acadien, l'accent chantant, le chiac, tous ces clichés qui définissent et contraignent l'Acadie, l'empêchant d'élaborer un discours nouveau et dangereux, car différent de ce qui est convenu. Ses personnages ne sont plus liés à une province ou à une ville, mais parcourent le globe dans leur quête de sens. Les tableaux de *Vertiges* évoquent une quête inassouvie de beauté, une interrogation constante sur les raisons pour que la vie reprenne le dessus, malgré

---

16. Jesús sera le «slave» de «Mistress» Madeleine qui l'aidera à découvrir «ce goût de liberté dans la soumission» (*Ve*, 118). Faut-il y voir une autre allusion malveillante à l'égard des Acadiens?

le temps qui passe, la disparition des êtres aimés et la mort omni-présente.

Le cinquième corridor
de Daniel LeBlanc Poirier

Originaire de Campbellton, au Nouveau-Brunswick, Daniel LeBlanc-Poirier vit maintenant à Montréal, comme Antonine Maillet et Jacques Savoie. Il a reçu le prix Félix-Leclerc de la poésie pour son recueil *La lune n'aura pas de chandelier* (2007) et le prix de poésie Jean-Lafrenière-Zénob pour son deuxième recueil *Gyrophares de danse parfaite* (2010). Un troisième recueil, *Le naufrage des colibris*, a été publié en 2013. Son premier roman, *Le cinquième corridor*, a été publié aux éditions Perce-Neige de Moncton en 2015.

Si les personnages de Comeau parcourent le globe dans leur quête de sens, ceux de LeBlanc-Poirier arpentent les rues de Montréal. C'est d'ailleurs en se promenant dans l'ouest de la ville que le narra-teur homodiégétique, Daniel, le « cœur gros comme une montgolfière » (*C*, 7), revoit Mylène, la femme qu'il a aimée. Cette rencontre inopinée éveille en lui de nombreux souvenirs qui sont présentés de façon désarticulée. D'après l'auteur : « Le fait que le roman soit désarticulé fait partie de l'œuvre[17] » et on ne peut imaginer un tel récit de drogue, de sexualité et de nomadisme autrement que « désarticulé ». Les événements ne sont pas présentés en fonction de leur déroulement chronologique et le lecteur doit ordonner les chapitres et unifier ce foisonnement d'histoires, lui donner un sens.

De plus, le narrateur recommence souvent la même histoire, la même phrase dans cette recherche du temps perdu : « Je recom-mence. C'était [...] » (*C*, 12) ; « OK, je recommence : j'entre dans son salon » (*C*, 14). Cette forme d'écriture appelant la reprise retarde l'explication par agencement logique et remet en question ce qui a été dit en ajoutant certains éléments afin de désigner les choses d'une façon plus exacte, ce qui transforme le récit premier. Le narrateur

---

17. Sylvie Mousseau, « Un premier roman pour Daniel LeBlanc-Poirier », *L'Acadie Nouvelles*, 23 février 2015, en ligne : http://www.acadienouvelle.com/arts-et-spectacles/2015/02/23/daniel-LeBlanc-Poirier/ (page consultée le 2 juin 2015).

cherche l'exacte mesure de ses actes et de sa vie, et la répétition exprime cette volonté d'authenticité et de vérité, mais puisque la vérité est difficile à saisir, surtout pour un tel personnage, il s'ensuit un verbalisme causé par les émotions, les passions, les sensations violentes. Ces souvenirs réitérés sous plusieurs formes annoncent un délire, un besoin irrésistible, morbide de ressasser ce qui n'est plus, d'en parler, de sorte qu'il est prisonnier d' «une boucle dans laquelle on tourne toute notre vie» (*C*, 31).

Dans ce roman qui est tout sauf à l'eau de rose, il y a Mylène, il y a aussi Margaux, Pagona et plusieurs autres femmes. Le narrateur s'enfonce dans «le vertige et la passion» (*C*, 17), le délire et la drogue. Comme il l'affirme dans une entrevue avec Catherine Lalonde :

> Ce que j'ai à dire est trop «fucké» pour être exprimé normalement, dit cet admirateur de Denis Vanier, Leonard Cohen, Tania Langlais et Kim Doré. Il n'y a que la poésie qui me permette d'assembler des mots et des idées qui n'ont rien à voir ensemble pour créer un «happening» d'images. La poésie, c'est la vie avec une distorsion. Le poète t'emmène dans un voyage, dans un parcours à l'intérieur de lui-même. Comme lecteur, j'adore ce parcours[18].

D'après Mathieu Arsenault, Daniel LeBlanc-Poirier s'inscrit dans la mouvance du «trash urbain» auquel appartiennent aussi les poètes Jean-Sébastien Larouche, Frédéric Dumont, Jean-Philippe Tremblay et Marie-Ève Comtois[19], sans oublier la romancière Marie Sissi Labrèche.

Le trash renvoie au déchet et à l'impur sans avoir peur de choquer, sans éviter les excès de mauvais goût. La plume acérée de l'écrivain décrit les choses pour ce qu'elles sont, sans détour, efficacement, rapidement, avec le désir de fouiller ce qu'on cache et d'exposer l'enfer urbain qui «vomit une lumière aussi cassante / que les coudes des chanteurs cocaïnomanes[20]».

> Avec nulle autre porte qu'une poésie, je renverse ta bourgeoisie vaginale, renverse l'hymen des confessionnaux, crois-moi avec l'innocence d'un taxi qui remonte les rossignols, les portes claquent, le froid, mets

---

18. Daniel LeBlanc-Poirier cité par Catherine Lalonde, «L'essence des mots», *Entre les lignes*, vol. 6, n° 3, printemps 2010, p. 17.
19. Mathieu Arsenault, «Ruralité trash», *Liberté*, vol. 53, n° 3, 2012, p. 39.
20. Daniel LeBlanc-Poirier, *La lune n'aura pas de chandelier*, Montréal, L'Hexagone, 2007, p. 17.

ta serrure dans ma langue pour débarrer les ponts de nègres qui vendent de l'humus dans mes yeux[21].

Dans cette course à l'outrance, LeBlanc-Poirier développe ses propres thèmes, ses propres lieux, sa propre manière de voir trash. Plusieurs poèmes annoncent des thèmes qui seront développés dans le roman :

> J'avais deux cœurs
> Et une femme pour chacun [...]
> Pourquoi nous sommes-nous brisé le cœur avec un marteau, Mylène ?
> Nous pleurnichions des chansons country
> au bout du quai
> la lune était dans l'eau
> en même temps que mes remords
> il y a tant de baisers qu'on écrase
> sans réfléchir[22]

Peut-on considérer *Le cinquième corridor* comme un « roman trash » typique, une tentative de scandaliser, choquer ou bousculer le lecteur en mettant à nu la part inavouable de l'humanité ? Le personnage principal est désabusé et sans espoir, « isolé dans l'étau de [s]a vie » (*C*, 31). Ce nihiliste qui ne croit à rien est aussi un hédoniste d'une sexualité débridée. Le plaisir charnel finit par être une façon de vaincre la solitude et d'affronter la profonde horreur de vivre. En quelque sorte, le plaisir est ce à quoi Daniel a recours pour supporter la vie. Et si la femme se refuse ou s'éloigne de lui, il s'engage dans la course aux stupéfiants : cocaïne, héroïne, speed, ecstasy ou crack. *Le cinquième corridor* prend les tabous de front : les pulsions sexuelles, la drogue, la folie, les infirmités de l'âme et du corps. Le tout se déroule dans les rues de Montréal, entre St-Denis et St-Laurent, dans le quartier du *red light* où les personnages croisent « toutes sortes de fuckés qui [...] faisaient peur » (*C*, 25). Daniel se promène dans ce milieu, dans les corridors de la rue, vêtu d'un blouson de cuir et portant des lunettes de soleil sous la pluie.

Dans cette ville qui est décrite comme étant glauque et grise, l'habitat naturel des personnages individualistes est une chambre miteuse : « si tu venais chez moi, tu constaterais que je couche sur un

---

21. Daniel LeBlanc-Poirier, *Le naufrage des colibris*, Montréal, Éditions de l'écrou, 2013, p. 53.
22. LeBlanc-Poirier, *La lune n'aura pas de chandelier, op. cit.*, p. 38 et 52.

matelas de sol et que je n'ai pas de draps. Tu verrais que je n'ai pas de papier de toilette et que je me mouche avec une serviette que je laisse par terre à côté du bain» (*C*, 58). La pluie semble toujours tomber sur les personnages ; elle mouille l'esprit autant que les habits et participe à cette impression de misère et de mélancolie angoissée : «La pluie tombait. C'était par grosses gouttes. C'était tellement des grosses gouttes que ça formait des câbles» (*C*, 23) ; «Quand on finissait par partir, la pluie tombait maigre comme des aiguilles d'acupuncture» (*C*, 95). Trempés par la pluie, les personnages se glissent, la nuit, dans les ruelles sales de Montréal pour échapper à leur désespoir. Ils évoluent dans un monde lugubre, visqueux, dans des recoins malpropres, entre des bâtiments défraîchis.

Dans ce dernier cercle de l'enfer, le roman souligne l'authenticité de ses habitants. Ce côté trash du roman oppose à un monde aseptisé, hypocrite, un autre monde plus direct, sans espoir et sans tabous. Peu de temps s'écoule entre la première rencontre et l'appréhension de la «vérité» de l'autre. Autrement dit, il est impossible de frimer bien longtemps avec des personnages n'ayant rien à prouver, n'ayant aucun surplus à protéger. Daniel se promène de café en café, de bar en bar («Notre finalité c'était la bière la plus proche possible» *C*, 29), et le territoire du *red light* regorge de surprenantes aventures en tout genre. «À la recherche de [lui]-même sur des trottoirs» (*C*, 31), Daniel devient un «fantôme sans-papiers, dans une nuit de mourants et de promesses» (*C*, 32). Il prend part à cet univers coloré et coriace, rejette la stabilité pour l'instabilité, l'incompréhension familiale et l'inévitable mépris public.

Toutefois, si LeBlanc-Poirier a recours à certains éléments de l'esthétique trash, il s'en démarque. Dans cette société de consommation marquée par l'absence de transcendance, où les êtres sont interchangeables et les relations jetables après usage, Daniel agit différemment face à Pagona, une handicapée : «Elle était d'une beauté à s'en taper la tête sur l'asphalte, mais elle était toute tordue dans sa chaise» (*C*, 20). À l'hôpital où il travaille, il essaie «d'aider les handicapés à voler des petits morceaux de bonheur, à gauche et à droite» (*C*, 19) d'autant plus que cela lui donne l'impression de valoir quelque chose parce qu'il peut «apporter du bonheur à quelqu'un» (*C*, 21). Rappelé à l'ordre par son «boss» qui l'avertit qu'il n'est pas permis «d'utiliser ses pauses pour s'occuper d'un patient en particulier» (*C*,

21), Daniel quitte son emploi. De même, il n'est pas insensible à la beauté, ni aux regrets, ni à la honte lorsqu'il revoit Mylène, longtemps après l'arrêt de leurs relations. Pourtant, Pagona se suicide et Daniel se sent seul, « sans elle, toutes les chaises roulantes que tu pousses sont vides » (*C*, 84), et décide de se piquer pour échapper au vide qu'il ressent. Mylène représente l'amour unique, mais perdu lui aussi. Si Daniel avance dans son récit, c'est pour reculer dans le temps, redevenir celui qu'il était, quand tout était encore possible.

Dans ce roman, les anglicismes, les blasphèmes, l'écriture phonétique, les onomatopées sont rares. LeBlanc-Poirier se sert d'une langue narrative soignée. Son écriture en a le vocabulaire, les formes syntaxiques, la morphologie, les structures. Il s'agit d'une langue littéraire avec développement du paragraphe, articulation de la phrase, cohésion savante du discours. Pourtant, il décrit de jeunes citadins qui vivent dans la rue, qui fréquentent bars, prostituées et drogués, des êtres amochés, peu instruits et fortement marqués par la civilisation urbaine et nord-américaine.

Outre cette recherche stylistique, ce qui caractérise le roman de LeBlanc-Poirier est la référence obsessionnelle aux mathématiques : « Tout n'est qu'une question de droites, de points et de courbes » (*C*, 55). Les descriptions des personnages, de leurs déplacements, se font en fonction des mathématiques : « leur déplacement traçait une droite [...] une personne partie d'un point A qui se rapprochait du point B [...] les bras pendants comme des ellipses » (*C*, 7) ou « Entre moi et les autres, il y a un angle droit. Je me pythagorise » (*C*, 79). Même dans le jeu de la séduction, les mathématiques jouent un rôle : « Les mains posées à plat sur la table de vieux bois, en gage d'ouverture, on avait l'air de cubes, on s'étudiait les angles, la mathématique était parfaite » (*C*, 12). Le drame de Daniel est qu'il n'arrive pas, sur la ligne du temps, à faire les points A et C se toucher sans passer par B, le point de rupture avec Mylène. Le personnage tente de courber l'espace-temps afin de saisir le récit « sous tous ses angles en un seul instant[23] ». En fin de compte, le cinquième corridor n'est-il pas cette cinquième dimension qui permettrait au narrateur d'être à deux

---

23. Sophie Marcotte, « Psychose et amour atypique : un roman qui courbe l'espace-temps », 25 février 2015, en ligne : http://www.info07.com/Culture/2015-02-25/article-4055724/Psychose-et-amour-atypique%3A-un-roman-qui-courbe-l%26rsquo%3Bespace-temps/1 (page consultée le 2 juin 2015).

endroits en même temps et d'avancer en reculant afin de retrouver un état de paix, de joie et d'amour?

Si on quitte les mathématiques pour les sciences occultes, qu'est-ce que le cinquième corridor ou la cinquième dimension sinon la possibilité de créer sa propre réalité. Dans la cinquième dimension, l'initié n'est plus soumis au temps, mais le choisit, joue avec lui, de sorte qu'il est possible de se déplacer à travers le temps, dans un sens comme dans l'autre. Dans *Le cinquième corridor*, un tel niveau de conscience est hors de portée du personnage principal et malgré ses tentatives de retrouver ce qui n'est plus, il demeure marqué par l'âge et reste seul. L'âge d'or tant attendu ne se matérialise pas, ne peut être atteint, et Daniel ressasse le passé, éternellement conscient de son échec: «Quand tu as fini de parler, j'avais la face rouge comme la Chine. Mes yeux bridés regardaient dans le vide et j'avais réussi une fois de plus à manquer mon coup» (*C*, 108). Il n'est plus qu'un homme vieilli qui a «honte de [s]es cheveux gras, luisants comme du beurre, mais aussi de la canette de bière chaude» (*C*, 8) qu'il tient dans la main de sorte que s'il y a retour dans le temps dans ce roman cyclique, il achoppe sur le temps de l'échec.

Postface

Qu'est-ce que le roman acadien ? Existe-t-il un roman acadien immédiatement identifiable tant au niveau de sa thématique que de sa langue ? Comme le démontre ce livre, le roman acadien ne peut être réduit à des clichés folkloriques, naïfs, comme celui de pêcheurs placides qui réparent des filets sur le quai en scrutant la mer ou celui d'une vierge éplorée partant en exil en entonnant des hymnes religieux. Le roman acadien est en mouvement, en constante évolution et ne cesse de produire de nouvelles œuvres qui remettent en question ce qu'est l'Acadie. Si l'on veut tenter de définir la littérature acadienne, c'est par son attitude de vouloir détruire les clichés pour proposer des œuvres inattendues et éblouissantes.

Antonine Maillet a remporté le prix Goncourt grâce à une œuvre radicalement différente de toutes celles qu'elle avait publiées auparavant. Claude Le Bouthillier, après avoir écrit des romans de science-fiction, retourne dans le passé afin de publier un roman sur la Déportation. Jacques Savoie traite de sujets contemporains et présente un roman qui s'érige contre l'absence d'amour, la famille divisée et le règne des apparences. Gérald Leblanc, que nous avons toujours connu comme poète, publie un roman éclaté qui retrace la Révolution tranquille acadienne et ouvre des voies narratives nouvelles. France Daigle donne ses lettres de noblesse au chiac et transforme Moncton en centre littéraire essentiel. Jean Babineau pousse l'expérience encore plus loin et écrit un roman entièrement en chiac. Fredric Gary Comeau et Daniel LeBlanc-Poirier découpent le roman en une série de tableaux, en une œuvre cubiste à recomposer par le lecteur.

Certains écrivains poursuivent dans la veine du discours néona-
tionaliste, d'autres s'engagent dans des voies plus personnelles afin
de déterminer une «manière d'être» acadienne. La quête de nouveauté
et le combat individuel pour se faire entendre se confondent avec le
combat pour le pays dans un vibrant plaidoyer pour une reconnaissance du caractère unique et irremplaçable de l'Acadie. L'artiste rejoint
le pays dans ce refus de disparaître, d'être déporté dans l'oubli.
Particulièrement vigoureux et diversifié, le roman acadien adopte
une attitude iconoclaste, totalement en désaccord avec ce qu'on
attendrait. La question dès lors n'est plus si la littérature acadienne
est vouée à disparaître, mais quel sera le prochain roman à nous
frapper d'étonnement et d'admiration.

Table des matières

www.ingramcontent.com/pod-product-compliance
Lightning Source LLC
Chambersburg PA
CBHW070844300326
41935CB00039B/1429

* 9 7 8 2 8 9 6 9 1 1 5 5 4 *